Hans Dieter Stöver:
Alexander und die Gladiatoren

C.V.T. im Dienste der Caesaren – Band 5

Roman

Knaur

»Quod non est in actis, non est in mundo.«

»Was nicht in den Akten ist, ist nicht in der Welt.«

Anonymus

Hans Dieter Stöver, geboren 1937 in Wissen an der Sieg, studierte an der Universität Köln Geschichte, Kunstgeschichte und Altertumskunde. Seit 1965 ist er Mitarbeiter des WDR und schreibt Hörspiele und Features zu kulturgeschichtlichen Sendereihen. Als er sechzehn war, bekam er eine Auswahl von Plutarchs »Römischen Heldenleben« geschenkt – von da an ließ ihn Rom nicht mehr los. Aus der Begeisterung für die römische Geschichte und nach jahrelangen Studien folgten kurz hintereinander »Die Römer, Taktiken der Macht«, »Spartacus, Sklave und Rebell«, »Verschwörung gegen Rom, Catilinas Griff nach der Macht« und »Christenverfolgung im Römischen Reich, ihre Hintergründe und Folgen«.

Gaius Volcatius Tullus – kurz C. V. T. – wurde im Jahre 81 v. Chr. in Rom geboren. Er entstammt einem Geschlecht des römischen Uradels, das seine Familiengeschichte bis in mythisch-etruskische Zeiten zurückverfolgen kann: dem reichen, angesehenen, unabhängigen Hause der Volcatier. C. V. T. vertritt die emanzipatorische, zukunftsgläubige Politik seines bewunderten Vorbilds und Dienstherrn Caesar. Als Stabsoffizier (Tribun) und kommandierender Legionsbefehlshaber (Legat) kämpft er in Gallien und im Bürgerkrieg für die Sache Caesars. – So weit ist die Figur des Gaius Volcatius Tullus historisch belegt.
Schließen läßt sich aus den historischen Quellen darüber hinaus, daß es zwischen C. V. T. als Anhänger Caesars und seinem Vater Lucius V. T. (Consul 66 v. Chr.), als einem zurückhaltenden, friedliebenden, doch moralisch unbeugsamen Charakter, immer wieder zu harten, politisch begründeten Auseinandersetzungen kommt. Im Unterschied zu seinem Vater strebt C. V. T. zunächst keine politische Laufbahn an, wird aber durch die umwälzenden Ereignisse dieser letzten Jahre der Republik in den entscheidenden Machtkampf zwischen Pompeius und Caesar hineingerissen. So wittert er bei der Lösung seiner Fälle immer auch machtpolitische Intrigen. – Diese Fälle, die »C. V. T. im Dienste der Caesaren« löst, und die Geschehnisse im einzelnen, wie sie Hans Dieter Stöver in seinen Romanen schildert, sind immerhin in dem historisch belegten Rahmen denkbar.
Auch fühlt sich der Leser in einem der patrizischen Häuser der Volcatier schon bald heimisch, die starren Ruinen des antiken Rom füllen sich mit Leben und C. V. T. wird ihm schnell zu einem Vertrauten. C. V. T. selbst aber bewahrt bei aller Bewunderung für Caesar immer einen Rest kritischer Distanz gegenüber dem Diktator. Und nach Caesars Ermordung an den Iden des März (15. 3. 44 v. Chr.) stellt er sich mit gleicher Loyalität dem jungen Caesar-Erben Octavian, dem späteren Augustus, zur Verfügung.

Von Hans Dieter Stöver sind außerdem
als Knaur-Taschenbücher erschienen:

in der Reihe *C.V.T. im Dienste der Caesaren*

»Mord auf der Via Appia« (Band 833)
»Die Frau des Senators« (Band 834)
»Ich klage an« (Band 835)
»Skandal um Nausikaa« (Band 1026)

sowie

»Spartacus« (Band 628)

Originalausgabe

Textredaktion Hans Dieter Wirtz
Umschlagillustration Klaus Dill
Satz IBV Lichtsatz KG, Berlin
Druck und Bindung Ebner Ulm
Printed in Germany · 1 · 12 · 583
ISBN 3-426-01040-2

1. Auflage

1

»Alexander!«

Das war Gallus' Stimme. Alexander überhörte den Ruf und ließ sich nicht stören. Seit über einer Stunde war er im Park des Tusculanums[1] damit beschäftigt, Aiax, den sechs Monate alten Molosserrüden, dazu zu bringen, auf das Kommando »Sitz!« Platz zu nehmen; und es war ihm auch schon ein paarmal gelungen, wenngleich der Hund nur zwei, drei Augenblicke in der ihm aufgezwungenen Haltung wild wedelnd sitzen blieb.

Daß Alexander nun einen Hund besaß, hing damit zusammen, daß er vor zwei Wochen die Freiheit geschenkt bekommen hatte. Aber es hatte sich noch mehr ereignet: Er war seit der gleichen Zeit mit der lieblichen Melitta, der ehemaligen Zofe von Clodia – der Geliebten seines Herrn – verheiratet, hatte im Volcatischen Hause am Palatin[2] zwei Zimmer des hinteren Obergeschosses zugewiesen bekommen und dort einen eigenen Hausstand gegründet. Seit dem Tage stand Melitta dem weiblichen Personal der städtischen Villa vor.

Nun suchte er aber seinen neuen Status als Freigelassener in jeder möglichen Weise äußerlich sichtbar zu demonstrieren. So sah man ihn öfters, als die übrigen Hausbewohner es kannten, wie er sich in einer äußerst senkrechten Haltung fortbewegte, was besonders dann über ihn kam, wenn sein Freund Archelaos in der Nähe war – wie er dem unfreien Kilikier gegenüber seit der Freilassung ohnehin einen herrischen Ton anschlug, was diesen allerdings in keiner Weise beeindruckte, denn er kannte diese Alexandrinischen Marotten seit langem. Nun waren sie aber um zwei bereichert worden: Zur Hebung seiner Reputation hielt er es »zweifellos durchaus« für angemessen, wie C. V. T. einen Hund zu besitzen. Natürlich mußte es ein Molosser sein, ein Abkömmling jener Rasse, die in ausgewachsenem Zustand jeden Sterblichen das Fürchten lehrte – und er war besessen von der Idee, diesem halbwüchsigen, tolpatschigen Rüden ein ebenso korrektes Verhalten beizubringen, wie es der fünfjährige Hector besaß, der auf einen Wink des Herrn hin Platz nahm, Hölzer apportierte oder zum todesmutigen Angriff überging.

Das zweite war, daß er seinen barocken Wortschatz neuerdings um eine interessante Wendung bereichert hatte, von der niemand zu sagen wußte, wo er sie aufgeschnappt hatte. Bei jeder passenden und unpassenden Gelegenheit hing er nämlich an die Nomina »als solches« an.
Im übrigen dauerte es nicht lange, und Gallus, jener elfjährige Knabe, den Caesar ihm in Gallien nach der Schlacht bei Alesia geschenkt hatte,[3] übernahm auch diese Sprachregelung mit der größten Selbstverständlichkeit, wie er überhaupt das einzige Mitglied aller drei Volcatischen Häuser[4] war, das Alexander ungestraft imitieren durfte, denn dieser liebte den Jungen mit der Narrheit eines glücklichen Vaters.

»Alexander!«
Gallus trat zwischen den Parkbäumen des Tusculanums hervor und blieb vor Alexander stehen. Sogleich schoß Aiax auf den Jungen los, eine wilde Balgerei begann, und Alexanders Befehle »Sitz!«, »Platz!«, »Aufhören!« verfehlten jede Wirkung. Alexander knurrte etwas wie »Blöder Hund!« und bändigte den übermütigen Rüden schließlich mit hartem Griff am Halsband.
Gallus belehrte den erfolglosen Dompteur: »Die Befehle als solche müssen kurz und knapp sein!« Er tätschelte Aiax die Flanke. »Du mußt einmal darauf achten, wie der Herr mit Hector umgeht! Kurz, knapp, hart!«
Alexander zog die Stirn in Falten: »Hector ist längst ausgewachsen. Er war am Anfang durchaus auch so ein Racker. Aber er war ja auch schon in Gallien. Das prägt jeden... auch einen Hund!« Er blickte auf. »Warum hast du gerufen? Du siehst doch, ich arbeite!«
»Du sollst zum Herrn in die Bibliothek kommen. Archelaos auch.«
»So? Archelaos?... Warum?«
»Weiß ich nicht. Komm, gib mir den Hund. Laß den Herrn als solchen nicht warten.«

Als Alexander die Bibliothek betrat, saß Gaius hinter seinem Arbeitstisch und schrieb.
»Alexander wie befohlen!« Er hob die Rechte und grüßte.
»Gut, setz dich!« sagte Gaius ohne aufzublicken und schrieb weiter. Alexander machte es sich auf einem Stuhl bequem. Er saß gerade, als Archelaos den Raum betrat und sich ebenso wie Alexander meldete und grüßte. Dies militärische Zeremoniell hatten sie seit Gallien beibehalten, und Gaius hatte nie Anstoß daran genommen. Gaius

schrieb immer noch, und Alexander wurde langsam ungeduldig, denn nichts konnte er so schlecht ertragen wie untätiges Warten.
»Sollen wir Anbetracht dessen später wiederkommen, Herr? Das Schreiben als solches wird ja wohl noch eine Weile...«
Gaius schrieb.
»Na, dann eben nicht...« Alexander erhob sich, ging zum Fenster, blickte hinaus und sah Gallus mit dem Hund tollen.
»Doch, mein Junge.« Gaius legte den Stift hin, lehnte sich zurück und blickte ernst von Alexander zu Archelaos.
»Herhören!«
Sie nahmen Haltung an, denn der Ton klang nach Gallien.
»Wie ihr wißt, stehen wir kurz vor den Wahlen dieses Sommers.«
Sie nickten eifrig.
»Die letzten Wochen vor der Stimmabgabe sind die entscheidenden. Leider ist seit Jahren der Brauch eingerissen, das Wahlvolk mit allerlei Spaß und Kurzweil bei Laune zu halten. Wer da nicht mitzieht, hat keine Chance, wie uns allen die eklatante Niederlage des unbestechlichen Cato im letzten Jahr bewiesen hat. Darum kommen wir nicht umhin, dem Volk einiges an Unterhaltung und Spielen zu bieten. Alexander!«
Er schoß in die Höhe und stand wie eine Säule.
»Von allen Mitgliedern des Hauses erwarte ich aktive Mitarbeit und vollen Einsatz!«
»Jawohl! Von allen! Voll!«
Gaius fixierte ihn.
»Du bist seit kurzem ein freier Mann, der in eigener Verantwortung seine Entscheidungen trifft...«
»So ist es!« Alexander straffte seinen gewaltigen Brustkorb.
»Darum«, fuhr Gaius fort, »erwarte ich von dir ganz besonderen Einsatz.«
»Jawohl! Besonderen!«
»Der Patron und ich haben beschlossen, an bestimmten Tagen Gladiatorenspiele zu veranstalten. Ich habe keine Erfahrung auf diesem Gebiet. Du aber kennst diesen Birria gut, der vor gut einem Jahr im Dienste des Milo stand...«[5]
»Ich kenne und schätze ihn!«
»Gut. Du wirst mit ihm Kontakt aufnehmen und dich von ihm beim Kauf der geeigneten Leute beraten lassen.«
»Ich werde es.«
»Ferner wirst du dir verschiedene Veranstaltungen im Circus Maximus anschauen, um dir einen Eindruck und Überblick zu verschaffen,

was die Leute sehen wollen. Du wirst mich auf dem laufenden halten. Ich selbst kann mich nicht darum kümmern, da ich vollauf beschäftigt bin. – Das heißt konkret: Hiermit übertrage ich dir die volle Verantwortung für die Beschaffung von Gladiatoren und für die Durchführung der Spiele. Archelaos wird dir dabei helfen. Ihr seid von allen anderen Aufgaben befreit.«

Alexander strahlte und warf Archelaos einen begeisterten Blick zu.

Gaius fuhr fort: »Wenn auch die Höhe der Ausgaben nicht begrenzbar ist, so erwarte ich äußerst sparsamen und gewissenhaften Umgang mit dem Geld. Ihr werdet korrekt abrechnen. Selenus ist von mir angewiesen worden, jede notwendige Summe zu zahlen.«

Gaius stand auf, kam um den Tisch herum und musterte die beiden.

»Ich lege größten Wert auf korrektes Auftreten! Ihr seid sozusagen meine Stellvertreter. Darum werdet ihr darauf achten, stets sauber, gründlich rasiert und in ordentlicher Kleidung in der Öffentlichkeit wie auch bei euren Verhandlungen zu erscheinen. Hier!«

Er griff nach einem prall gefüllten Lederbeutel und reichte ihn Archelaos. »Das wird reichen, euch geschmackvoll einzukleiden. Ihr müßt stets auftreten wie aus dem Ei gepellt.«

»Jawohl! Geschmackvoll! Ei!«

Gaius blickte auf ihre Füße. »Laßt euch von Loco auch neues Schuhwerk machen.«

Er nahm wieder Platz.

»Noch Fragen?«

Alexander überlegte. »Wo wirst du als solcher zu finden sein, wenn wir Fragen haben?«

»Ich bin meist hier auf dem Tusculanum, komme aber auch nach Rom. Haltet euch in meiner Abwesenheit an Selenus, im Zweifelsfall auch an den Patron. Im übrigen haben wir die volle Unterstützung meines Freundes Cornificius, der über alles unterrichtet ist.«

»Wann sollen wir aufbrechen als solches?«

»Sofort!«

2

Am frühen Nachmittag dieses Tages, so gegen die achte Stunde[6], verließen zwei auffallend kostbar gekleidete Gestalten eins der teuersten Bekleidungshäuser der römischen Innenstadt in der Gegend des Argiletum, und Nicomachus, der Besitzer des Hauses, ließ es sich nicht nehmen, sie selbst bis auf die Straße zu begleiten.

Er tat dies in einer Weise, die den gelernten Schneider verriet, denn er hielt die beiden frisch Gewandeten noch einmal am Arm, zupfte hier am Stoff, entfernte dort ein Stäubchen, hielt prüfend den Kopf schief, nickte dann zufrieden und sagte mit auffallend hoher Stimme: »Ausgezeichnet! Ausgezeichnet! So könnt ihr euch selbst unter Göttern sehen lassen!«
Alexander, dem dieses Betasten, Zupfen und Richten zunehmend lästig wurde, musterte den Meister grimmig und fragte: »Ist das in Anbetracht dessen auch geschmackvoll? Es sollte nämlich als solches durchaus geschmackvoll sein!«
Nicomachus winkte den im Hintergrund demütig lächelnden Sklaven mit dem großen Handspiegel herbei und ließ Alexander und auch Archelaos einen letzten Blick auf ihr Konterfei werfen.
»Geschmackvoll? Was heißt geschmackvoll? Es ist edel! Was sage ich: blendend! Ja, blendend! Man wird euch für Abgesandte des ägyptischen Königs halten!«
Alexanders Brauen zogen sich zusammen: »Will nicht nach Ägypten. Fragte dich, ob es als solches geschmackvoll ist!«
»Es ist! Es ist! Geschmackvoll, würdevoll, beeindruckend!«
Nicomachus bewegte sich unter zahlreichen Bücklingen um die frisch Eingekleideten herum und blieb mit verzücktem Lächeln stehen: »Großartig! Geschmackvoller geht's nicht. Bei Apollo, dem Vorbild männlicher Schönheit!«
»Dein Glück!« brummte Alexander. »Haltung, Mann! Sauberkeit, Ordnung, Dissiplin! Werde dich lobend erwähnen. Rom braucht solche Männer!«
»Wie? – Ah ja. Meine Empfehlung an den edlen...«
»Volcatius Tullus!« nickte Archelaos ihm lächelnd zu.
»Ja, natürlich!«
»Was haben wir zu zahlen?« fragte Archelaos und schickte sich an, den Lederbeutel zu öffnen.
Da stieß Alexander den Freund an und sagte mit lässiger Geste zu Nicomachus: »Herhören, Meister des Gewandes! Du sprichst mit Alexandros Volcatianus Tullus, Sohn des Alexandros aus Theben und Freund des gallischen Krieges, und ich sage dir: Du wirst mir die lumpige Rechnung als solche in mein Haus am Palatin schicken und durchaus warten, ob ich es auch als geschmackvoll empfinde. Verstanden?«
»Was? Die Rechnung?«
»Die auch. Und wehe dir, die Wirkung ist nicht eine solche!«
»Ja, sicher.«

»Das heißt ›Jawohl‹!«
»Jawohl!«
»Na also. – Schon mal in Gallien gedient?«
»Wie? – Nein, ich hatte dazu noch nicht die...«
»Aha! Auch so ein Drückeberger! Na, kann ja noch kommen. Haltung, Mann! Dissiplin!«
»Ja si... jawohl!«
Alexander lächelte ihm kurz zu, Nicomachus verbeugte sich abermals, dann schritten die beiden potenten Kunden sehr aufrecht davon.
»Herr!« meldete sich nun der erstaunte Sklave zu Wort. »Ist der edle Alexander nicht ganz richtig hier oben?« Sein Zeigefinger wies auf die Stirn.
Da sah ihn Nicomachus sehr ernst an: »Er war in Gallien. Da bleibt immer was hängen. Im übrigen merke dir: Der Kunde ist bei mir König! Und er ist ein Volcatier!«
Dann gingen sie hinein.

»Sag mal«, bemerkte Archelaos nach einigen Schritten, »warum sollte ich denn nicht gleich bezahlen?«
Da blieb Alexander stehen, musterte den Kilikier eindringlich und erklärte: »Du mußt zweifellos noch viel lernen, mein Junge. Nur Sklaven bezahlen auf der Stelle. Ein freier Mann läßt sich die Rechnung schicken. Und es liegt ganz in seinem Ermessen als solches, ob er bezahlt. Du wirst das bei Gelegenheit zweifellos für mich erledigen.«
»Ich? Wieso denn das? Ich bin nicht dein Sklave, sondern der des Herrn!«
»Und mich hat der Herr mit der zweifellosen Durchführung betraut! Also unterstehst du meiner Verantwortung. Hüte Anbetracht dessen deine Zunge, alter Pirat, dergestalt du es mir zu verdanken hast!«
»Und dir scheint entgangen zu sein, Sohn aus Theben, daß der Herr *mir* das Geld in Verwahrung gegeben hat!«
»Eben. Also wirst du in meinem Namen als solchem die Rechnung vergleichen!«
»... begleichen!« verbesserte Archelaos. »Im übrigen werde ich zum Herrn gehen und ihn bitten, mich von der Aufgabe zu entbinden.«
»Warum denn das schon wieder?«
»Dann denk gefälligst einmal nach, alter Querkopf!«
Archelaos hatte das letzte in unerwarteter Schärfe gesagt. Und ohne ein weiteres Wort schritt er weiter.
Alexander hielt den Kopf schief, dachte kurz nach und holte seinen

Begleiter dann schnell mit einigen großen Schritten wieder ein. Er packte ihn mit beiden mächtigen Pranken von vorne an den Schultern und zog ihn mit einem Ruck an sich.
»Du hast das durchaus falsch verstanden, Pirat. Aber ich muß ja nun damit leben, nicht du. Und wenn auch du fleißig bist und dem Herrn hin und wieder zweimal das Leben rettest, werde ich zu gegebener Zeit ein gutes Wort für dich einlegen, damit er auch dir unbedingt die Freiheit schenkt.«
Er ließ ihn los und lächelte; und dieses Lächeln war von der Art, daß ihm niemand widerstehen konnte.
Archelaos schlug ihm auf die Schulter und seufzte: »Manchmal wünsche ich, wir wären wieder in Gallien, da wäre vieles einfacher...«
»Recht hast du!«
Sie gingen weiter, und Archelaos meinte nach einiger Zeit: »Dann würden wir wieder Bären fangen...«
»Und ich würde wieder meine feinen Haartinkturen brauen. Nicht wahr, Archelaos?«
»Sicher, und Caesar fielen dann endgültig die letzten Haare aus.«
»Die fallen ihm sowieso aus. Aber das steht ihm zweifellos. Nicht wahr, Archelaos?«
»So ist es.«
»Und abends säßen wir an den Lagerfeuern, und die Jungs würden wahre Geschichten erzählen aus dem Lande der Kimmerer, wo nie die Sonne scheint...« Alexander blieb auf einmal stehen, blickte an sich herunter und fragte: »Was meinst du? Ist das Anbetracht dessen geschmackvoll? Ich meine, wird es dem Herrn als solchem gefallen?«
»Es wird. – Sag mal, was hältst du davon, wenn wir unseren Mägen anläßlich der gelungenen Ankleidung auch mal was Feines gönnen?«
»Sehr viel.«
»Bei Asconius?«
»Bei Asconius! Freue mich immer wieder, dem knauserigen Wichtigtuer Manieren beizubringen. Aber alles, was recht ist: Er macht die beste Erbsensuppe von ganz Rom. Nicht wahr, Archelaos?«
»So ist es.«

Fünf Minuten später erreichten sie die Schenke. Wir wissen von früheren Begebenheiten, daß der geschäftstüchtige Asconius sich vom einfachen Schankwirt an der Ecke zum angesehenen Speiselokal- und Herbergsbesitzer hochgearbeitet hatte, der nun gutsituierte Aufsteiger bediente und starken Zulauf aus der neureichen Gegend des

Aventin und des Caelius hatte, und daß er das Lokal außen durch Marmor, Travertin und innen mit kostbarer Malerei verschönert hatte – und eigentlich war es nur der Umstand, daß er wirklich nach wie vor eine vorzügliche Erbsensuppe mit Speck bereitete, der ihm Alexander und Archelaos als Kunden erhalten hatte. Aber noch etwas zog die beiden immer wieder in diese Schenke: Denn seit Alexander einmal bezüglich der neuen Wohlsituiertheit mit Heraclius, dem ersten Kellner, einen harten Strauß ausgefochten hatte, wurden sie wie königliche Gäste behandelt, die man mit Samthandschuhen anfaßte.
Da Alexander lesen konnte – wenn auch erst seit einigen Wochen –, studierte er zunächst mit Ausdauer das Schild neben dem Eingang. Er sah die Zeichnung eines langbeinigen, rosarot gefiederten Vogels sowie den erklärenden Begleittext:

FLAMINGO AUS EIGENER ZUCHT!
MIT CHAMPIGNONS!

Archelaos bemerkte: »Den Preis hat er vorsorglich weggelassen.«
Sie gingen hinein. Asconius, dessen Figur einem wandelnden Tönnchen ähnelte, geleitete gerade einen Gast zur Tür, blieb stehen, stutzte.
Dann kniff er die Augen zusammen, musterte die beiden Eintretenden von oben bis unten, verbeugte sich noch tiefer als sonst und rief: »Ah, meine edlen Freunde Volcatianos und Archelaos! Welch eine Freude, euch wieder einmal begrüßen zu dürfen!«
Er hatte das so laut gesagt, damit alle Anwesenden – der Raum war halb besetzt – es hören sollten. Und sie blickten herüber, bestaunten die prächtig in hellblauer, goldbestickter Tunika gewandeten Gestalten: der eine sehr feingliedrig, mit dunklerem Teint und leicht gebogener Nase, die Lippen zu einem leicht ironischen Lächeln angehoben; der andere, alle überragend, von herkulischer Gestalt, mit einer gewaltigen Brustmuskulatur, die sich auf dem feinen Stoff abzeichnete, und mit einem grimmigen Blick aus nachtschwarzen Augen, der den vor ihm stehenden Schankwirt, der sich erneut tief verbeugte, fixierte. Alexander konnte es nicht ertragen, von Personen, die sich über ihn erhaben fühlten, unterschätzt zu werden. Doch ebensowenig mochte er berechnende Unterwürfigkeit bei Leuten vom Schlage eines Asconius.
Und prompt erhielt der Übereifrige seinen Dämpfer: »Der edle Freund heißt als solcher immer noch Alexandros, Sohn des Alexandros aus Theben, und ich sage dir: Wage es nicht, meinen Vater zu be-

leidigen, dergestalt du seinen Anteil an meiner Existenz hintanstellst! Im übrigen brauchen ich und mein Freund Archelaos ein hübsches Stühlchen zum Setzen.«
»Aber selbstverständlich!« Er machte eine nochmalige Verbeugung. »Heraclius!«
Heraclius, der gerade an einem Tisch kassierte und sehr wohl die Ankunft der beiden Volcatier bemerkt hatte, zuckte zusammen, ließ alles stehen und liegen und eilte herbei.
»Besorge unseren edlen Gästen einen ruhigen Platz! – Wie wär's denn im Garten?«
»Haben durchaus nicht vor, Blumen zu pflücken.«
»Aber nicht doch! Wir haben nach hinten vergrößert. Du wirst in einer schattigen Laube Platz nehmen und den Duft des Weines beim Gesang edler Vögel genießen. Darf ich bitten?«
Nach einer abermaligen Verbeugung schritt er voraus und führte sie unter eine heimelige *Pergula*[7], an deren Gestänge der Wein schon mächtig wucherte.
Bis auf einen Tisch waren alle Plätze besetzt. Brave Bürger, Kaufleute, Handwerker aus den nahen Straßen und Vierteln saßen mit Freunden beim Falerner[8] oder Chios[9], knabberten an Hähnchen- und Putenschenkeln oder probierten die neue Spezialität des Hauses, die sich allerdings nur die Gutbetuchten unter ihnen leisten konnten.
Heraclius rückte ihnen die Stühle zurecht, Asconius wischte mit einem Tuch über die Tischplatte, verbeugte sich und ging.
In Erinnerung an den letzten Auftritt von Alexander hatte Heraclius gleich ein riesiges Weißbrot mitgebracht, und Alexander nickte zufrieden: »Na also! Werde dich lobend als solchen erwähnen.«
Heraclius lächelte erleichtert und begann – ebenfalls in Erinnerung an den letzten Besuch der beiden – sehr vorsichtig: »Gehe ich recht in der Annahme, daß du kein Flamingofleisch möchtest...«
»Du gehst!«
»Gehe ich ebenfalls recht, daß du keine Muräne mit Pilzen möchtest...«
»So ist es. Hasse Pilze mit Muränen. Wurde mal von einer gebissen. – Merke dir, mein lieber Junge, für alle Jahrhunderte: Es genügt, wenn du als solches fragst: ›Wie immer?‹«
Heraclius nickte ergeben.
»Also?« spornte ihn Alexander an.
»Sehr wohl. Wie immer?«
»Wie immer. Und mit viel Speck!«
Heraclius ging.

»Aus dem Knaben läßt sich zweifellos noch was machen. Ist als solcher gelehriger, als ich dachte.«
Zufrieden lehnte sich Alexander zurück und musterte mit Interesse die Umgebung, doch er fand keine bekannten Gesichter.
Am Nebentisch saßen zwei junge Männer von vielleicht fünfundzwanzig Jahren und beschäftigten sich intensiv mit den Resten ihrer Flamingoschenkel. Dann putzten sie sich säuberlich den Mund ab und wuschen ihre Hände in einer Schale, die ein Knabe bereithielt. An dem sehr höflichen »Danke!«, das mit fremdem Akzent gesprochen wurde, erkannten Alexander und Archelaos, daß es sich um Gallier handelte. Ihre Kenntnisse der keltischen Sprache reichten hin, einiges aus dem Gespräch der beiden zu verstehen: Sie unterhielten sich offensichtlich über römische Speisen und ihre Zubereitung.
»Was meinst du«, fragte Archelaos den Freund leise auf griechisch, »schmeckt es ihnen nun oder nicht?«
»Hm – Anbetracht dessen als solches schwer zu sagen.«
Sie spitzten die Ohren, lauschten, verstanden aber nun nichts mehr.
»Scheinen durchaus noch eine zweite Sprache zu reden.«
Da kam die Erbsensuppe, und sie machten sich mit großem Appetit darüber her. Währenddessen ging Heraclius zum Nebentisch und fragte nach weiteren Wünschen. Die beiden Gallier dankten, erhoben sich, und die Art und Weise, wie Heraclius sie hofierte, wurde von Archelaos und Alexander mit Erstaunen registriert.
Als die beiden dann gegangen waren, rief Archelaos den Heraclius herbei, zahlte und fragte: »Sag mal, woher stammen die beiden Gallier?«
»Soviel ich weiß, aus Massilia[10].«
»Aus Massilia, soso... Wohnen sie hier im Haus?«
»Ja, seit gestern.«
»Danke! – Hier...«
Er gab Heraclius ein Trinkgeld.
Dieser dankte und fragte: »Soll ich ihnen etwas hinterlassen von euch?«
»Nein, nicht nötig. War nur so eine Frage.«

3

Nach dem Essen begannen sie gleich mit der Ausführung ihres Auftrages. Während Archelaos sich um die Sandalen kümmern sollte, wollte Alexander feststellen, ob Birria noch in Rom weilte. Birria hatte vor zwei Jahren im Dienste des Senators[11] Milo gestanden, der ihn an die Spitze seiner Gladiatorentruppe gestellt hatte, die monatelang in blutige Straßenschlachten mit der Bande des Clodius[12] bis zu dessen Ermordung im Januar des letzten Jahres verwickelt war. Und an der Ermordung Clodius' war Birria beteiligt gewesen.

Es konnte natürlich sein, daß Birria zusammen mit seinem Herrn Milo in die Verbannung nach Massilia gegangen war, um somit einer Bestrafung zuvorzukommen.

»Augenblick!« rief Alexander hinter dem Freund her, nachdem sie sich schon getrennt hatten. »Du könntest, während du bei Loco hineinschaust, ihn gleich als solchen fragen, ob er von Birria gehört hat. – Wir müssen Birria finden! Aber vergiß Anbetracht dessen durchaus die hübschen Sandalen aus gelbem Ziegenleder nicht!«

Archelaos hob die Hand und nickte.

»Und sag Melitta«, rief Alexander ihm noch nach, »es könne zweifellos etwas später werden.«

Archelaos nickte und entfernte sich mit schnellen Schritten.

Alexander aber überlegte, und das äußerte sich wie so oft in Selbstgesprächen: »Es könnte durchaus nicht schaden, eine Blick in den Circus Maximus zu werfen...« Er setzte sich in Bewegung. »Wir haben zwar heute keine Kämpfe, aber einige Jungs üben als solche um diese Zeit. Vielleicht wissen sie einiges über Birria. Ich muß Birria durchaus finden, denn er ist der größte Kenner in dem Geschäft. Hast du Birria, kann nichts schiefgehen...«

Kurze Zeit später erreichte er die Nordwestseite der riesigen Anlage, stand vor der leicht geschwungenen Front und überlegte, welchen Eingang er benutzen sollte. Er entschied sich für das breite Haupttor, von dem er in die *Carceres*, den Unterstand der Wagen und Pferde vor den Rennen, gelangen konnte.

»Wahrscheinlich treffe ich dort nur Stallknechte und Techniker, die mit Reparaturen an Wagen und Geschirr beschäftigt sind«, überlegte er sich. »Aber der eine oder andere pflegt vielleicht Kontakte zu befreundeten Gladiatoren und kann mir womöglich einen Tip geben... Und besser einmal zuviel gefragt als gar nicht!«

Er reckte sich und nahm die für solche Fälle vorgesehene einwandfreie Haltung eines Centurio[13] der 1. Cohorte[14] aus Caesars Zehnter ein,

wodurch er auf Anhieb einen Kopf größer erschien. Es war heiß, und er freute sich auf die Kühle in den Gewölben der *Carceres*. Er schritt durch das Tor, das die Höhe eines Hauses hatte und so breit war, daß es zwei Wagen nebeneinander aufnehmen konnte. Nach zehn Schritten zweigten rechts und links Seitengewölbe und Gänge ab.
Er vernahm von links Stimmen und schritt durch den Gewölbebogen in die große Halle. Es sah hier aus wie in der Werkstatt eines Stellmachers. Man hatte einen Rennwagen auseinandergenommen und untersuchte Achse und Radnaben auf Verschleiß. Eine gesplitterte Zugstange lag am Boden. Fünf Mann waren emsig an der Arbeit; er kannte jedoch keinen von ihnen. Aber fragen kostete nichts.
»He! Mal herhören!«
Alle hielten in ihrer Tätigkeit inne, wandten sich um, und Alexander stellte befriedigt fest, daß sein geschmackvolles Äußere sie sichtlich beeindruckte. Das mußte verbal unterstützt werden.
»Ich bin Alexandros Volcatianus und habe durchaus Verwendung für eine genaue Auskunft...«
Die Jungs blickten erst sich, dann wieder Alexander an.
»Herhören! Wer von euch Wagenmeistern kann mir sagen, ob und wo ich den großen Birria finde?«
Die Männer blickten auf einen von ihnen; das schien der Vormann zu sein. Der Mann reckte sich und kam mit festen Schritten näher. »Meinst du etwa den Gladiator, der in Milos Diensten stand?«
»Genau den!«
Der Mann kam ganz nahe heran und fuhr mit gedämpfter Stimme fort: »Bist du etwa in amtlichem Auftrag hier?«
Sein Gesicht drückte großes Mißtrauen aus, und Alexander witterte Angst dahinter. Aber er ließ ihn im Zweifel.
»Das wird sich zweifellos noch als solches herausstellen. Also: Kennst du diesen Birria?«
»Nicht persönlich«, war die ausweichende Antwort.
»Warum nicht?«
»Wie? – Na, Birria, den kennt zwar jeder vom Hörensagen, aber...«
»Du weißt also nicht, wo er sich als solcher aufhält?«
»Nein. Man hat nach der Mordsache und nach dem Prozeß nichts mehr von ihm gehört. Es heißt, er sei mit seinem Herrn in die Verbannung nach Massilia gegangen.«
»Wer heißt?«
»Wie? – Na, was so geredet wird unter seinen alten Freunden. Wenn du Genaues wissen willst...«
»Ich will!«

»... dann halte dich an seine alten Kameraden.«
»Und wo trifft man die?«
»Na, meist bei Carrinas!«
»Wo ist das?«
»Carrinas? Ihre Stammkneipe beim Viehmarkt. Mann, kennt doch jeder! Manchmal sind sie auch hier in der Arena – zum Üben.«
Alexander nickte und meinte, dem Mann sein Wohlwollen bezeigen zu müssen.
»Schon mal gedient?«
»Wie? – Ja, natürlich.«
»Sehr gut! Wo?«
»Wo? – In Spanien. Unter Pompeius.«
»Soso...« Es klang enttäuscht. »Noch nie in Gallien?«
»Nein.«
»Na, kann ja noch kommen. Haltung, Mann! Sauberkeit! Dissiplin! Werde dich lobend erwähnen. Weitermachen!«
Und während er hoch erhobenen Hauptes weiterging, blickte der Mann ihm verwirrt nach und fragte die andern: »Kennt ihr den?«
»Ja«, rief jemand. »Der beste Mann von Volcatius Tullus. Hat ihm zweimal das Leben gerettet. Dem Birria einmal, damals, bei einem der Kämpfe gegen Clodius' Leute!«[15]
Und dann erzählte er in allen Einzelheiten, wie Alexander damals eine ganze Reihe von Clodius' Leuten in den Hades geschickt und Birria herausgehauen hatte.
»Mit dem«, schloß er, »darfst du dich nie anlegen. Du ziehst immer den kürzeren!«
»Soso...«, lächelte der Vormann und wandte sich wieder der Arbeit zu.
Währenddessen hatte Alexander die *Carceres* durch eins der zwölf Tore verlassen und befand sich zu Füßen der magistralen Ehrenloge in der Arena. Da heute keine Rennen und Kämpfe stattfanden, saßen oder gingen nur einzelne Besucher auf den Rängen – meist Leute von auswärts –, um sich von Freunden die Anlage und ihren Zweck erklären oder sich von den bevorstehenden Veranstaltungen unterrichten zu lassen. Nur ein einsames Gespann zog auf der dreieinhalb Stadien[16] langen Bahn seine Runden und ließ den Sand hochspritzen.
Alexander ging nach links zu der kleinen Treppe, die nach oben zu den Rängen führte, und stieg langsam aufwärts.
»Ich sollte durchaus bei Carrinas hereinschauen. Der Herr erwartet gute Vorbereitung. Und ohne Birria ist das als solches schwer zu machen... Warum hatte der Meister der Wagen ein schlechtes Gewis-

sen, als ich ihn nach Birria fragte?... Hat zwar nur unter Pompeius in Spanien gedient, aber Spanien ist ja auch ganz schön...«
Während er so ganz in Gedanken die dritte Reihe entlangging, bemerkte er erst im letzten Augenblick, daß ihm zwei Gestalten entgegenkamen, jedoch sofort zur Seite traten, um ihm höflich Platz zu machen. Er blickte hoch. Erfreut und überrascht nahm er zur Kenntnis, daß es sich um die beiden Gallier handelte, die vorhin bei Asconius am Nebentisch gesessen hatten.
Alexander blieb stehen und lachte sie breit an.
»Ah, unsere beiden gallischen Freunde! Sie wollen Rom kennenlernen. Lobenswert!«
Und er machte, was sehr selten vorkam, eine leichte Verbeugung vor ihnen, die sie auf der Stelle – nur eine Spur eleganter – erwiderten.
»Ja, in der Tat, wir sind zum erstenmal hier...«, sagte der Jüngere von beiden. Er mochte Mitte Zwanzig sein, während der andere die Dreißig wohl schon überschritten hatte.
»Das ist Cotus, und ich bin Matisco«, stellte er seinen Begleiter und sich vor. Sein Latein war vollendet.
Nun war Alexander an der Reihe: »Freue mich unbedingt, immer mal wieder gallische Freunde zu treffen. Kenne Gallien als solches aus eigenem Anblick. Welch ein Land! Ich bin Alexandros Volcatianus, Sohn des Alexandros aus Theben. Habe längere Zeit daselbst hingebracht.«
Seine in solchen Fällen – wenn er Fremden gegenüber Eindruck machen wollte – gedrechselte Sprache schien sie nicht im geringsten zu irritieren, denn sie lächelten ihn freundlich an, und Matisco sagte: »Es freut uns, einen romanisierten Griechen kennenzulernen.« Es klang so, als ob man ihm zu Hause eingeschärft hatte, besonders höflich aufzutreten.
Alexanders Mund formte ein O, und er rief: »Einen roma... Ich bin Römer!«
»Um so besser!« sagte Matisco freundlich. »Dann weißt du vielleicht jemanden, der uns helfen würde, die Stadt und ihre Besonderheiten kennenzulernen? – Er soll es nicht umsonst machen.«
Er hob die Hand, und Alexander sah den kostbaren Rubin am Goldring des kleinen Fingers. Alexander überlegte nicht lange.
»Habe zwar Anbetracht dessen als solches nur wenig Zeit, aber das läßt sich durchaus verschieben. *Ich* werde euch die Stadt zeigen!«
Und als er sah, wie Matisco nach einem ledernen Beutel griff, rief er entrüstet: »Beim Mercurius! Ihr beleidigt mich! Für Gallien tu ich alles! Kommt!«

4

Zunächst erklärte er ihnen die Anlage des Circus, sein Fassungsvermögen, die Organisation und den Ablauf der Rennen, die an bestimmten Festtagen des Jahres stattfanden. Weiter teilte er ihnen mit, daß diese Rennen von vier Parteien ausgetragen werden, die sich in den Farben Grün, Blau, Weiß und Rot unterscheiden.
»Ihr kommt euch dann zweifellos wie unter lauter Irren und Wahnsinnigen vor, denn an die hundertfünfzigtausend Sterbliche brüllen, als ob sie ihres Verstandes als solchem verlustig gegangen wären.«
»Was bedeuten die sieben Eier auf der Krone der mittleren Mauer?« fragte Matisco.
»Die Trennwand heißt *Spina*, Rückgrat, und nach jeder Runde wird ein Ei heruntergenommen. Im Eifer des Gefechts soll es durchaus vorkommen, daß die Jungs nicht mehr bis sieben zählen können. Aber das werdet ihr als solche ja bald selbst erleben.«
Die nächsten anderthalb Stunden führte er sie kreuz und quer durch die Stadt und sparte nicht mit allgemeinen Hinweisen und Warnungen.
»Vor zwei Dingen müßt ihr euch in dem Städtchen besonders in acht nehmen: vor alten Vetteln und jungen Mädchen, besonders vor ersteren, weil sie dich an die zweiteren verschachern wollen!«
Angesichts des Iupiter-Tempels auf dem Capitol tönte er: »Hier wohnt und waltet der erhabene Vater der Götter und Menschen und dort drüben seine liebliche Gattin, die gleichfalls erhabene Iuno. Und im ehelichen Zorn ruft er ihr zu: ›Mach doch, was du willst! Ich mach' auch, was du willst!‹«
So gingen exakte Beschreibungen und launige Kommentierung eine glückliche Verbindung ein, und beide Gallier, von denen Alexander bislang nur die Namen wußte, waren glücklich, durch Zufall ausgerechnet auf diesen wortreichen Führer und Romkenner gestoßen zu sein, der auf jede Frage – wenn nicht immer eine erschöpfende Antwort, so doch eine Anmerkung parat hatte. Und dennoch ließ er, trotz der scheinbar naiven Einordnung und Bewertung der Sehenswürdigkeiten, eine große Kenntnis der Stadt und ihrer Menschen und Götter erkennen. Alexander wurde ihnen immer sympathischer, und nach Beendigung des Bummels war es klar, daß sie ihn zu einem gemeinsamen Abendessen einladen würden.
»Es wäre uns eine Ehre und ein Vergnügen«, sagte Matisco, »wenn du mit uns zusammen speisen würdest.«
Er sagte das mit vollendeter Höflichkeit. Alexander wog blitzschnell

ab, daß er ja nun durchaus ein freier Mann sei und daß er als solcher zweifellos die alleinige Entscheidungsbefugnis über sich selbst habe; außerdem blieb der Herr bis auf weiteres auf dem Tusculanum; Archelaos spielte keine Rolle, und Melitta...?
»Sie wird als solche eben warten müssen!«
»Bitte?« fragte Matisco.
»Nun, ich danke euch für die Einladung und werde Anbetracht dessen davon Gebrauch machen, wenngleich große Dinge meiner harren.«
Das Essen fand natürlich bei Asconius statt. Und diesmal kam Alexander nicht umhin, einige der ausgefallenen Spezialitäten des Hauses zu probieren. Und da er nun einmal geladener Gast und Tischgenosse war, mußte er gute Miene machen, obwohl ihm ein Teller Erbsensuppe lieber gewesen wäre.
Das Gespräch, mehr eine lockere Unterhaltung, griff das eine und andere dessen auf, was sie in der Stadt gesehen hatten, und Alexander gab gutgelaunt auf ihre neugierigen Fragen erschöpfende Antwort. Ihm fiel aber schon bald auf, daß die beiden auf seine Fragen zur Person und zum Anlaß ihrer Romreise nur mit sehr allgemeinen Erklärungen aufwarteten: Ja, sie seien in geschäftlichen Angelegenheiten in Rom; nein, sie würden nicht allzu lange bleiben; wenn sie ihre Geschäfte erledigt hätten, brächen sie wieder auf; ja, sie wohnten in Massilia, wo ihre Väter in großen Handelsgeschäften tätig seien.
Obwohl dies alles sehr freundlich vorgebracht wurde, hatte Alexander dennoch das Gefühl, als ob sie Anweisung hätten, keine Details ihrer Aufgaben preiszugeben, denn sie wechselten, wenn er nachfragte, mit einem gleichgültigen »Übrigens...« oder einem nichtssagenden »Da fällt mir noch ein...« dann schnell das Thema.
So war nach einer Stunde der Punkt erreicht, wo Alexander sich zu langweilen begann. Er fragte den bedienenden Heraclius nach der Zeit.
»Soeben neigt sich die zehnte Stunde ihrem Ende zu«, dienerte der eifrig.
»Hm... Dann neige ich Anbetracht dessen meinem Heimgang zu.«
Alexander hatte es plötzlich sehr eilig und erhob sich: »Ich danke den edlen Söhnen Massilias für die Gastfreundschaft als solche und wünsche ihnen in Rom die angenehmsten Tage, dergestalt sie zu einem guten Abschluß kommen mögen.«
Auch die beiden erhoben sich, und Cotus sagte mit tiefer Stimme: »Es wäre uns eine Ehre, wenn du uns morgen vormittag zu den Rennen im Circus Maximus begleiten würdest. Man trifft ja nicht alle Tage einen solchen Kenner...«

»Gut. Ich werde ohnehin dort sein.«
Sie begleiteten ihn durch den Garten und den vorderen Schankraum bis zur Straße.
»Sollen wir dir eine Sänfte bestellen?«
»Danke, ich habe es nicht weit.«

5

Wenn Alexander in Rom mit Aufträgen seines Herrn unterwegs war, hatte er sich angewöhnt, nach dem Verlassen von Gebäuden Augen und Ohren offenzuhalten, denn er hatte in den letzten beiden Jahren öfters die Erfahrung gemacht, daß ihm gerade dann unliebsame Zeitgenossen ihre Aufmerksamkeit zuwandten, wenn er Kontakte zu Fremden aufgenommen hatte.
So blieb er zunächst einen Augenblick stehen und beobachtete die Straße nach beiden Seiten. Doch außer friedlichen Passanten, die von Geschäften oder Besuchen auf dem Heimweg waren, sah er nur ein altes Mütterchen mit einem kleinen Mädchen. Dahinter folgte ein alter Mann mit einem zweirädrigen Karren, und man sah, daß das Ziehen ihm sichtlich Mühe bereitete.
»Na, dann eben nicht...« Es klang allerdings so, als ob er es bedaure. Er überquerte gemächlich die Straße, ging die zwanzig Schritte nach rechts, wo der Clivus Scauri zum Caelius abzweigte, und überlegte, ob er sich gleich zu Carrinas am Viehmarkt begeben sollte, um sich nach Birria zu erkundigen, oder ob er erst nach Hause gehen und Melitta benachrichtigen sollte.
Er straffte sich: »Ich bin unbedingt ein freier Mann und als solcher Herr meiner Wege!«
Er ging einige Schritte. »Wenn ich zuerst nach Hause gehe, dann durchaus aus freier Entscheidung und weil Melitta es verdient!«
Wieder einmal streifte ihn dieses angenehme Gefühl von Geborgenheit, wenn er bedachte, daß im Volcatischen Hause am Palatin, in der vornehmsten Wohngegend der Stadt, ein liebendes Weib auf ihn wartete. Beim Iupiter! Vor einem Vierteljahr hätte er nicht davon zu träumen gewagt! – »Sie hat es verdient!« rief er überschwenglich.
»Recht so! Sie verdient es immer.«
Alexander fuhr herum. Neben ihm hielt ein Karren, und ein Mann von unbestimmbarem Alter strich sich mit der Hand über die schweißnasse Stirn und lächelte ihn an: »Sie verdienen es immer! Ich lasse sie dir zum halben Preis.«

Nun erst bemerkte Alexander die Blumen im Karren.
Er verhandelte nicht lange und kaufte dem Alten einen riesigen Strauß Narzissen ab. Doch ging dies nicht ohne einige Alexandrinische Erkundigungen ab.
»Wie heißt du?«
»Leonidas, Herr.«
»Schöner Name!« nickte Alexander und blickte in das vollbärtige Gesicht, dessen kräftiger Bewuchs zu seiten des Mundes und am Kinn schöne Silberfäden zeigte. Die Augen des Alten strahlten hellblau, und ihre Frische stand in auffälligem Gegensatz zu der gebeugten Haltung von Schultern und Rücken. Auch die Hände, sehr sehnig und kraftvoll, wollten nicht zu der greisenhaften Aufmachung passen.
»Beruf?«
»Was du willst, Herr: Gärtner, Bote, Totengräber...«
Die Augen lächelten verschmitzt.
»Soso... Toten...« Alexander schluckte. »Schon mal gedient?«
»Das ganze Leben ist Dienen, Herr. Ich nehme es, wie's kommt.«
»Recht so, Meister der Blumen. Haltung! Dissiplin! Werde dich lobend erwähnen. Wo hast du deinen Stand?«
»Mal hier, mal dort, wie es sich ergibt.«
Und schon griff er nach beiden Zugstangen des Karrens und ruckelte in Richtung Viehmarkt davon.
Alexander blickte ihm eine Weile nach und schüttelte den Kopf: »Jetzt verkaufen die Philosophen schon Blumen! – Na ja, immer noch besser als nach Toten graben.«
Mit schnellen großen Schritten machte er sich auf den Heimweg und erreichte kurze Zeit später das Volcatische Haus am Palatin.
Im Atrium lief ihm Gallus über den Weg.
»Wo ist deine Mutter?«
»Sie ist als solche in der Küche.« Er sah die Blumen. »Hast du mir auch was mitgebracht?«
»Ein andermal, mein Junge.«
»Na, dann eben nicht...« Gallus ließ die Schultern hängen und zog einen Schmollmund. »Onkel Kreon bringt mir immer was mit!«
»Er könnte ja auch dein Großvater sein. Und Großväter als solche haben sonst durchaus nichts zu tun, als ihren Enkeln unnützes Zeug mitzubringen. Im übrigen ist er nicht dein Großvater.«
Er ließ den Jungen stehen und ging in die Küche, wobei er die Blumen hinter dem breiten Rücken versteckt hielt.
»Rechts oder links?«
Melitta war mit der Vorbereitung des Abendessens beschäftigt.

»Ach, du...«

Ihr Gesicht zeigte immer noch dieses mädchenhafte Lächeln, an dem er sich nicht satt sehen konnte. Sie riet die richtige Seite, er überreichte ihr den riesigen Strauß und küßte sie auf die Wange. Dann schaute er der Reihe nach in alle Töpfe, schnupperte und rieb sich voller Vorfreude die Hände. Doch wie es seine Art war, kam er sehr schnell zu den aktuellen Dingen zurück.

»Leider muß ich Anbetracht dessen nach dem Essen noch einmal weg.«

»Schade«, sagte sie. Nicht mehr. Sie hatte sich von Anbeginn ihrer Ehe mit dem Hünen bewußt gemacht, daß sie ihn nicht würde im Hause halten können, schon gar nicht, wenn er, wie jetzt, in Aufträgen des Herrn unterwegs war. Hinzu kam, daß sie durch die Ehe mit Alexander aus dem Sklavenstand in die Verantwortung der Herrin über das weibliche Gesinde dieses hochadligen Hauses aufgerückt war, denn C.V.T., selbst nicht verheiratet, ließ sie schalten und walten nach eigenem Gutdünken und im Vertrauen auf ihre Loyalität. So zart sie auch mit ihrem Alexander umging: Es gab Augenblicke, in denen ihr energisches, zupackendes Temperament keinen Widerspruch duldete – und dies nicht nur vom Personal des Hauses, so daß Alexanders Freund, der stille, in sich gekehrte Kilikier Archelaos, sich bisweilen seine Gedanken machte, ob Alexander nicht doch auf die eheliche Dauer einen Teil seiner großherrlichen Souveränität verlieren werde.

»Dann solltest du erst essen!«

Sie füllte einen Teller.

»Ja, natürlich.« Aber er war in Gedanken woanders.

Sie verteilte die Blumen in mehreren Vasen und ließ sie von einem Mädchen im *Triclinium*[17] und in der Bibliothek aufstellen.

»War das nötig?« Sie wies auf seine prachtvolle neue Tunika.

»Allerdings!« Alexander reckte sich. »So sprach der Herr: Du trittst bei dieser Aufgabe durchaus als mein Stellvertreter auf. Es muß unbedingt geschmackvoll sein! Ist es geschmackvoll?«

»Hat der Herr es bezahlt?«

»Ja, natürlich.« Er beteuerte es geradezu.

Dann setzte er sich an den Anrichtetisch neben dem Herd und machte sich über den Schweinebraten und die dicken Bohnen her. Melitta stellte ihm einen Becher Falerner daneben und beobachtete ihn.

»Alexander...«

»Ja?« Er kaute mächtig weiter, ganz mit dem Essen beschäftigt.

»Ist die Sache, die du für den Herrn erledigst, gefährlich?«

Er sah sie an, wischte sich mit dem Handrücken über den Mund und meinte: »Ach was. Ich habe nur den Kauf und die Organisation der Gladiatoren als solche zu übernehmen und selbige durchzuführen. Eine verantwortungsvolle Aufgabe, da von ihr der totale Erfolg des Wahlkampfes abhängt! – So, ich muß noch zu Carrinas am Viehmarkt.«
Er stand auf. »Du bist nicht nur unbedingt die schönste Frau von ganz Rom, sondern als solche auch die beste Köchin! Ist Archelaos schon zurück?«
»Ja. Und Cornificius ist in der Bibliothek.«
»Cornificius?! Warum hast du das nicht gleich gesagt?«
»Ich nahm an, du würdest mit ihm zusammen essen...«
Als Alexander den Raum am Ende des Atriums betrat, saß Gallus gerade auf Cornificius' Knien; sie betrachteten gemeinsam eine Buchrolle.
»Ah, Alexander! Dein Sohn hat gute Fortschritte gemacht. Er kennt fast die ganz Odyssee, nicht wörtlich, aber dem Inhalt nach.«
Alexander strahlte.
»Meine Erziehung!«
Gallus und Cornificius sahen sich verständnisvoll zwinkernd an. Cornificius ließ den Jungen von den Knien rutschen und erhob sich.
»Wann kommt Gaius in die Stadt?«
»Wahrscheinlich in den nächsten Tagen.«
»Hat er was für mich hinterlassen?«
»Nur dies: Wenn ich für den Fall Anbetracht dessen durchaus Hilfe brauche, soll ich mich an dich wenden. Du wüßtest zweifellos dessen, worum es ginge.«
Cornificius mußte sich ein Grinsen verkneifen, denn gerade er als Dichter hatte größtes Vergnügen an den gedrechselten, barocken Verdrehungen Alexanders.
Dann fragte er: »Worum geht's denn?«
»Gladiatoren! Sie sollen geschmackvoll sein!«
»Wie bitte?«
»Jawohl! Alles hat durchaus geschmackvoll zu sein. Die Gladiatoren, der Wahlkampf, die Kleidung. Ist das geschmackvoll?«
»Was?«
»Das!« Alexander setzte seinen athletischen Körper in Positur.
»Zweifellos! Blau beruhigt.«
Alexander hielt den Kopf schief und wog ab, ob das ironisch gemeint war.
Cornificius, der solche Selbstzweifel des Recken aus langer Zusam-

menarbeit kannte, ergänzte scherzhaft: »Doch, doch! Steht dir ganz ausgezeichnet. Solltest dir aber noch eine zum Wechseln kaufen. Wie wär's denn mit Grün?«
»Jawohl! Grün! Wechseln!« Er stand zwei Sekunden stramm, stellte dann jedoch fest: »Ich habe noch einiges zu erledigen. Bleibst du im Hause?«
»Nein, ich fahre noch heute nach Tusculum.«
»Darf ich mit?« fragte Gallus.
Alexander hob den Zeigefinger: »Meinetwegen. Aber frag erst deine Mutter!«
Gallus nahm Haltung an: »Jawohl! Fragen! Mutter!«
Cornificius schüttelte staunend den Kopf: Nun fing also auch schon dieser Knabe an, in rituellen Wendungen zu reden. Abschließend fragte er Alexander: »Also, was ist? Brauchst du was? Geld, Ratschläge? Soll ich Gaius irgend etwas bestellen?«
»Nein. Es sei denn...«
»Ja?«
»Werde mich auf die Suche nach Birria begeben.«
»Birria? – Ist das nicht der Gladiator, den du uns vor einiger Zeit mit seinen Leuten als Leibwache vors Haus gestellt hattest?«
»Er ist es!«
»Wieso ist er...? Hängt das mit der Affäre des Milo zusammen?«
»Es hängt.«
»Verstehe.« Cornificius nickte und ging einige Schritte auf und ab. »Da kann ich dir leider nicht behilflich sein.«
Alexander grüßte mit erhobener Rechter und verließ den Raum.
Gallus, durch Alexanders Bemerkung neugierig gemacht, fragte: »Was ist denn mit diesem Milo, Cornificius?«
»Hm, das ist eine lange Geschichte, mein Junge. Titus Annius Milo ist dafür verantwortlich gemacht worden, daß bis zum Januar vorigen Jahres keine Wahlen durchgeführt werden konnten. Er hatte sich eine Schlägerbande von Gladiatoren zugelegt und lieferte sich mit der Truppe des Publius Clodius von der Gegenseite jahrelang blutige Straßenschlachten.«
»Warum?«
»Weißt du, bei uns gibt es zwei verschiedene Meinungen darüber, wie die Stadt und der Erdkreis regiert werden sollten. Die einen meinen, alles solle so bleiben wie früher, das ist die Partei der Optimaten, die auch im Senat[18] die Mehrheit hat. Die andern aber fordern größere Rechte für das Volk, sie nennen sich die Popularen, die Volksfreunde.«

»War Clodius ein Volksfreund?«
Cornificius lächelte. »Er tat wenigstens so. Aber in Wahrheit ging es ihm wohl nur um seine eigenen Interessen.«
»Und was hat dieser Birria damit zu tun?«
»Birria? Er war einer von Milos Leuten, die dem Clodius mit einigen aus seiner Truppe auf der Via Appia begegneten und einen Kampf anfingen, bei dem Clodius erschlagen wurde.«
»Und wo ist dieser Milo jetzt?«
»Vor einem Monat hat man ihm hier in der Stadt einen großen Prozeß gemacht. Er wurde schuldig gesprochen und nach Massilia in die Verbannung geschickt. Nun will Alexander herausfinden, ob Birria sich noch in Rom aufhält. Es kann ja sein, daß er seines Lebens nicht sicher ist, seit man seinen Herrn verurteilt hat. Ich weiß allerdings nicht, ob Birria ein Sklave war oder ob er seine Dienste dem Milo nur für bestimmte Zeit verkauft hat. Wie dem auch sei, er scheint sich verborgen zu halten. Vielleicht ist er aber auch in Massilia.«
»Cornificius...?«
»Ja, mein Junge...«
»Warum schlagen sich die Menschen immer? Sie könnten doch auch miteinander reden.«
Cornificius sah Gallus lange an, dann sagte er: »Da hast du völlig recht. Dein Herr Gaius Volcatius und ich, wir setzen uns dafür ein, daß die Menschen miteinander reden...«

6

Alexander war noch nie BEI CARRINAS gewesen. Vom Hörensagen wußte er, daß diese Schenke am Tiberhafen von zwielichtigem Gesindel besucht wurde, zumindest von Leuten, die Grund hatten, sich neue Namen zuzulegen. Vielleicht hätte er doch den Archelaos mitnehmen sollen.
»Ach was! Du bist ein freier Mann, und du wirst das zweifellos allein schaffen!«
Es begann bereits zu dämmern, als er die Magazine und Speicher passierte. Dann tauchten auch schon die ersten Kneipen auf mit jenem lauthals unbekümmerten Lärm, mit Gelächter und Gesang – ein Spektakel, wie man es nur in den Häfen rings um das mittlere Meer fand.
Aus Gewohnheit schaute er sich unauffällig nach allen Seiten um: Man konnte nie wissen!

Zwei betrunkene Legionäre torkelten aus einem Eingang, hatten aber das Pech, einem Trupp der hier verstärkt patrouillierenden Stadtwache gleich in die Arme zu laufen. Er hörte, wie deren *Optio*[19] scharf nach Name und Einheit fragte. Falls es sich bei den Soldaten um Urlauber aus Gallien handelte, hatten sie mit scharfem Arrest und einer empfindlichen Geldstrafe zu rechnen; und dies nicht nur vorab, weil sie Caesars Befehl zuwidergehandelt hatten, sich in militärischem Habit vollaufen zu lassen und so das Ansehen ihrer Legion zu verunehren, sondern – Alexander wußte es von Berichten alter Kameraden aus der Zehnten – weil sich die optimatisch gesteuerten Behörden der Stadt einen hämischen Spaß daraus machten, Caesar selbst zu treffen, indem sie seine Männer demütigten. Caesar wußte davon und hatte nicht zuletzt deshalb für den Aufenthalt in der Hauptstadt die Bekleidungs- und Verhaltensvorschriften verschärft.
»Idioten!« murmelte Alexander, aber es war nicht klar, ob er damit die Jungs oder die römische Patrouille meinte. Er ging langsam weiter.
Carrinas' Schenke lag direkt am Tiber. Als Alexander in ihre Nähe kam, nahm er befriedigt zur Kenntnis, daß hier nicht dieser ordinäre Lärm und das Kreischen der Weiber bis auf die Straße drang. Im übrigen stieg ihm der angenehme Duft von Speck, gebratenen Zwiebeln und Erbsensuppe in die Nase, und er bedauerte, bereits von Melitta beköstigt worden zu sein.
»Na, dann eben nicht...« Aber er fügte gleich ermunternd hinzu: »Doch, mein Junge, ein andermal!«
Als er eintrat, war er überrascht von der Sauberkeit und der gefälligen Ordnung, ja der anheimelnden Atmosphäre im Schankraum. Auf jedem Tisch standen Salz- und Pfeffertöpfchen, zierliche Glasfläschchen mit Öl und Essig, akkurat auf kleinen weißen Leinendeckchen geordnet. Der Fußboden, mit hochkant stehenden Ziegeln in Fischgrätenmuster belegt, war blitzsauber und glänzte wächsern. An den Wänden hingen allerlei Stech-, Hieb- und Fechtwaffen neben verschiedenen Rüstungen, Kettenhemden, Lederkollern, Schilden, und die meisten Stücke wiesen tiefe Spuren von zahlreichen Kämpfen auf.
Die Tische waren längst nicht alle besetzt. Alexanders Blick streifte die Gesichter der Anwesenden, aber er kannte hier niemanden. Die wenigen Frauen, die den Gästen Gesellschaft leisteten, machten jenen salopp-selbstsicheren Eindruck, den er von den ständigen Begleiterinnen einiger Kameraden aus Gallien kannte. Es waren Frauen, die schon in jungen Jahren alle Höhen und Tiefen des Lebens kennenge-

lernt hatten, die sich – auch wenn sie nach außen gerade den Eindruck des Mondänen und lässig Erotischen machten – jedoch fest an ihren Lebensgefährten klammerten, da sie um die ständig lauernde Gefahr wußten, ihn von jetzt auf gleich zu verlieren. Sie waren zwar äußerlich das Gegenteil dieser üppigen, männerbeherrschenden Matronen der Subura[20], doch träumte eine jede von ihnen trotz Schminke, Puder und Augengrün vom eigenen Häuschen auf dem Lande, umgeben von einer zahlreichen Kinderschar – kurz: vom behaglichen, überschaubaren Leben im Kreise einer eigenen Familie. Und gerade jene, die nicht selten schon die Grenzen des Lasters kennengelernt oder schon überschritten hatten, würden ihren eigenen Töchtern das Lob der tugendsamen Hausfrau und Mutter singen.
Von Birria wußte er, dies waren Frauen, mit denen »kannst du Pferde stehlen!«
Natürlich gab es auch die anderen: mandeläugige Mädchen, die ihren Ehrgeiz darin befriedigten, den kurzen plebejischen Ruhm ihres gefeierten Schwertkämpfers als Mittel zum eigenen Fortkommen zu nutzen. Und unter ihnen gab es durchaus Frauen, die dank ihrer Ausstrahlung schnell die Aufmerksamkeit potenter adeliger Verehrer auf sich lenkten, darunter genialische Gestalten wie Caelius Rufus, Sohn eines knauserigen Vaters, hochbegabt, der Cicero als väterlichen Freund verehrte und sich immer an der Linie des materiellen Bankrotts entlangbewegte, da er stets über seine Verhältnisse lebte.
Alexander ging zur Theke.
Einer der Schankleute wandte sich ihm mit fragendem Gesicht zu und begann gestelzt: »Ja? – Womit kann ich dienen?«
Alexander reckte sich zu voller Größe.
»Herhören! Melde deinem Herrn als solchem, Alexandros Volcatianus möchte zweifellos mit ihm sprechen.«
»Worum geht es denn?«
Diese Gegenfrage paßte Alexander überhaupt nicht.
»Du scheinst schlecht zu hören, mein Junge! Ich sagte: Melde deinem Herrn als solchem, Alexandros Volcatianus möchte ihn durchaus sprechen! Kann übrigens dumme Fragen keineswegs ausstehen.«
Sein Gegenüber hinter der Theke musterte ihn hochnäsig.
»Ich kenne keinen Alexandros...«
»Sollst ihn auf der Stelle kennenlernen...«
Blitzschnell packten Alexanders gewaltige Hände zu, griffen sich den Mann unterhalb der Schultern, hoben ihn um das Ende der Theke herum, und ehe der Bursche sich's versah, saß er in einer verschrecktlächerlichen Haltung auf der Kante des Tresens.

An den nächsten Tischen setzte lauthals Gelächter ein, und als Alexander sich umwandte und bellte: »Laßt das! Der Knabe hat durchaus noch einiges zu lernen!«, da spornte dies die Lacher allerdings nur noch mehr an.
Doch im gleichen Augenblick bemerkte Alexander, wie sich eine schwere Hand auf seine Schulter legte und ein stiernackiger Mensch neben ihm groß tönte:
»Raus!«
»Kannst du als solches haben!« kam die sachliche Antwort. Und ehe der wohl als Rausschmeißer engagierte Kyklop sich versah, steckte er zwei gewaltige Hiebe ein, nur zwei, aber sie reichten aus, daß er rückwärts taumelnd zwischen zwei Stühlen zu Boden ging und erstaunt vor sich hinstierte.
In diesem Augenblick trat Carrinas aus einem Hinterzimmer in den Schankraum, flankiert von zwei weiteren grimmigen Gestalten, die auf das Handzeichen warteten, in Aktion zu treten.
Und es kam, lässig, leise: »Setzt ihn vor die Tür!«
Doch nichts geschah. Die beiden blieben mit erstaunten Augen vor Alexander stehen.
»Habt ihr gehört?! Raus mit dem renitenten Großmaul!«
Doch statt handgreiflich zu werden, gingen die beiden auf Alexander zu, und der linke rief: »Mensch, Alexander!«
Er umarmte ihn, während der zweite sich freundlich Carrinas zuwandte: »Das ist der Mann, der uns vor gut einem Jahr bei einem Überfall von Clodius' Leuten rausgehauen hat!«
Die beiden reichten, ohne die Reaktion von Carrinas abzuwarten, Alexander die Hand, so daß Carrinas nicht umhin kam, ihm wegen der unsanften Behandlung seines Ausschenkers Verzeihung zu gewähren, woraus Alexander schloß, daß er, Carrinas, ebenfalls zu den alten Freunden Milos gehörte. Ja, nun lachte Carrinas und begutachtete Alexander von oben bis unten.
»Beim Hercules! Du wolltest mich sprechen – was verschafft mir die Ehre eines Freundes von Milo?«
Alexander registrierte mißtrauisch das nun freundlich betuliche Lächeln des gewichtigen Mannes, dem man auf den ersten Blick den ehemaligen Gladiator ansah; dennoch entging ihm nicht, daß dies vorsichtiges Taktieren war.
Alexander reckte sich: »Ich bin Alexandros Volcatianus, Sohn des Alexandros aus Theben. Und ich kann blöde Fragen als solche nicht ausstehen!«
»Genau wie damals!« lachte einer der beiden Recken und klopfte

Alexander auf den Rücken. Carrinas, der bei Erwähnung des Volcatischen Namens aufhorchte, reichte Alexander die Hand.
»Milos Freunde sind meine Freunde.«
Der Händedruck war fest, der Blick ernst.
»Du wolltest mich sprechen?« Er wies einladend zu einem unbesetzten Tisch, und sie nahmen an der Ecke Platz.
Alexander sagte: »Ich suche durchaus meinen alten Freund Birria. So sprach er damals: ›Wenn du mich erreichen willst, frag Carrinas! Carrinas als solcher weiß, wo ich bin.‹«
Carrinas verzog keine Miene, aber er antwortete auffallend leise: »Ja, mein Freund, früher war das so, da kam er fast täglich. Aber seit einem Monat habe ich ihn nicht mehr gesehen.«
»Warum nicht?«
Carrinas beugte sich vor und wurde noch leiser: »Du weißt, was damals, vor über einem Jahr, mit Publius Clodius passiert ist...«
»Ich weiß es.«
»Dann weißt du auch, daß Birria nach der Verurteilung Milos vor vier Wochen allen Grund hatte, sich in Rom nicht mehr blicken zu lassen.«
»Verstehe«, nickte Alexander. »Anbetracht dessen könnte es aber durchaus sein, daß du dennoch weißt, wo er sich verkrochen hat.«
Statt zu antworten, fragte Carrinas dagegen: »Was willst du von ihm?« Es klang nach mehr als nur beiläufigem Interesse.
»Brauche zweifellos seine Hilfe.«
»Du?« Die Ironie stand ihm im Gesicht, doch Alexander überging es.
»So ist es.« Er war nicht gewillt, Carrinas in der Sache anzugehen, darum fuhr er schnell fort: »Du weißt also nicht, wo ich ihn finden kann?«
»Nein.«
»Na, dann eben nicht...« Alexander hatte das sichere Gefühl, daß Carrinas gelogen hatte. Er wollte sich erheben, doch nun hatte Carrinas es gar nicht mehr eilig. Er fixierte Alexander, lächelte überaus freundlich und sagte: »Du brauchst Gladiatoren, nicht wahr?«
Alexander grinste ebenso freundlich zurück:
»Vielleicht.« Er betrachtete seine Fingernägel.
»Nichts leichter als das!« Carrinas wurde noch freundlicher. »Ich könnte dich mit dem richtigen Mann zusammenbringen...«
»Und das wäre?«
»Pittakos! Du kennst doch Pittakos!«
»Möglich...« Natürlich kannte er ihn; ganz Rom sprach von ihm, er war der Stern der Saison. »Wo treffe ich ihn?«
»Morgen nachmittag hat er sich zum Essen angesagt.«

Alexander erhob sich und sagte fast gelangweilt: »Werde sehen, ob ich Zeit finde...«

7

Auf dem Heimweg hatte er das gewisse Empfinden, beobachtet zu werden. Er blieb alle zwanzig Schritte stehen und lauschte: Nichts... doch sein Instinkt sagte ihm, daß man ihm nachspionierte.
»Wird ja auch allmählich Zeit...«, brummte er, denn sein Lebensgefühl steigerte sich, wenn er annahm, im Mittelpunkt geheimer Aktionen zu stehen.
Das bekam noch am gleichen Abend Archelaos zu spüren: »Herhören! Was hast du als solches erreicht heute?«
»Nichts.«
»Was heißt das?«
»Niemand weiß, wo dieser Birria sich aufhält. Loco nimmt an, er sei zusammen mit Milo nach Massilia gegangen.«
»Hm...« Alexander musterte den Freund streng. »Wir werden das herausfinden. Hast du die neuen Sandalen?«
»Ich habe sie.«
»Hast du sie bezahlt?«
»Nein.«
»Warum nicht?«
»Weil ich sie erst bestellt habe.«
»Gut. Herhören! Du wirst mich Anbetracht dessen morgen früh zum Circus begleiten. Du wirst Augen und Ohren anständig offen halten. Du redest nur, wenn du gefragt bist. Wegtreten!«
Archelaos, nun schon gewöhnt an derlei Alexandrinische Regungen, ging kopfschüttelnd auf sein Zimmer und murmelte: »Der spinnt, der Sohn aus Theben!«

Die beiden wollten sich am nächsten Morgen zu Beginn der zweiten Stunde auf den Weg machen, um die beiden Gallier zur verabredeten Zeit abzuholen. Als sie gerade gehen wollten, erschien ein Bote von Asconius mit dieser Nachricht: Matisco und Cotus seien leider wegen geschäftlicher Dinge verhindert; sie bäten um Verständnis, daß sie heute die Verabredung nicht einhalten könnten.
»Na, dann eben nicht...«, sagte Alexander, dem das nicht ungelegen kam, denn dann konnte er sich im Circus noch einmal nach Birria umhören und würde vielleicht Pittakos treffen. Er schickte aber zunächst

einen der Haussklaven zum Laden des Nicomachus, um noch je zwei Tuniken vom gleichen Schnitt und der Qualität der gestern gekauften zu bestellen.
»Und mach ihm gefälligst klar, daß sie grün – hellgrün und dunkelgrün – und äußerst geschmackvoll zu sein haben. Wegtreten!«
Der Bursche verbeugte sich und verschwand.
Eine halbe Stunde später betraten Archelaos und Alexander den Circus durch das große Tor bei den *Carceres* und fragten alle erreichbaren Hilfskräfte vom inneren Personal nach Birria, doch niemand konnte ihnen sagen, wo er sich aufhielt. Dabei fiel ihnen auf, daß die meisten, die ihnen antworteten, dies in einer Weise taten, als ob sie sich ängstigten. Auch Pittakos war nicht auffindbar. Er sei am Nachmittag bei Carrinas, hieß es.
Sie verließen die Gewölbe, um durch einen der seitlichen Eingänge die Tribünen zu erreichen, als ihnen der gleiche Bote, der sie schon am frühen Morgen benachrichtigt hatte, in den Weg trat. Er wirkte aufgeregt.
»Verzeiht, aber Asconius bittet euch, dringend zu kommen.«
»Asconius? Seit wann hat Asconius das Recht, uns als solche zu bitten?«
Die Freunde schauten sich erstaunt an.
»Was will er denn?« fragte Archelaos.
»Das kann ich euch nicht sagen.«
»Woher weißt du denn, daß wir hier sind?«
»Von einem der Gallier.«
Alexander stutzte.
»Sagte der Gallier als solcher, wir sollten kommen?«
»Ja.«
»Und du hast durchaus keine Ahnung, worum es geht?«
»Nein.«
Trotzdem sah man dem Jungen an, daß er Angst hatte.
»Dann geh voraus und räum uns den Weg frei!«

Als sie kurze Zeit später Asconius' Schenke erreichten, stand vor dem Eingang eine Gruppe von etwa fünfzehn Leuten, und man diskutierte eifrig miteinander. Sie blickten neugierig herüber, als die drei energisch nähertraten.
»Hier findet durchaus keine Volksversammlung als solche statt! Wegtreten! Geht nach Hause, Leute, und kümmert euch um das Wohlergehen eurer Kinderchen und Gattinnen!«
Alexander zwängte sich durch die Schar, Archelaos und der Bote folg-

ten. Als sie die Schenke betraten, reckten sich hinter ihnen die Hälse.
Sie waren kaum drinnen, als Asconius auch schon händeringend herantrippelte und mit hochrotem Kopf rief: »Welch ein Unglück! Welch ein schreckliches Unglück! Womit habe ich das verdient? Ich, der ich immer um das Wohl meiner Gäste Tag und Nacht besorgt bin! Beim Iupiter, dem Hüter des heiligen Gastrechts!«
Tränen standen ihm in den Augen. Alexander musterte ihn unter zusammengezogenen Brauen.
»Hättest du Anbetracht dessen vielleicht die Liebenswürdigkeit, uns unwissenden Zeitgenossen den Anlaß dieser Störung zu hinterbringen?«
Asconius riß Mund und Augen auf.
»Anlaß? Störung? – Ja, weißt du denn nicht, was... was...?«
»Bin kein Seher.«
Asconius schluckte.
»Dann kommt!«
Er faßte Alexander beim Ärmel und zog ihn mit sich fort – zum Flur, zur Treppe, dabei in einem fort murmelnd: »Und das mir! Und das mir! Welch ein Unglück! Welch ein...!«
Im oberen Flur blieb er plötzlich stehen und kam ganz nahe an Alexander heran; dann flüsterte er, die Augen wie irrsinnig aufgerissen: »Du... du wirst schreckliche Dinge sehen, die... die... ich hoffe, du...«
Alexander bellte: »Mann, so nimm dich doch als solcher zusammen! Haltung! Dissiplin! Sauberkeit! Es besteht durchaus nie ein Anlaß, sich in die Sandalen zu pinkeln! Nun mach Platz, und laß Alexander die Dinge durchaus in Augenschein kommen!«
Er winkte Archelaos zu sich, und beide betraten das Zimmer am Ende des Ganges, dessen Tür offenstand. Am Fenster lehnte eine schlanke Gestalt, zusammengesunken, und starrte auf den Boden: Matisco. Vor ihm lag, halb auf der Seite, ein Mann mittleren Alters, wie Alexander am Gesicht und dem leicht ergrauten Haar feststellte. In seinem Rücken steckte ein Dolch.
Alexander wandte sich um zu Asconius, der die fahrigen Hände unkontrolliert vor den bebenden Mund hielt.
»Wer ist das?«
Asconius war einer Ohnmacht nahe. Ängstlich starrte er auf den Toten, seine Finger tasteten zuckend an den dicken Lippen seines Mundes, dann brachte er stockend hervor: »Das da... das ist... mein armer, alter Glaukos... ja, mein Glaukos...«

Er begann zu schluchzen.
Ungerührt fragte Alexander: »Wer ist das? Kenne keinen Glaukos als solchen.«
Da löste sich Matisco vom Fenster und erklärte ruhig: »Glaukos ist – das heißt war hier der Hausdiener.«
»Verstehe...« Er verstand gar nichts. »Und was habe ich, Alexandros Volcatianus, damit zu schaffen? Dem Mann ist nicht mehr zu helfen, denn er ist bei seinen Vätern.«
Asconius, der sich wieder in der Gewalt hatte, nickte nervös, schloß die Tür und faßte Alexander am Arm.
»Du... du mußt mir helfen!«
Alexander streifte die fleischige Hand von seinem Oberarm: »Mag das nicht! Sagte: Dem Mann ist nicht mehr zu helfen!«
Asconius blickte ihn flehend an: »Wie man weiß, hast du Erfahrung in solchen... in solchen... Und darum bitte ich dich... Mein armer Glaukos!«
Er begann wieder zu schluchzen und wischte sich über die Augen. »Er diente schon meinem Vater...«
»Verstehe.« Und diesmal verstand er, denn er sah seinen Herrn C.V.T. vor sich, wie er weinte und stammelte: »Mein armer Alexander! Er diente schon meinem Vater!«
Alexander straffte sich und fixierte Asconius grimmig: »Herhören! Die Wege der Götter sind als solche unsichtlich!«
»...uneinsichtig!« verbesserte Archelaos.
»Eben. Und darum liegt es uns ob, sie zu... zu klären. Haltung, Mann!«
Asconius nickte eifrig und sagte: »Ich danke dir. Was soll ich tun?«
»Nichts anrühren! Draußen warten! Die Bestattung vorbereiten! Wegtreten!«
»Weg... Ja sicher...«
»Schon mal gedient?«
»Wie? – Nein, ich hatte dazu noch nicht die...«
»Na ja, kann noch kommen. Köche werden immer gebraucht. Hatten da vor Monaten mal einen ähnlichen Fall. Lag auch so ein Koch in der Gegend herum mit einem Dolch im Rücken. Nicht wahr, Archelaos?«
»So ist es.«
»Wollte natürlich keiner gewesen sein. Haben ihn aber dessenungeachtet durchaus gefunden. Nicht wahr, Archelaos?«
»Wir haben es.«
»Herhören!« Asconius beeilte sich aufzumerken. »Unten warten!

Könnte mit dir noch dieses und jeneres zu reden haben. Verstanden!?«
»Ja, sicher.« Asconius verbeugte sich, ging und schloß die Tür. Man hörte, wie sich seine Schritte auf der Treppe entfernten.

8

»Nun zu dir, mein Freund!«
Alexander wandte sich um, und sein Blick fiel kritisch auf Matisco. »Deiner zweifellos abhanden gekommenen Ruhe des Gemütes entnehme ich, daß du zum erstenmal dergestalt einen Toten zu Füßen deines Bettes – ich meine liegen sehen!«
Matisco hielt seinem Blick stand. »Nein, es ist nicht der erste. In meiner Heimat ist seit sieben Jahren Krieg!«
Alexander horchte auf. »Sehr schön! Du warst dabei?«
Matiscos Antwort kam ihm etwas zu zögernd: »Auch die nicht dabei sind, sind doch dabei!«
»So ist es!« sagte Alexander und nickte beifällig, obwohl ihn die Antwort nicht befriedigte. »Zur Sache! Was ist hier unbedingt geschehen?«
»Wenn ich das wüßte!«
»Was soll das heißen? Vor deinem göttlichen Lager liegt ein völlig toter Hausdiener! Und du weißt von nichts? – Wo ist dein Freund Cotus?«
»Das ist es ja. Er ist verschwunden.«
»Warum?«
»Wie? Ich... das ist alles sehr rätselhaft.«
»Mag Rätsel nicht. Es sei denn, man kann gewinnen – wie Oedipus, als er dies nette Tierchen vom Felsen holte. Wie hieß es noch?«
»Die Sphinx!« nickte Archelaos.
»Natürlich. Und du redest wie diese Sphinx. Warum hast du mich und den edlen Archelaos rufen lassen?«
»Nun, Asconius hat eine sehr hohe Meinung von euch...«
»So? Sein gutes Recht.«
»›Wenn euch einer helfen kann‹, sagte er, ›dann ist das Alexander.‹«
»Recht so. Aber wieso ›euch‹? Wo ist denn dein Zwillingsbruder?«
»Wie ich bereits sagte: Verschwunden.«
Alexander überlegte: »Wenn jemand als solcher unbedingt verschwindet, ohne seine Hinterbliebenen zu grüßen, hat er Anbetracht dessen zweifellos durchaus seine Gründe. Nicht wahr, Archelaos?«

»Er hat sie.«
»Wenn die plötzliche Abreise unter trauriger Hinterlassenschaft eines unfreiwillig verstorbenen Hausdieners vonstatten geht, dann erst recht! Nicht wahr, Archelaos?«
»Sehr korrekt.«
»So höre denn, Sohn einer ehrenwerten gallischen Mutter: Ich bin Alexandros Volcatianus, und ich sage dir: Nicht länger kann ich mich zufriedengeben mit derlei vagen Verdächtigungen, es sei denn, du hältst etwas Gewichtiges hinter dem Berge.«
Matisco seufzte laut auf und setzte sich auf die Bettkante.
»Natürlich.« Er nickte. »Natürlich hast du recht. Und darum...« – er sprach ganz leise weiter – »müßt ihr alles wissen... Nicht nur Cotus ist verschwunden...«
»Na also! Sondern?«
»Unser gesamtes Vermögen an Geld, Gold und Edelsteinen.«
Alexander und Archelaos blickten sich an.
Dann sagte Archelaos: »Du hast uns um Hilfe gebeten. Wir können dir aber nur helfen, wenn wir wissen, was der Zweck eures hiesigen Aufenthaltes ist, beziehungsweise warum ihr unschuldigen Knaben ein Vermögen an Geld und anderen Werten bei euch hattet. Nicht wahr, Alexander?«
»Sehr korrekt, die Frage. Und er wird sie Anbetracht dessen ebenso korrekt beantworten!«
»Ja, natürlich, es ist ja kein Geheimnis. Es ging um die Errichtung einer Geschäftsniederlassung.«
»Aha! Was für Geschäfte als solche?«
»Alle.«
»Wie? – Was heißt das?«
Doch ehe Matisco antworten konnte, wurde die Tür geöffnet, und zwei kräftige Haussklaven kamen mit einer Bahre herein, legten unbeteiligt den Toten darauf, deckten ihn mit einem Leinentuch zu und verschwanden so wortlos, wie sie gekommen, aus dem Zimmer.
»Ich fragte: Was für Geschäfte als solche?«
»Wie ich schon sagte, alles, was Gallien Rom zu bieten hat: Felle, Bernstein, Eisen, Blei, Flachs, Schinken, Tonwaren – und natürlich auch Wein.«
»Verstehe. Und so wolltet ihr euch hier in dem Städtchen ein hübsches Häuschen mieten, all die Sächelchen nach hinten stapeln und auf Kunden warten.«
»So etwa, ja.«
»Hm... Hast du Anbetracht dessen noch so viel im Beutel, daß du

dem Halsabschneider Asconius das Zimmerchen und diese komischen roten Vögel bezahlen kannst, die er euch als Abendessen aufgeschwatzt hat?«
»Ja. Es reicht.«
»Und dann?«
»Tja, das... Ich werde mir wohl bei einem Geschäftsfreund Geld leihen müssen.«
Archelaos fragte: »Welchen Wert hatte denn alles zusammen?«
»Das ist schwer zu sagen. Nach eurem Geld vielleicht zweihunderttausend Sesterzen[21].«
Alexander pfiff durch die Zähne.
»Beim Mercurius! Und das Sümmchen hattet ihr hier einfach so herumliegen?«
»Natürlich nicht. Der brave Mann, den man eben hinausgetragen hat, paßte darauf auf.«
»Ha! Dann hättest du genausogut eine Vogelscheuche als solche hier aufstellen können! Hör zu, Gallier! Ich werde mit meinem Patron darüber reden. Tut durchaus immer, was ich ihm rate. Und wenn er sagt, dem Mann muß geholfen werden, wird es. Nicht wahr, Archelaos?«
»Sicher.«
»Warte du also, bis Alexander wieder da ist. Habe zwar durchaus andere Fälle zu klären, aber nichts wird uns daran hindern, dir zu helfen. – Archelaos!?«
»Sehr korrekt! So ist es.«

9

Auf dem Heimweg meinte Archelaos: »Aber wie kann er nur solch riesige Beträge einfach herumliegen lassen!«
»Das Vertrauen!« sagte Alexander energisch.
»Was meinst du?«
»Das Vertrauen! Knaben wie diesem Matisco ist zweifellos weisgemacht worden, man könne durchaus jedem Römer vertrauen. Allen Galliern wird diese Fabel aufgeschwätzt!« Er blieb stehen. »Trotzdem stinkt die Sache als solche!«
»Cotus?«
»Unbedingt. Der Vogel könnte zweifellos mit dem hübschen Kästchen voller Rubine und Katarakte...«
»... Smaragde!«

»Sag ich doch... also mit dem Zeug über alle Berge!«
»Möglich. Aber er machte mir nicht diesen Eindruck.«
»Das ist mir durchaus nicht neu. Du vertraust ja jedem dämlichen Zeitgenossen!«
»Also auch dir...«
»Sicher. – Wie? Sag das noch mal!«
»Du hast's gesagt!«
»Ich? – Wenn du Streit suchst, kannst du unbedingt haben! Dann mach' ich's eben alleine! Na ja, wir waren ja alle mal klein...«
Archelaos ließ sich schon seit langem nicht mehr durch solche Sprüche provozieren, da er wußte, Alexander brauchte seinen täglichen Zwist, sonst war mit ihm kein Auskommen. Und Alexander wußte sehr wohl Archelaos' grenzenlose Toleranz gegenüber seinen Marotten zu schätzen, die ja ganz anders war als die von Gaius: Gaius hatte Macht über ihn – Archelaos aber war sein Freund. So pflegte er sich auch nie zu entschuldigen, da er diese freundschaftliche Duldsamkeit des Kilikiers stets als selbstverständlich voraussetzte. Und er wußte: Wenn er's zu toll trieb, würde ihn Archelaos schon hart in seine Schranken weisen.
Archelaos wiederum wußte sehr wohl zu unterscheiden zwischen dieser saloppen Großmäuligkeit und den wahren Qualitäten des »Sohnes aus Theben«; das aber waren: unbedingte Treue, Zuverlässigkeit, Mut – und ein unbestechliches Rechtsempfinden. So setzte er sich über die letzte Anspielung einfach hinweg und kam zum sachlichen Thema zurück.
»Wir werden nicht die Zeit haben, uns mit den Belangen dieser Gallier näher zu beschäftigen.«
»So ist es, Pirat. Ich werde diese traurige Geschichte als solche dem Herrn zu Gemüte führen. Vielleicht kann er den beiden Knaben helfen. – Du kommst doch unbedingt nachher mit zu Carrinas?«
Ein feines Lächeln spielte um Archelaos' Lippen. Aber er sagte nur: »Ja, natürlich.«

Sie machten dann doch noch einen Umweg über das Forum zu Nicomachus, um die Tuniken gleich mitzunehmen, die – wie Nicomachus auf Alexanders Frage leidenschaftlich beteuerte – mindestens so geschmackvoll seien wie die blauen.
Im übrigen fand im Verlauf dieses Tages nichts Besonderes statt, außer daß Alexander, der für den Abend mit der Ankunft von Gaius rechnete, das ganze Personal wortgewaltig auf Trab brachte und alle Räume der *Domus*[22] bis in den letzten Winkel auf Hochglanz bringen

ließ, während Melitta den Archelaos ins Volcatische Haus am Caelius schickte, um von Eugenia das Spezialrezept zum Anrichten und Braten des Truthahns zu bekommen. Sie wußte nämlich von Alexander, daß Eugenia den Herrn nach längerer Abwesenheit stets damit zu beköstigen pflegte.
Am Nachmittag, so gegen die elfte Stunde, machten sich Archelaos und Alexander auf den Weg zu Carrinas.
Der Bursche hinter der Theke zog es vor, die beiden, besonders den Sohn aus Theben, sehr zuvorkommend zu begrüßen, was Alexander mit einem zufriedenen »Na also!« zur Kenntnis nahm.
»Siehst du, mein Junge, wie heißt doch der schöne Spruch der Hebräer: ›Ehre Vater und Mutter, auf daß es dir wohlergehe auf Erden!‹ – Weiter so! Sauberkeit! Dissiplin! – Schon mal gedient?«
»Wie? – Nein, ich hatte dazu noch nicht die...«
Alexander lächelte ihm trotzdem freundlich zu: »Na, kann ja noch werden. Werde dich lobend erwähnen.«
Und da kam auch schon Carrinas daher, ein wohlwollendes Lächeln in seinem zerhauenen Gesicht.
»Der große Pittakos erwartet euch!«
Er reichte ihnen die Hand und tat so, als ob sie sich seit Jahrzehnten kannten, was einige Stammgäste in Erstaunen setzte und sie zu allerlei Mutmaßungen veranlaßte.
Carrinas führte die beiden in einen kleinen, behaglich eingerichteten Nebenraum. Pittakos lag auf einer *Cline*[23] und wurde von zwei Sklaven bedient, die pausenlos in Aktion waren. Während der eine die jeweils neuen Häppchen der zahlreichen Gänge auf kleinen Tellern zubereitete und mundgerecht zerkleinerte, war der andere dabei, die Knochen, die der Gast lässig auf dem Boden verteilte, aufzulesen, dem Esser nach jedem Gang Wasser und Tücher zu reichen und eifrig den Becher nachzufüllen.
»Darf ich bekannt machen: Alexandros Volcatianus und Archelaos!«
Woher wußte er Archelaos' Namen?
Pittakos fegte den bedienenden Sklaven herrisch zur Seite, erhob sich schwerfällig vom Lager, wischte sich den Mund mit einem Tuch ab und baute sich vor den Besuchern auf.
»Freue mich ganz außerordentlich, Freunde meines lieben Freundes Birria begrüßen zu dürfen! Birrias Freunde sind meine Freunde! Habe von der tollen Geschichte gehört. Habt damals Clodius und seinen Vögeln das Fürchten gelehrt! Recht so! Habt einige der Brüder in den Hades geschickt! Sollte man öfters machen. – Carrinas! Die beiden sind meine Gäste!«

Carrinas verbeugte sich leicht und entfernte sich mit einem zufriedenen Lächeln, um in der Küche die entsprechenden Anweisungen zu geben.
Pittakos wies auf die beiden freien *Clinen* und ließ sich auf seiner eigenen nieder. Die Sklaven füllten die Becher, und man trank sich zu. Hellwach beobachtete Alexander diesen Haudegen und stellte sachlich fest, daß er, was Größe und Kraft anging, ihm, Alexander, zumindest gleichrangig war. Zwar zeigte der Wein bei Pittakos seine Wirkung – die Backen leuchteten rot, die Augen glänzten –, doch machte er nicht den Eindruck unkontrollierter Trunkenheit.
»Freue mich Anbetracht dessen, dich selbst als solchen kennenzulernen.«
»Wie? – Ah ja! Ganz meinerseits. Was kann ich für dich tun? Carrinas machte nur Andeutungen.«
»Ich suche durchaus Birria.«
Pittakos knabberte ein Plätzchen.
»So? Warum?«
»Weil ich seinen Rat brauche.«
»Wozu?«
»... dergestalt ich einige Jungs, und zwar die besten, für die Arena benötige.«
»Verstehe.«
Er schien zu überlegen, während sich Archelaos und Alexander ans Essen hielten. Pittakos wischte sich das Fett von den Lippen und prostete ihnen zu.
»Wieviel?«
»Na, zweifellos so an die fünfzig.«
»Hm...« Er stocherte mit einem Hölzchen in seinen Zähnen herum. »Birria wird dir da nicht helfen können. Hat sich gewaltig die Finger verbrannt. Du verstehst?«
»Möglich. Aber wo ist der gute Junge? Hütet er nun Schafe oder züchtet er hübsche Mauerblümchen?«
Pittakos beugte sich vor: »Gebe dir im Vertrauen einen guten Rat: Solltest nicht so laut nach Birria fragen. Könnte unangenehme Folgen haben. Du verstehst?«
»Verstehe.« Er verstand gar nichts.
»Solltest dich darum an Pittakos halten!«
»Bin schon dabei.«
Sie tranken sich zu. Dann fuhr Pittakos fort: »Bin dabei, mich selbständig zu machen. Habe die Schnauze voll, meine eigene Haut für Wahlkämpfer hinzuhalten. Du verstehst? Kämpfe nicht mehr selbst.

Lasse kämpfen. Ist gemütlicher und weniger gefährlich. Bringt auch mehr ein. Könntest gut bei mir einsteigen. Werde dir nur beste Jungs verkaufen. Sind ganz bei der Sache. Meine Erziehung! Dulde keine Schlamperei. Fordere ganzen Einsatz. Keine faule Schau! – Fünfzig, sagst du?«
»Ich sagte es.«
»Kleinigkeit. Wann willst du sie haben?«
»Werde mir die Jungs erst ansehen.«
»Dein gutes Recht. Werde dich voll zufriedenstellen. Kann dir auch hübsche Mädchen... du verstehst?«
Er grinste vielsagend und traf damit Alexanders empfindliche Stelle.
»Danke! Habe eben die schönste Frau von ganz Rom geheiratet!«
»Gratulation! Wußte das nicht.« Es machte ihm nicht die geringste Schwierigkeit, über diese Taktlosigkeit hinwegzukommen. »Meine Empfehlung an die Gattin! Werde ihr meine Aufwartung machen.«
Alexander schluckte. »Sie wird sich zweifellos freuen. – Wann kann ich die Jungs sehen?«
»Morgen früh.«
»Zeit?«
»Zweite Stunde.«
»Wo?«
»Gleich hier in der Nähe. Habe da ein leeres Magazin gemietet. Solltest dich bei Carrinas melden. Läßt dich von einem seiner Leute hinbringen.«

Als Alexander und Archelaos kurze Zeit später die Straße betraten, ruckelte gerade der alte Blumenhändler mit seinem Karren vorbei.
»Na, mein Alter? Gute Geschäfte als solche?«
»Sicher.«
Alexander kaufte ihm einen großen Strauß Flieder ab und gab ihm das Doppelte des Preises.
»Mach dir einen schönen Abend, Veteran.«
»Danke. Und mögen dich die Götter beschützen!«

10

»Ist der Herr schon da?« fragte Alexander den nächsten Diener, der ihm im Hause am Palatin über den Weg lief.

»Ja. Der Herr und der Dichter sind in der Bibliothek.«

Seit Cornificius einmal abends aus seinen Werken vorgetragen hatte, war er für alle nur noch »der Dichter«.

Alexander eilte mit großen Schritten durchs Atrium, den seitlichen Gang zur Bibliothek entlang und betrat – wie üblich ohne anzuklopfen – den Raum. Archelaos hielt sich bescheiden hinter ihm. Gaius und Cornificius standen über den großen Tisch gebeugt und schienen intensiv mit einer Textrolle beschäftigt zu sein.

Alexander nahm eine äußerst senkrechte Haltung ein und meldete: »Alexandros meldet sich Anbetracht dessen als solcher zurück! Archelaos demgleichen!«

Zack! ging die ausgestreckte Rechte nach oben. Doch die beiden schienen so sehr mit ihrer Sache beschäftigt zu sein, daß sie davon keine Notiz nahmen. Sie gaben sich wie bei einer Stabsbesprechung in Caesars *Praetorium*[24].

So wiederholte Alexander die Meldung mit erheblicher Lautstärke und bellte: »Alexandros Volcatianos, Sohn des Alexandros...«

»Warum schreist du so? Wir sind nicht taub!« sagte Gaius ohne aufzublicken.

»Na, dann eben nicht...«

Er ließ Kopf und Schultern hängen und machte Anstalten zu gehen, allerdings in Erwartung der üblichen Äußerung »Doch, mein Junge...« Aber sie kam nicht. Jedoch hatte er ja noch die zweite Möglichkeit, die er als Steigerung der ersten gebrauchte.

»Wenn man in diesem Hause durchaus wie ein Hund behandelt wird, kann man ja gehen...«

Er lauschte. Es kam immer noch keine Reaktion.

Doch da wandte Gaius sich um, musterte ihn streng und sagte kernig: »Ich erwarte deine Meldung!«

Na also! Das klang nach Gallien. Und nun machte er ganze Sache. Er schlug die Hacken zusammen, reckte sich gewaltig, grüßte und wollte beginnen, als Gaius stutzte und auf ihn zuging.

»Bei Apollo! Man erkennt dich kaum wieder. Wo hast du das her?«

Alexander überlegte, ob in der Frage ein Vorwurf steckte.

»Es sollte durchaus geschmackvoll sein. Ist es?«

Gaius warf Cornificius einen Blick zu: »Sag an, Dichterfürst: Ist es?«

»Es ist! Ist es nicht?«
Und Alexander: »Wir haben uns selbiges noch zweimal in Grün machen lassen...«
Er hielt den Kopf schief und wog ab, ob die beiden sich über ihn lustig machten.
Doch Cornificius fuhr ermunternd fort: »Sehr geschmackvoll! Ich werde mein ganzes Personal damit neu einkleiden lassen.«
Gaius betrachtete Alexander noch einmal von oben bis unten und sagte dann: »Doch, gefällt mir. Sehr geschmackvoll! – Und nun leg los!«
»Jawohl! Legen!« Er sammelte sich. »Befehl wie befohlen! Neu eingekleidet! Dann auf Suche nach Birria. Birria nicht gefunden. Kontakte mit Carrinas aufgenommen.«
»Der im Tiberviertel?«
»Jawohl. Wurde an Pittakos weitergereicht. Macht sich selbständig. Besorgt fünfzig Gladiatoren als solche. Morgen früh Inspektion der Jungs. Werde dann weiter berichten.«
Gaius nickte beifällig. Aber Alexander spürte, daß er nicht bei der Sache war, wenn er auch sagte: »Fein. Ich kann mich auf euch verlassen.«
Er wandte sich wieder der Textrolle zu, und das bedeutete: Sie konnten gehen.
»Herr...«
»Was gibt's noch? Wir haben zu tun. Ich muß die Rede durchgehen, die ich übermorgen auf dem Marsfeld halten werde. Es wäre gut, wenn du dann schon mit den Leuten zu unserem Schutz aufmarschieren könntest.«
»Jawohl! Aufmarsch! – Herr...«
»Was denn noch?«
»Wir wurden durchaus Zeuge eines hübschen Mordes!«
»Gut. – Was sagst du da?«
»Jawohl! Der Hausdiener des Asconius. Wir fanden ihn als Bettvorleger vor dem Lager eines Galliers.«
»Wie bitte? Willst du dich nicht genauer ausdrücken?«
Auch Cornificius spitzte die Ohren.
»Jawohl, genauer!« Und dann berichtete er in Kürze sehr anschaulich und unter Zuhilfenahme dramatischer Gesten, Grimassen und Rufe alles, was sich in den letzten Stunden zugetragen hatte, kam am Ende auch auf die »nun doch sehr bedürftige Lage des edlen Matisco, Sohn einer gallischen Mutter« zu sprechen, »dergestalt es ihm ergangen ist wie weiland der Landmaus, die sich in die Stadt verirrt hat«.

Gaius' Brauen zogen sich zusammen. »Mein lieber Junge, dein humanes Mitgefühl ehrt dich, aber solche Dinge ereignen sich nun mal.«
Alexander riß die Augen auf: »Du willst ihm Anbetracht dessen also nicht unter die Füße packen?«
»... die Arme greifen!« verbesserte Cornificius.
»Nein. Wie käme ich dazu? Er wird sich schon an seine Geschäftspartner halten müssen.«
»Moment!« sagte Cornificius. »Wie hießen die beiden?«
»Immer noch Matisco und Cotus!«
»Matisco... Matisco...« Cornificius überlegte.
Gaius schaute den Freund an. »Kennst du sie?«
»Ich weiß nicht. Habe die Namen schon mal gehört. Bei den Haeduern[25] gibt es einen Fürsten, der...«
»Wenn schon«, sagte Gaius. »Die Angelegenheit geht uns nichts an. Im übrigen haben wir weder die Zeit noch die Gelegenheit, uns mit einer neuen Affäre zu belasten. – Seht zu, daß ihr morgen einen guten Preis aushandelt. Selenus wird alle Rechnungen begleichen. Hier« – er reichte Alexander einen prall gefüllten Lederbeutel –, »ihr werdet sicherlich weitere Ausgaben haben. Spart nicht, wenn ihr etwa Geschäftspartner zum Essen einladen müßt. Kauft euch auch noch elegante Mäntel und Schuhe! Noch Fragen?«
»Nein, keine Fragen.«
»Wegtreten!«
Alexander nahm den Beutel, machte Männchen, grüßte und ging. Archelaos folgte ihm. Als er dann bei Melitta das Geld zählte, kam er aus dem Staunen nicht heraus: Fünftausend Sesterzen in Gold, Silber und Kupfer hatte Gaius ihm anvertraut.

11

Am nächsten Morgen ließ sich Alexander bei Sonnenaufgang wecken und befahl gleich den Archelaos zu sich.
»Herhören! Befehl des Herrn: Mantel und Schuhe kaufen! Ebenfalls geschmackvoll! Geld spielt keine Rolle! Verstanden?«
»Meinetwegen...«
Sie machten sich dann gleich nach dem Frühstück auf den Weg zu Nicomachus und erstanden jeder eine herrliche *Lacerna*, jenen langen, fransenbesetzten Mantel, wie er seit kurzem unter den »Fischteichbesitzern«[26] Mode geworden war: Wer dazugehörte, trug eine *Lacerna*!

Danach schickten sie den Gallus zu Loco mit der Weisung, je zwei Paar Schuhe aus Ziegenleder für sie anfertigen zu lassen; die Maße habe er ja; und er solle sich gefälligst beeilen; und sie hätten äußerst geschmackvoll zu sein.
»Und ich?« fragte Gallus.
»Laß dir gleich Maß nehmen für Sandalen! Aber geschmackvoll! Aus gelbem Ziegenleder! – Geld spielt keine Rolle.«
»Jawohl! Geschmackvoll! Und Aiax braucht Anbetracht dessen als solcher ein neues Halsband.«
»Meinetwegen. Und bring auf dem Rückweg deiner Mutter Blumen mit!« Er gab ihm einige Münzen.
»Jawohl! Sandalen! Halsband! Mutter!«
»Sehr korrekt! Wegtreten!«
Sie schieden mit einem zackigen militärischen Gruß.

Carrinas erwartete sie in aufgeräumter Stimmung.
»Was Neues von Birria?« fragte Alexander beiläufig.
»Nein. Nichts.«
Zwei von Pittakos' Leuten warteten schon und geleiteten die beiden Volcatier zum Trainingslager. Von außen machte das ehemalige Magazin einen heruntergekommenen Eindruck, doch innen herrschte überall Sauberkeit und Ordnung. Pittakos erschien auf der Stelle und strahlte über das ganze Gesicht, so daß Archelaos im Zweifel war, ob es Taktik oder tatsächlich Freude am Zustandekommen Pittakos' ersten großen Geschäftes als Gladiatorenmeister war.
Jedenfalls führte er sie gleich in die große Halle, deren Boden mit Sand und riesigen Matten ausgelegt war. Er hatte seine besten Leute in Linie antreten lassen, ging nun mit den Volcatiern die Reihe entlang und stellte sie vor.
»Victor! Zwölf Siege! Mein bester Mann!«
Victor machte die Andeutung eines Grinsens.
»Polyneikes!... Exochos! Vier Kämpfe! Mein bester Netzkämpfer!... Adiamaktos der Unschlagbare!« Der Unschlagbare verbeugte sich tief. »Skirtos der Orkan!« Skirtos verzog keine Miene, blies aber die Backen auf. »Iaculator! Bester Schleuderer!... Antaeus! Auf dem Boden unschlagbar! Spaltet einen Ziegel mit einem Faustschlag! Zeig's mal dem edlen Alexander!«
Man reichte dem Riesen einen hartgebrannten Mauerziegel, und er zertrümmerte ihn mit einem einzigen Hieb in der Luft.
»Nun zu den Lieblingen der Damen! Das da ist Decoratus der Zierliche! Flink wie ein Wiesel!« Decoratus verbeugte sich elegant. »Chry-

somallus das Goldpferd! ... Narcissus! Wenn er auftritt, kriegen alle Mädchen von siebzehn bis siebzig das große Zittern, und die Taschentuchverkäufer machen ihr größtes Geschäft.«
Narcissus lächelte freundlich.
»Das sind nur meine besten. Du wirst sie gleich beim Training erleben können.« Dann wandte er sich den Männern zu: »Macht euch fertig!«
Pittakos ging mit Alexander und Archelaos in einen seitlich gelegenen großen Raum, von wo aus man über einen Gang in weitere Zimmer gelangte. Das Mobiliar war von spartanischer Funktionalität: ein großer Tisch, dahinter ein einfacher Korbsessel, mehrere Stühle mit Bastsitzen, ein Regal mit Rollen und losen Blättern, in der Ecke eine geschlossene Truhe.
Pittakos bemerkte ihren erstaunten Rundblick und erklärte: »Betrachte das hier als vorläufige Bleibe. Halte nicht viel von verweichlichendem Luxus. Gehe ihnen als gutes Beispiel voraus. Gönne mir nur allemal ein gutes Essen bei Carrinas. Werde diesen Stil auch beibehalten, wenn wir im Winter in ein neues Quartier umziehen. Ist schon im Bau. Setzt euch!«
Sessel und Stühle quietschten und schwankten.
»Werde aber meinen alten Sessel mitnehmen, um mich und andere daran zu erinnern, wie klein wir angefangen haben.«
Er ließ Wein, Wasser, Obst und Gebäck kommen. Ein Sklave schenkte ein, sie griffen zu den Bechern und tranken sich zu. Pittakos legte großen Wert darauf, die Qualität, das Können und die Disziplin seiner Männer herauszustellen.
»Setze die Jungs tagsüber härtesten Strapazen aus. Das wichtigste ist die Kondition. Wer schlappmacht, kann sein Testament machen. Jeder Fehler wird von meinen Fechtmeistern geahndet. Bei Verstößen gegen die Disziplin droht Geißelung. Habe die besten Ärzte unter Vertrag. Vortäuschen von Krankheit ist nicht drin. Der Medicus ist äußerst erfahren darin, Simulanten von Kranken zu unterscheiden. Wer Schwäche oder Schmerzen vortäuscht, hat mit den härtesten Strafen zu rechnen. Noch Fragen?«
Archelaos, den das alles sehr zu interessieren schien, fragte: »Was macht ihr aber im Falle von renitenter Aufsässigkeit?«
»Nun, in besonders schweren Fällen, wenn beispielsweise ein Gladiator seinen Lehrer angreift oder ihm bei einer körperlichen Züchtigung Widerstand leistet, scheuen wir uns nicht, den Schuldigen zur Abschreckung auf dem Hof ans Kreuz zu schlagen. Aber das war bisher noch nicht nötig. Schätze, daß das auch in Zukunft so bleibt. Habe ei-

nen Vertrag mit Lentulus Vatia[27] in Capua, der mir die Option auf den Kauf der besten Leute einräumt.«
»Gut«, sagte Alexander. »Ich brauche fünfzig Leute, die gleich morgen den Schutz meines Herrn und seiner Freunde auf dem Marsfeld als solches übernehmen. Außerdem werden sie an mehrereren, durchaus noch festzusetzenden Tagen an dafür vorgesehenenen Plätzen zum Kampf antreten. Zeitpunkt bestimme ich! Werde dir die Termine in angemessener Weise vorher bekanntgeben, damit du disponieren kannst. Ferner lege ich Anbetracht dessen durchaus größten Wert darauf, daß die Leute als solche äußerst geschmackvoll gekleidet sind. Denke dabei an Blau und Grün. Rot findet nicht statt. Verstanden?«
Pittakos, dem allmählich aufging, daß er es hier tatsächlich mit dem Generalbevollmächtigten eines der wohlhabendsten römischen Adelshäuser zu tun hatte, beeilte sich zu einem kernigen »Jawohl! Verstanden!«
Alexander fuhr fort: »Es kann sein, daß ich weitere Leute zu besondereren Zwecken brauche. Befehl: Unbedingt darauf einstellen!«
»Wie? – Jawohl!«
»Verlange eine Preisgarantie! Hasse faule Mätzchen hinter der Hand. Lege größten Wert auf Sauberkeit, Ordnung, Dissiplin! Werde mich auf dem laufenden halten! Kann mich nicht selbst darum kümmern. Bin vollauf mit den politischen Dingen befaßt...«
»Ja, sicher...«
Alexander war längst aufgestanden, ging auf und ab und deckte Pittakos mit immer neuen Salven ein – in einem Ton, der den Mann nun doch zunehmend einschüchterte.
»Solches heißt aber konkret: Hiermit übertrage ich dir als solchem die zweifellose Verantwortung für die Durchführung der Kämpfe. Du bist ab sofort von allen anderen Aufgaben befreit! Verstanden?«
»Wie? – Ja, sicher.«
»Wenn auch die Höhe des Einsatzes nicht begrenzbar ist, so erwarte ich äußerst gewissenhaften und sparsamen Umgang mit den Leuten, verstanden?! Du wirst korrekt abrechnen! Ihr seid Anbetracht dessen meine Stellvertreter, dergestalt ich es nicht sein kann! Ihr habt stets aufzutreten wie aus dem Ei gepellt! Wie die Boten des ägyptischen Königs! Verstanden!?«
»Sicher.«
»Das heißt ›Jawohl!‹«
»Jawohl!«
»Schon mal gedient?«

»Wie? – Nein, ich hatte dazu noch nicht die...«
»Aha! Auch so ein... Na, kann ja noch werden. – Erwarte dich morgen früh zur ersten Stunde! Meldung im Hause am Palatin! Kostenanschlag! Liste aller Namen! Neue Einkleidung! Dann Treffpunkt mit den Jungs zur dritten Stunde hinter dem Pompeius-Theater am Marsfeld! Sauberkeit! Dissiplin! Ordnung! Ganz Rom blickt auf euch! Und du kannst später sagen: ›Wir sind dabei gewesen.‹«
Pittakos, dem solch ein verbaler Beschuß noch nie in seinem Leben vorgekommen war, kam um den Tisch herum, baute sich vor Alexander auf, packte ergriffen und stumm mit einem Kopfnicken dessen Hand und blickte ihm mannhaft ins Auge.
»Schätze, du wirst dich voll und ganz auf Pittakos verlassen können.«

12

Am nächsten Morgen kam pünktlich ein Bote mit der Meldung, daß alles bereit sei. Er brachte auch gleich den Kostenanschlag mit, der summa summarum fast drei ritterliche Vermögen[28] an Ausgaben für das gesamte Unternehmen vorsah. Aus dem Begleittext – wohl einem von Pittakos' Schreibern diktiert – ging erklärend hervor, daß bei einem Einsatz von fünfzig Gladiatoren mit mindestens zwanzig Ausfällen zu rechnen sei; daß bei den Überlebenden durch schwere Verletzungen eine längere Rekonvaleszenzzeit einkalkuliert werden müsse; daß ferner für diese Fälle mindestens zehn Leute in Reserve zu halten seien. Dazu kämen Ausstattung, Bekleidung, Waffen, Verpflegung, Arztkosten, Transport. Es sei zwar der Wert der einzelnen Ausfälle unterschiedlich und nicht im voraus genau anzugeben, doch lägen den Angaben Erfahrungswerte aus dem Durchschnitt der letzten Jahre zugrunde, ganz zu schweigen davon, daß zum einen die Kosten in den letzten Jahren gestiegen seien, daß es zum anderen immer schwieriger werde, gute Leute zu bekommen. Alles in allem aber handele es sich bei dem Angebot um einen Kampfpreis, denn man werde zum gegebenen Zeitpunkt bei der Konkurrenz nichts Günstigeres bekommen. Am Ende behauptete Pittakos, daß er selbst dabei kaum Gewinn mache; er gestehe dem »edlen Alexandros Volcatianos« aber gerne, daß er dies auf sich nehme, weil es eine Ehre und ebensolche Chance für ihn sei, mit diesem Auftrag, der sein erster größerer sei, ins Geschäft zu kommen, wobei allerdings auch ihre gemeinsame Freundschaft mit Birria berücksichtigt werden müsse.
Dann dauerte es eine ganze Weile, bis Alexander die gewaltige End-

summe entziffert hatte – und ihm wurde schwindelig: $\overline{\mathrm{DCCCL}}$ Sesterzen!
»Achthundertfünfzigtausend! Beim Zeus!« stieß er hervor und nannte Archelaos, der dazukam, die Summe.
Archelaos aber behielt wie immer die Fassung und sagte: »Eben ist Selenus gekommen. Du solltest ihn um seine Meinung fragen, ehe du damit zum Herrn gehst.«
Alexander nickte.
»Kümmer du dich um den Boten. Gib ihm zu essen. Er soll warten.«
Er fand Selenus in der Bibliothek, wo er nach diesem und jenem Zitat schaute, das er für eine der politischen Reden suchte, die Gaius in den nächsten Tagen zu halten gedachte.
Obwohl sie nun in ihrer Stellung gleichrangig waren – beide waren sie *Liberti*, Freigelassene –, änderte der neue Status Alexanders nichts in seinem Verhältnis zu dem Griechen, denn Selenus hatte schon unter dem Vater des Patrons, Titus Volcatius Tullus, auf dem Tusculanum gedient, war schon seit fast zwei Jahrzehnten ein freier Mann, und – dies war das entscheidende – er war der engste Freund von Lucius Volcatius Tullus, dem Patron. Hinzu kam seine intellektuelle Souveränität und innere Unabhängigkeit, so daß Selenus in Ansehen, Einfluß und Macht innerhalb der Hierarchie bei allen Mitgliedern der *Gens Volcatia*[29], die Söhne inbegriffen, gleich hinter dem Patron rangierte. Wollten wir eine treffende, allesumfassende Bezeichnung für ihn und sein Tun und Lassen suchen, so müßten wir ihn schon den *Spiritus rector*[30] der patrizischen Familie nennen. Es war im Umgang mit allen Angehörigen der drei Häuser, Gaius ausgenommen, stets eine unüberbrückbare Distanz im Spiel, und Alexander hätte es nie gewagt, dem gelehrten Griechen mit der saloppen Großmäuligkeit gegenüberzutreten, die er sich selbst bei Gaius herausnahm.
»Ah, Alexander!« Selenus blickte kurz auf und musterte ihn in seinem neuen Habit. »Sehr schön – alles, was recht ist! Sehr geschmackvoll! Steht dir sehr gut!«
Da Selenus nie ironisch war, nahm der Gelobte das wörtlich und strahlte.
»Danke! – Darf ich dich Anbetracht dessen stören?«
Er setzte eine wichtige Miene auf.
»Sicher. Worum geht's denn?«
Alexander reichte ihm die Aufstellung des Pittakos.
»Ich hätte gerne deine Meinung als solche dazu gehört, ob wir das Angebot annehmen, dergestalt am Ende ja durchaus ein hübsches Sümmchen steht.«

Selenus überflog die Angaben.
»Alles was recht ist: Ein besseres Angebot wirst du unter den gegebenen Umständen nicht bekommen.«
»Ehrlich?«
»Ja. Dieser Pittakos will ins Geschäft kommen. Das da ist in der Tat ein Kampfpreis gegen die harte Konkurrenz in diesem Gewerbe. Die Frage ist nur, ob er und seine Leute auch halten, was er da verspricht.«
»Zweifellos! Habe mir die Knaben durchaus angesehen. Sind alles Freunde von Birria. Birria – du entsinnst dich?«
»Ja, natürlich.« Selenus lächelte fein. »Wer vergißt schon diesen Birria! – Ich werde Gaius empfehlen, von diesem Angebot Gebrauch zu machen.«
Er gab ihm das Blatt zurück und ließ seinen Blick ernst auf Alexander ruhen.
»Im übrigen bitte ich dich, mein Freund, in den nächsten Tagen und Wochen stets dafür zu sorgen, daß Gaius nie ohne starke Bedeckung in der Öffentlichkeit erscheint.«
›Mein Freund‹ hatte er gesagt! Alexander stand stramm: »Selbstverständlich! Nie ohne Bedeckung! – Warum?«
»Weil die Gegenseite keine Mittel scheuen wird, seine Kandidatur – wenn nicht zu verhindern, so doch mit allen Mitteln zu stören. Du verstehst, was ich meine?«
»Verstehe. Werde dafür sorgen, daß keine Maus als solche ungesehen bis auf eine Meile herankommt!«
»Gut. Wir treffen uns in einer Viertelstunde alle hier in der Bibliothek. Auch der Patron kommt. Dann kannst du kurz Vortrag halten und danach ohne weiteres mit diesem Pittakos abschließen.«
»Jawohl! Schließen!« Er bebte vor innerem Engagement.
»Gut, dann schicke mir bitte gleich den Archelaos. Er kann mir helfen, diese Schriften zum Caelius zu tragen.«
Selenus wies auf den Stapel Rollen.
»Jawohl! Caelius tragen!«
Selenus nickte ihm noch einmal freundlich zu und vertiefte sich wieder in die Schriftstücke.
Alexander ging ins kleine *Triclinium*, wo Melitta dem Boten des Pittakos ein Frühstück serviert hatte. Der Bursche – er mochte Anfang Zwanzig sein – sprang sofort auf, schluckte hastig den Bissen herunter, und Alexander nickte ihm wohlwollend zu.
»Weitermachen! Sehr gute Haltung! Dissiplin! Sauberkeit! Rom braucht solche Männer! Werde dich lobend erwähnen. Herhören!«

Der Jüngling hing an seinen Lippen.
»Stabsbesprechung in wenigen Minuten. Werde sehen, was sich machen läßt. Wenn ja: Sorge dafür zu tragen, daß in den nächsten Tagen und Wochen nie ohne Bedeckung in der Öffentlichkeit! Verstanden!« Seine Augen schossen Blitze.
»Ja, sicher...«
»Das heißt ›Jawohl!‹«
»Jawohl!«
»Gegenseite wird keine Mittel scheuen zu verhindern! Mit allen Mitteln stören! Keine Maus ungesehen heranlassen! Verstanden!«
»Jawohl!«
»Na also! Schon mal gedient?«
»Nein, ich hatte dazu noch nicht die...«
»Na, macht nichts. Kann ja durchaus noch kommen. Wegtreten!«
Verwirrt starrte der Jüngling ihn an. Aber Alexander übersah das und verließ den Raum, so daß der Bursche den letzten Befehl nach einiger Überlegung dahingehend auslegte, daß es sich wohl um die Aufforderung handele, das begonnene Mahl fortzusetzen. Und verschüchtert setzte er sich auf die Kante des Sessels und stocherte in dem Rest der Mahlzeit herum.
Als Alexander dann wenige Minuten später die Bibliothek betrat, waren alle übrigen schon versammelt und hatten sich in verschiedene Schriftstücke vertieft: Lucius der Patron, Gaius, Cornificius und Selenus. So wollte Alexander nicht hintanstehen und las noch einmal im stillen sehr sachkundig Pittakos' Aufstellung durch.
Dann blickte Gaius auf und sagte: »Bitte, Alexander, halte kurz Vortrag über das Angebot, das du eingezogen hast. Selenus hat mir schon berichtet, aber ich möchte, daß auch der Patron Kenntnis davon erhält.«
»Jawohl, Kenntnis!«
Er ermannte sich und referierte auswendig kurz und knapp über seinen Eindruck, über den »Kampfpreis«, die Verfassung der Leute, die Sparsamkeit und strenge »Dissiplin« in der Truppe und faßte alles in einem wundervollen Satz zusammen: »Anbetracht dessen dürfte es durchaus zur Zeit als solche kaum möglich sein, ein besseres Angebot zu bekommen, dergestalt die Konkurrenz eine erhebliche ist und alle Welt Gladiatoren braucht, so daß die zweifellose Bedeutung die ist, daß wir die Männer als solche auf der Stelle zu unserer innigen Verführung haben.«
»...Verfügung!« verbesserte Cornificius, und ein wohlwollendes Schmunzeln machte die Runde.

»Den Preis!« wollte der Patron wissen.
»Jawohl! Achthundertfünfzigtausend Sesterzen!«
Er reichte Lucius die Aufstellung.
Hatte Alexander eine aufbrausende Rüge von seiten des *Pater familias*[31] erwartet – Lucius war bekannt, ja gefürchtet für seine altrömische Sparsamkeit –, so staunte Alexander, als er Lucius nicken sah und sagen hörte: »Selenus, was hältst du davon?«
»Nun, ein günstigeres Angebot werden wir zur Zeit nicht bekommen. Dieser Pittakos braucht einen erfolgreichen Anfang. Er wird alles daransetzen, den Auftraggeber zufriedenzustellen.«
»Gaius?«
»Ich bin der gleichen Meinung, Vater.«
»Gut.« Lucius reichte Alexander das Blatt zurück. »Du kannst die Sache abschließen. – Selenus!«
»Ja?«
»Laß gleich heute die Hälfte des Betrages anweisen!«
Selenus nickte. Gaius wandte sich an Alexander: »Sag ihm, in zwei Stunden brauchen wir die Leute auf dem Marsfeld.«
»Jawohl!«
Alexander erhob sich, grüßte militärisch und verließ den Raum.

13

Alexander nahm den Auftrag so ernst, daß er den Boten gleich selbst zurückbegleitete und zu verstehen gab, von Pittakos unverzüglich empfangen zu werden.
»Du hast durchaus die unvergleichliche Ehre«, begann Alexander, »mit mir diesen Vertrag abschließen zu dürfen. Ich hoffe für dich, daß du dir der zweifellosen Würde dieser Stunde bewußt bist!«
Sein Blick glich dem Caesars bei einer Ansprache vor dem Stab der X. Legion. Er legte den unterzeichneten und gesiegelten Vertrag auf den Tisch, während er eine gleichlautende Abschrift für sich behielt.
Pittakos, der wohl immer noch im stillen Zweifel gehegt hatte, ob die von ihm geforderte Summe von den Volcatiern akzeptiert werde, kam aus dem Staunen nicht heraus – vor allem darüber, daß dieser in den abenteuerlichsten Wendungen radebrechende Mensch mit dem Gesicht eines unschuldigen Knaben es so ohne weiteres fertigbrachte, eine so ungeheure Summe prompt anweisen zu lassen. Und als dann Alexander mehrere prall gefüllte Beutel auf den Tisch knallte – »Die halbe Summe in Gold!« –, glaubte er zu träumen.

»Bevor du die Jungs antreten läßt, solltest du das Kleingeld da im Garten vergraben!«
»Wie? – Ja, sicher.«
Er zählte gar nicht erst nach, sondern verstaute das Geld in der Truhe aus vernieteten Eisenplatten, die er mit sechs schweren Schlössern sicherte.
Von da an hatte Alexander unbedingte Autorität, und Pittakos las ihm jeden Wunsch von den Lippen ab. Einmal sagte er: »Schade, daß Birria das nicht erleben kann...«
»Wieso? Ist er tot?«
»Nein, aber niemand weiß, wo er steckt.«
»Werde das durchaus herausfinden. Herhören!«
Pittakos nahm Haltung an, als Alexander ihn fixierte.
»Abmarsch in einer Stunde!«
»Jawohl!«
»Befehl: Abstellen von mindestens vier Leuten zu meiner innigen Verfügung und als Kurier!«
»Selbstverständlich.«
»Nicht nur bei Tag und bei Nacht, sondern auch im Dunkeln!«
»Sicher.«
»Die Jungs müssen gut zu Fuß und zur Hand sein!«
»Natürlich... Wie?«
»Sie müssen des Lesens und Schreibens mächtig sein.«
Pittakos ließ zwei seiner Männer vom Schreibpersonal kommen, und Alexander begutachtete sie kritisch.
»Neu einkleiden! Grün! Bei Nicomachus! Geschmackvoll!«
»Selbstverständlich.«
»Meldung in einer halben Stunde bei mir am Palatin!«
»... am Palatin!« nickte Pittakos.
Die beiden bekamen das nötige Handgeld und machten sich auf den Weg.
»Herhören!«
Pittakos war ganz Ohr.
»Mein Auftraggeber, der Patron, wird unter anderem Leichenspiele zum würdigen Angedenken an seinen verstorbenen Vater und Großvater veranstalten...«
Pittakos setzte die erwartete traurig-ernste Miene auf und nickte.
»Ferner wirst du dir für übermorgen was Hübsches als solches einfallen lassen für den Auftritt der Jungs.«
»Ja, darf es auch lustig sein?«
»Selbstverständlich, dergestalt es auch geschmackvoll ist.«

»Verstehe.«
»Ich denke da so an hübsche Preise, die als solche auszuzahlen wären. Werde dir das entsprechende Sümmchen natürlich zukommen lassen. Denke dabei an so ein Trinkgeld von dreißig- oder vierzigtausend...«
»Drei... aber selbstverständlich, edler Alexandros!«
»Ziel: Die Leute sollen völlig auf ihre Kosten kommen!«
»Natürlich, auf ihre...«
»Herhören! Werde täglich und stündlich unerwartet aufkreuzen. Sauberkeit! Ordnung! Dissiplin! Werde Geschmacklosigkeit nicht dulden.«
»Selbstverständlich!«
»Na also.«

So kam es, daß Alexander während der ganzen Zeit des Wahlkampfes immer in Begleitung von zwei bis vier prächtig gewandeten Burschen in der Öffentlichkeit auftrat, und seine Reputation stieg bei allen, mit denen er während dieser Zeit geschäftliche Dinge zu regeln hatte. Archelaos, der dieses Gehabe mit Sorge beobachtete, tröstete sich damit, daß nach den Wahlen zwangsläufig wieder normale Verhältnisse einkehren würden. Ähnlich dachte wohl auch Gaius – falls er es überhaupt zur Kenntnis nahm –, denn er ließ den Sohn aus Theben durchaus als solchen gewähren.

Die Rede, die Gaius vorbereitet hatte und die er in den nächsten Tagen an verschiedenen Orten halten würde, war in enger Zusammenarbeit mit Cornificius und Selenus entstanden. Ihr Tenor neigte – und das war zu diesem Zeitpunkt seine innerste Überzeugung – einem Zusammenschluß der Kräfte der Mitte zu: Man müsse die Mehrheit derer, die still und pflichtbewußt ihrer Arbeit nachgingen, zu verantwortungsfreudigem Handeln und Mittun bringen, um der von Jahr zu Jahr wachsenden Gefahr der Polarisierung entgegenwirken zu können. Im Text fanden sich Sätze, die sowohl Cicero, Cato, Lucius Volcatius als auch Pompeius und Caesar unterschreiben konnten:

> *Ich meine, die Bürgerschaft zerfällt in zwei Parteien, in Senat und Volk. So habe ich es schon von den Vorfahren gehört. Vormals hatte der Senat die höchste Autorität, die größte Macht aber hatte das Volk. Deshalb kam es des öfteren im Staat zu einer Spaltung, und jedesmal wurde der Einfluß der Nobilität gemildert und die Rechte des Volkes erweitert. Das Volk lebte*

deshalb frei, weil keines Menschen Macht über den Gesetzen stand und weil nicht durch Reichtum und Anmaßung, sondern durch Ruhm und tapfere Taten der Vornehme sich vor dem Gemeinen auszeichnete. Als das Volk aber allmählich von seinem Grund und Boden vertrieben wurde und Untätigkeit und Not es zwangen, kein festes Heim mehr zu haben, fing es an, fremden Besitz zu begehren, und mit dem Staat wurde seine eigene Freiheit käuflich…

Die Folgerung, die er am Ende zog, lief darauf hinaus, daß die Kluft zwischen Senat und Volk, aber auch der Graben, der sich zwischen den Fronten im Senat selbst aufgetan habe, geschlossen werden müsse, da sonst die Gefahr bestehe – und sie wachse von Monat zu Monat –, daß es zum Bürgerkrieg kommen werde. Er nannte keine Namen, aber jeder wußte, wer gemeint war: Caesar und Pompeius als die Exponenten der gegensätzlichen Auffassungen.

Es war dann ein prächtiges Bild, als die Volcatier mit Freunden, Clienten[32] und bevorzugten Leuten vom Gesinde aller Volcatischen Häuser sich zum Marsfeld begaben, flankiert von fünfzig farbenprächtig ausstaffierten herkulischen Gestalten aus Pittakos' Truppe, die unter dem scharfen Auge Alexanders aufmerksam darauf achteten, daß niemand dem Kandidaten zu nahe kam.
Gaius' Rede wurde beifällig aufgenommen, denn jeder wußte, wie er sich erst kürzlich für einen unschuldig ins Unglück geratenen Bauern aus Caere eingesetzt und seinen Freispruch erreicht hatte.[33]
Angesichts der martialischen Eskorte kam es – natürlich – zu keiner Störung, und so blieb es auch in den nächsten Tagen, so daß Gaius an einem Abend zu Cornificius sagte: »Das gefällt mir nicht.«
»Was?«
»Es ist mir zu ruhig.«
»Wie bitte? Das ist doch wohl nicht dein Ernst!«
Gaius blickte den Freund besorgt an.
»Wir sind uns doch einig darüber, daß Caelius Rufus unser Hauptkonkurrent ist…«, begann Gaius.
»Sicher.«
»… und wir haben ihm erst vor wenigen Wochen einen gewaltigen Denkzettel verpaßt!«
»Du meinst DIE GESANDTSCHAFT!«[34]
»Ja. Ganz Rom lachte über ihn.«
»Na und? Er lachte selbst mit!«

»Eben. Er ist verschlagen, unberechenbar – und kennt keine Skrupel.«
»Sein gutes Recht. Aber zur Zeit, besonders nach dieser Blamage, muß er sehr sorgfältig taktieren, zumal sein väterlicher Freund und politischer Ziehvater außer Landes ist.«
»Du meinst Cicero?«
»Ja. Caelius Rufus hält sich bewußt zurück.«
»Siehst du: Das ist genau der Punkt. Wie ich ihn kenne und einschätze, wühlt er unter der Oberfläche und bereitet irgendeinen hinterhältigen Schlag vor. Er wird mir diese Demütigung vor der römischen Öffentlichkeit nie vergessen.«
»Das hättest du damals bedenken sollen. Du darfst jetzt keinen Rückzieher machen.«
»Ach, Corni! Wer macht denn einen Rückzieher? Ich meine nur, wir sollten uns nicht in gedankenloser Sicherheit wiegen.«
»Wer wiegt denn, he? Du stehst unter dem Schutz deines unüberwindlichen Alexanders und seiner Freunde von der schlagenden Zunft. Da wagt sich keine Maus heran.«
»Na, ich weiß nicht. Warten wir's ab.«
»Tsss ...« Cornificius schüttelte den Kopf. »Kannst ja bei Caesar noch eine Cohorte zu deinem Schutz anfordern und auch im *Triclinium* zwei Posten aufstellen!«
»Das meine ich nicht. Mein Instinkt sagt mir, daß etwas in der Luft liegt.«
»Dein Instinkt in Ehren, Legat[35]. Aber hier geht es um Fakten!«

14

So ging eine Woche ohne jede Störung dahin. Die Kämpfe am Gedenktag für die *Manen*, die schützenden Totengötter des verstorbenen Patrons Titus Volcatius, verliefen – Lucius hatte es so befohlen – unblutig, da ihm der Symbolcharakter der Veranstaltung wichtiger war als ein blutiges Gemetzel, das dem Geschmack des Pöbels entgegengekommen wäre. Das römische Volk sollte an die große, uralte Tradition der *Gens Volcatia* erinnert werden; dazu mußte kein Blut fließen ...
An einem dieser Tage waren dann jene Lustbarkeiten geplant, bei denen die Menge voll auf ihre Kosten kommen sollte. Pittakos hatte nordwestlich vom Pompeius-Theater in der Niederung des Tiberbogens ein hölzernes Oval errichten lassen, das an die zehntausend

Menschen faßte. Neben den harten Turnieren seiner besten Männer waren auch Späße eingeplant, so zum Beispiel Kämpfe zwischen zwergwüchsigen Männlein. Auch traten drei dieser Krüppel gegen einen der großen Kämpen an. Da man den Zwergen die Freiheit versprochen hatte, fochten sie mit dem Mut von Riesen – und streckten doch nach wenigen Minuten alle viere von sich.
Danach traten einige *Venatores*, Tierkämpfer, gegen Löwen, Bären und Stiere an, aber das Publikum folgte nur mit halbem Interesse – außer den Kindern, für die man diese Veranstaltung eigens vorgesehen hatte.
In der Pause machte Alexander zusammen mit Archelaos einen Gang über das Gelände außerhalb des provisorischen Theaters und nahm mit Genugtuung zur Kenntnis, von allen möglichen Leuten gegrüßt zu werden, obwohl er nur die wenigsten kannte.
Vor dem Haupteingang stand ein zweirädriger Karren, voll gefüllt mit den Blumen des Frühsommers.
»Ah, Leonidas! Wie geht das Geschäft?«
»Kann nicht klagen, Herr.«
»Gut, Meister der Blumen. Hier!« Er reichte ihm eine große Summe in Gold. »Du schenkst ab sofort jeder Domina, die vorbeikommt, einen hübschen Strauß. Dazu sagst du als solches: ›Mit den besten Empfehlungen von Gaius Volcatius Tullus und Alexandros Volcatianos, dem kommenden Mann Roms und des Erdkreises.‹ Verstanden?«
»Du bist sehr großmütig, Herr«, lächelte Leonidas.
»Keineswegs, wir tun alle nur unsere zweifellose Pflicht.« Er nickte ihm freundlich zu und ging dann mit Archelaos hinüber zum Zelt der Gladiatoren. Sofort eilte Pittakos auf ihn zu und meldete, alle Gladiatoren seien in guter Form.
Alexander schritt den mittleren Gang entlang und begutachtete die Kämpfer. Die meisten hatten ihre Arbeit, das Niedermetzeln von wilden Tieren, schon hinter sich und freuten sich, noch am Leben zu sein. Sie würden ihre Hauptkämpfe morgen in der Arena des Circus zu bestehen haben. Heute standen noch drei Treffen aus, denen die Beteiligten jedoch gelassen entgegenblickten: Mutige Männer aus dem Publikum durften sich mit ihnen messen. Um kein Risiko einzugehen, hatte Pittakos drei seiner besten Leute ausgewählt: Victor, Syphax und Chrysomallus das Goldpferd. Er ließ sie kommen.
»Herhören!« donnerte Alexander. »Betrachtet das Treffen mehr als hübsches Spielchen. Es wird zweifellos mindestens drei Verrückte geben, die euch die Stirn bieten wollen. Haltet die Knaben eine Weile

hin, und dann versetzt ihnen eine Tracht Prügel, daß ihnen Hören und Sehen als solches vergeht. Fügt ihnen auch ein paar hübsche Kratzer zu – aber laßt sie leben! Verstanden?«

Sie nickten und machten sich fertig. Alexander und Archelaos gingen zurück in das hölzerne Theater. Wenige Minuten später ertönte ein riesiger Gong, und die Gespräche im ovalen Rund verebbten. Pittakos trat durch das östliche Tor zusammen mit Victor, Syphax und Chrysomallus. Sie schritten am äußeren Rand der Kampfbahn eine Runde ab, um dem Publikum Gelegenheit zu geben, sie und ihre körperlichen Qualitäten in Augenschein zu nehmen. Dann nahmen sie in der Mitte der Arena locker Aufstellung, während Pittakos beide Arme hob und sich an das Publikum wandte.

»Bürger von Rom! Liebe Freunde! Verehrtes Publikum! Wir kommen nun zum Höhepunkt unserer heutigen Veranstaltung. Ihr seht hier drei meiner besten Männer stehen: Victor! Syphax! Chrysomallus!«

Beifall setzte ein. Die drei hoben zum Gruß ihre Waffen und verbeugten sich nach allen Seiten.

»Wir haben uns einen hübschen Spaß ausgedacht...«

Er grinste vielsagend und registrierte, wie sich die Leute launige Bemerkungen zuriefen.

»Wir bieten mutigen Männern die einmalige Gelegenheit, gegen diese drei hier im Einzelkampf, Mann gegen Mann, anzutreten...«

Wie es abgesprochen war, sprang ein Zwerg über die Brüstung, rannte auf Victor zu und rammte ihm seinen Schädel in den Bauch, und Victor ließ sich mit schmerzverzerrtem Gesicht nach hinten fallen. Gelächter auf den Rängen. Das wiederholte sich mit den beiden andern.

»Ihr seht«, rief Pittakos, »es sind alle Mittel erlaubt, die Recken außer Gefecht zu setzen!«

Er hatte den Satz kaum beendet, als der Kleine ihm mit einer weichen Keule von hinten eins über den Kopf versetzte und Pittakos wie ein Baum zu schwanken begann und nach einem weiteren Hieb mit verdrehten Augen zu Boden ging, worauf Victor sich den Zwerg am Hals griff und ihn wie ein zappelndes Kaninchen eine Weile in der Luft hielt. Das ganze Rund brach in Gelächter aus. Dann setzte Victor den Kleinen auf den Boden, und der machte, daß er davonkam. Pittakos kam wieder auf die Füße und schlug sich den Sand von der Tunika.

»Nicht nur das«, fuhr er lachend fort. »Derjenige, dem es gelingt, hier und heute einen der drei außer Gefecht zu setzen, erhält als Preis...«

Er blickte zum Eingang der Arena, wo ein runder Tisch hereingetragen wurde; er ging hinüber, griff sich den großen Lederbeutel, den einer seiner Leute bereithielt, und schüttelte den Inhalt auf die Tischplatte. Ein Teil der Münzen kullerte blinkend auf den Boden.
»...nicht zehn... nicht zwanzig... nein: fünfzigtausend Sesterzen!«
Er ließ einige Münzen durch die Finger gleiten. Ein Raunen ging durch die Menge, und man sah, wie die Ärmsten sich die Lippen begierig leckten: immerhin eine Summe, von der die meisten der Anwesenden ein halbes Leben würden zehren können.[36]
Alexander registrierte, wie die Leute ganz verschieden reagierten: Manche machten ernste Gesichter und wogen im stillen ihre Chancen ab; andere schüttelten resignierend den Kopf, wenn sie die Muskeln der drei Gladiatoren begutachteten; die meisten aber lächelten wohlgefällig in Erwartung des Spektakels, gespannt, ob sich ein Verrückter finden werde, das Spiel mit dem Tode zu wagen.
Und Pittakos heizte ihnen ein: »Ihr habt selbst gesehen, wie leicht es ist, Victor außer Gefecht zu setzen! Wo ist der mutige Hercules, der dringend fünfzigtausend Sesterzen braucht, um seiner Freundin was Hübsches zum Geburtstag zu schenken?! Wo der Theseus, der seiner Ariadne im Garten ein Labyrinth baut?!«
Er ging am äußeren Rand der Arena entlang, sprach einzelne direkt an: »Na, wie wär's denn, Patron? Mutter wartet doch schon lange auf das Häuschen auf dem Lande...«
Der Mann rutschte auf der Bank hin und her, während die Gattin, eine füllige Matrone aus der Subura, erregt auf ihn einredete.
»Wo ist der tapfere Kämpfer, der für die Ehre der Familie eintritt?«
Er ging weiter.
»Fünfzigtausend! Beim Hercules! Die Gelegenheit ließe sich selbst Pluto[37] nicht entgehen! In wenigen Augenblicken verdient! – Na, wie wär's denn, großer Meister? Die Gelegenheit kommt nie wieder!«
Er ließ offen – so war es besprochen –, wie der Kampf ausgehen würde, falls der Herausforderer verlor: Man würde den tollkühnen Burschen nach allen Regeln der Kunst beuteln und ihn dann mit einigen Prellungen und blauen Flecken laufen lassen.
Endlich meldeten sich zwei junge Männer und kletterten schwungvoll über die Brüstung. Beifall setzte ein.
»Und wo ist der dritte? Aller guten Dinge sind drei!... Ah, da kommt er! Rom kennt noch drei tapfere Männer!«
Der Zwerg war wieder da und schleppte an den Schilden und Schwertern für die Kandidaten.

Da stieß Archelaos den Freund an: »Schau dir den da an!«
Alexander blickte in die angegebene Richtung und öffnete erstaunt den Mund.
»Ist er denn von allen guten Göttern verlassen?! Das ist doch...«
»Matisco! Unser Gallier!« nickte Archelaos. Er hob die Hand und sagte: »Geh sofort hin und verbiete ihm...«
»Warum? Er ist ein freier Mann und kann tun und lassen, was er will...«
»Wie? – Sicher, aber...«
Doch da hatten die Kämpfe bereits begonnen. Chrysomallus und Syphax hatten mit ihren Gegnern leichtes Spiel, und nach zehn Hieben lagen sie entwaffnet am Boden. Wie geprügelte Hunde schlichen sie unter dem schadenfrohen Hohngelächter des Publikums auf ihre Plätze, wo sie sich ganz klein zu machen suchten, während der Zwerg hinter ihnen herlief und mit einer Rätsche auf sie einschlug.
Ganz anders entwickelte sich das Gefecht zwischen Victor und Matisco. Beide kämpfen mit Schwert und Schild. Den Helm hatte Matisco gleich zu Beginn des Kampfes abgenommen und achtlos zur Seite geworfen, da er ihm zu groß war, locker saß und ihn beim Kampf mehr behinderte als schützte. Matisco ließ schon nach wenigen Hieben erkennen, daß er ein exzellenter Schwertkämpfer war: Er tänzelte leicht und elegant vor Victor, machte fintenreiche Ausfälle und schlug dort zu, wo der Gegner es nicht erwartete. Vor allem hatte er ein Auge darauf, Victor stets im prallen Sonnenlicht zu halten, das diesen blendete und ihm den Schweiß in Gesicht, Nacken und Hände trieb.
Victor war erheblich schwerer, und Matiscos Ziel schien es, den Hünen durch ununterbrochenes Plänkeln so zu ermüden, daß er im Zorn einen Fehler machte. Längst waren alle Gespräche in der Menge verstummt. Die Gesichter spiegelten lebhaft das Geschehen in der Arena wider: Jeder Treffer wurde von lobenden Ausrufen begleitet.
Matisco ging langsam zurück – aber es war Taktik, denn er wich jedem Hieb seitlich aus, so daß die gewaltigen, kräftezehrenden Schläge des Gegners ins Leere trafen.
Und dann geschah es – so schnell, daß das Publikum kaum begriff, wie es ablief. Victor hatte gerade zugeschlagen, Matisco wehrte mit schräg gehaltenem Schild ab, und ehe Victor zum nächsten Schlag ausholen konnte, traf Matiscos Schwert Victors Handgelenk von unten am ledernen Gelenkschutz, die Hand knickte nach unten ab, und ehe er sie wieder in der Gewalt hatte, traf ein zweiter Schlag das Eisen nahe am Griff, und Victors Schwert flog, sich zweimal überschlagend,

im Bogen zur Seite. Verblüffung stand dem erfahrenen Gladiator im Gesicht. Er sah die Schwertspitze des Gegners, wie sie sich gefährlich langsam näherte, sah, wie Matisco ausholte – und dann das Schwert achtlos fallen ließ. Dann ging er auf Victor zu und reichte ihm die Hand, umarmte ihn. Tosender Beifall setzte ein.
Pittakos, der neben Alexander aufgesprungen war, war blaß geworden. Nun rief er: »Aber das kann doch nicht wahr sein!«
Alexander aber faßte sich und stellte sachlich fest: »Ich sage ja immer: Diese Gallier sind die besten! Zahl ihm das Sümmchen aus! Er hat's verdient!«
»Wie? – Ja, sicher.«
»Und dann bring ihn her!«
Pittakos ging in die Arena, und unter dem Beifall der Menge überreichte er den Siegespreis dem strahlenden Matisco. Immer wieder mußte der junge Gallier sich zeigen und sich vor den wie toll applaudierenden Leuten verbeugen.
Dann verließ er die Kampfbahn und näherte sich mit ernstem Gesicht Alexander. Der klopfte ihm auf die Schulter und gratulierte: »Beim Hercules! Du hast dir das Sümmchen verdient!«
Auch Pittakos reichte ihm die Hand und sagte: »Dabei macht er ein Gesicht, als ob er eben fünfzigtausend verloren hätte.«
Matisco konnte nicht sogleich darauf antworten, denn immer wieder kamen Besucher, die auf dem Weg zu den Ausgängen waren, vorbei und sprachen lachend ihre Anerkennung aus. Als das endlich vorbei war, wandte sich der Gallier an Alexander: »Du weißt, daß ich das nicht zum Spaß gemacht habe.«
»Wie? – Ja, was denn sonst?« fragte jetzt Pittakos.
Alexander klärte ihn kurz auf, in welcher Situation sich der Gallier befand, und wandte sich dann an Matisco: »Na, mein Junge, jetzt hast du wenigstens das Geld für die Rückreise verdient!«
Doch Matisco schüttelte den Kopf: »Nein, ich...«
»Was sonst?« fragte Alexander.
Da reckte sich Matisco, stützte die Linke auf den Schild und sagte leise, aber bestimmt: »Ich möchte mich für zehn weitere Kämpfe verpflichten.«
Alexander und Pittakos blickten sich an.
»Ver... verkaufen?« Alexander starrte ihn offenen Mundes an.
Matisco lächelte scheu und sagte kaum hörbar: »Ich muß einen Teil des Vermögens wieder... sonst... mein Vater... er würde...«
»Verstehe«, nickte Alexander. »Und nun hast du dich als solcher unbedingt entschlossen, deinem Vater auch noch seinen Sohn abhanden

kommen zu lassen! Zweifellos war dein Kampf eben durchaus großartig, und unser braver Victor hat seinem Namen als solchem keine Ehre gemacht, aber du solltest dich keiner Täuschung anvertrauen: zehn Kämpfe! Das ist unbedingt zehnmal ein hübsches Spielchen mit dem Tode. Nicht wahr, Archelaos!«
»So ist es.«
Matisco zog die Brauen zusammen. »Ich habe nichts zu verlieren.«
»Schätze, Anbetracht dessen doch. Dein Leben verlierst du nur einmal. Nicht wahr, Archelaos!«
»Sehr korrekt! Leider...«
Doch Matisco ließ sich nicht beirren. »Wenn ich nichts unternehme, kann ich mich gleich ins Schwert stürzen. Also, wie ist es? Wenn ihr kein Interesse habt, versuch' ich's woanders.«
Pittakos wiegte den Kopf, ging ein paar Schritte auf und ab, sagte dann: »Was verlangst du?«
»Was zahlst du?«
»Hm, einen solchen Fall hatte ich noch nicht...«
Matisco lächelte. »Es wird sich in der Stadt herumsprechen, warum Matisco gezwungen ist, in eine römische Arena zu steigen. Du wirst stets volle Ränge haben und deinen Umsatz verdoppeln. Von Kampf zu Kampf wird die Spannung sich steigern, die Leute werden Wetten abschließen, ob ich es schaffen werde oder nicht.«
Pittakos war mit geschäftsmäßiger Kühle dieser Darstellung gefolgt, die sehr wohl den Tatsachen entsprechen konnte. Blitzschnell überschlug er Gewinn und Verlust, sah schon seine gemieteten Ausrufer unterwegs in der Stadt.
»Was also verlangst du?«
Ohne zu zögern kam die Antwort: »Pro Kampf und Sieg fünfzigtausend! Macht insgesamt fünfhunderttausend! Entscheide dich auf der Stelle. Ich werde nicht verhandeln.«
Pittakos bewegte lautlos die Lippen und rechnete. »Gut, nach zehn siegreichen Kämpfen!«
Der Gallier nickte und fügte an: »Das möchte ich schriftlich haben, und der edle Alexander wird als Zeuge unterschreiben.«
»Mit zweifellosem Vergnügen.« Alexander klopfte ihm auf die Schulter. »Wir wünschen dir Glück. Nicht wahr, Archelaos?«
»Zweifellos. Er kann es brauchen...«

15

Wieder im Hause am Palatin, fand Alexander Gaius in der Bibliothek, schon wieder intensiv mit irgendwelchen Texten beschäftigt.
»Herr...«
Gaius rührte sich nicht und las weiter.
»Herr...«
Nichts.
»Na, dann eben nicht...« Er ließ Kopf und Schultern hängen und trottete mit einem Schmollmund zur Tür.
»Ja, was ist?« kam es freundlich vom Tisch her.
Na also! – Aber als er sich umwandte, stierte Gaius noch immer in die Rolle. So hielt Alexander es an der Zeit, Gaius in einer Grundsatzerklärung an die Bedeutung seiner aufopfernden Tätigkeit zu erinnern. Er baute sich auf der anderen Seite des Tisches sehr senkrecht auf und nahm die Pose eines Centurio aus Caesars Zehnter ein, das Kinn energisch vorgestreckt, die Linke an der Hüfte, die Rechte drohend erhoben.
»Also, so geht das nicht!«
»Aha... Was?« Gaius blickte nicht auf.
»Während ich vor Müdigkeit kaum noch schlafen kann, sitzt du immer nur vor erbaulichen Textröllchen, dergestalt du keine Notiz von den Dingen nimmst, die in Rom und auf der Weite des Erdkreises geschehen!«
»Was geschieht denn?« Gaius griff einen Stift und unterstrich einige Zeilen.
»Ganz Rom ist aus dem Häuschen!«
»Fein. Und warum?«
»Alle Bürger sprechen nur noch von Gaius Volcatius Tullus, von Kämpfen, Tierhetzen und Spielen und von Alexandros...«
»Aha. Das sollen sie auch.«
Er unterstrich wieder einige Zeilen.
»Nun sprechen sie bis auf weiteres von diesem Gallier.«
»Was für ein Gallier?«
Alexander beugte sich vor. »Siehst du, dein Gedächtnis als solches läßt auch schon hübsch nach, Herr, seit du deine Tage durchaus nur noch in dieser heiligen Halle verbringst! Welcher Gallier? – Matisco! Ich habe dir doch von ihm erzählt!«
»Und? Was ist mit ihm?«
»Er hat heute den ausgesetzten Preis gewonnen!«
»Sein gutes Recht! Freut mich für ihn.«

»Mich auch!«
»Fein. – Sonst noch was?«
»Ja. Er will noch zehn Preise gewinnen.«
»Wie bitte?«
Endlich blickte Gaius ihn an. Alexander erklärte es und schloß: »Konnte es ihm Anbetracht dessen nicht ausreden.«
»Was geht's dich auch an? Leute, die wissentlich in ihr Unglück rennen, soll man gewähren lassen.«
Gaius erhob sich.
»Herhören!«
Alexander stand wie eine Säule des Atriums.
»Ich werde morgen vor den Bürgern von Tusculum reden. Zwanzig deiner Recken begleiten mich. Die übrigen können sich für die ausstehenden Kämpfe vorbereiten. Du bleibst hier und hörst dich in der Stadt um, ob man Neues über Caelius Rufus erzählt und wie seine Chancen bei der Wahl stehen. Verstanden?«
»Jawohl!«
»Dies noch: Ich bin sehr zufrieden mit dir.«
Alexander strahlte. »Ich auch!«
Zack! flog die Rechte nach oben, und in einwandfreier Haltung verließ er den Raum.
Den ganzen Vormittag strich er zusammen mit Archelaos durch die Stadt, sie schauten bei Loco herein, ebenso bei Pittakos, lobten die harten Übungen der Jungs, erfuhren aber nichts, was sie oder Gaius hätte in Aufregung versetzen können.
Um so größer war die Überraschung, als sie ins Haus am Palatin zurückkehrten: Melitta führte sie ins *Triclinium* und zeigte ihnen einen riesigen Fliederstrauß.
»Sehr schön!« lobte Alexander. »Von wem?«
»Ein alter Mann gab sie ab.«
»Warum?«
»Er sagte nur: ›Mit Grüßen von einem Unbekannten, der es gut meint.‹«
Alexander stutzte. »Hatte der Alte einen zweirädrigen Karren dabei?«
»Ja.«
»Sagte er sonst was Hübsches?«
»Nein. Aber zwischen den Blumen steckte diese Rolle.«
Sie reichte Alexander die Rolle.
Sie war offen und nicht versiegelt.
Alexander öffnete sie und las:

Lieber Freund! Du solltest von nun an täglich auf der Hut sein. Vertraue niemandem! Du wirst von mir hören. – Jemand, der es gut mit dir meint.

Alexanders erste Regung war: Na, endlich! Und zu Archelaos sagte er: »Hatte durchaus schon seit Tagen das Gefühl, daß etwas als solches in der Luft liegt. Hier, lies!«
Archelaos las und nickte: »Wir müssen den Herrn informieren.«
»Korrekt. Wo ist er?«
»Am Caelius. Müßte aber gleich wieder zurück sein. Sollten uns aber schon mal den Alten mit dem Karren vornehmen.«
Sie suchten am Forum, am Viehmarkt, fragten bei Asconius, doch niemand kannte ihn, noch wußte man, wie er hieß und wo er wohnte.
»Der Alte kam mir gleich höchst verdächtig vor. Schleicht den ganzen Tag hinter unserer Nähe herum. Verkauft nicht nur Blumen, sondern gräbt auch nach Toten!«
Als sie zurückkamen, waren Gaius und Cornificius da. Ohne viel Umstände zu machen, trat Alexander vor Gaius, grüßte militärisch und rief: »Meldung! Von Caelius Rufus nichts Neues. Scheint im Kreise seiner Liebsten zu kandidieren. Keine besonderen Vorkommnisse! Es sei denn...«
»Ja?«
»Ein Blumenmensch und Totengräber vom Dienst!«
»Aha. Was ist mit ihm?«
»Er schickte Blumen und ließ sie sprechen. Nicht wahr, Archelaos?«
»So ist es.«
»Und was sprachen die Blumen?«
»Dieses hier! Eine zweifellos freundliche Mitteilung!« Er reichte Gaius das Blatt, und dieser überflog es.
»Und? Was soll das heißen?«
»Keine leiseste Ahndung.«
»...Ahnung!« verbesserte Cornificius und ließ sich von Gaius das Blatt geben. »Hm...« Er legte es auf den Tisch und sagte: »Unter den gegenwärtigen Umständen neige ich dazu, jede Warnung ernst zu nehmen, zumal sie – wie es heißt – von einem Freund kommt.«
»So, du neigst!« spottete Gaius. »Warum nennt er, wenn er ein Freund ist, nicht seinen Namen?« Er wandte sich an Alexander: »Hast du dich in den letzten Tagen in dunkle Geschäfte eingelassen?«
»Aber Herr!« Entrüstung stand ihm im Gesicht. »Hasse Geschäfte im dunkeln! Pflege selbige nur im göttlichen Licht des Tages abzuschließen. Allenfalls beim heimeligen Schein zahlreicher Öllämpchen!«

»Gut, gut, reg dich ab!«
»Jawohl! Abregnen!«
»Aber halte weiterhin Augen und Ohren offen!« Und nun schärfte er beiden ein: »Seid wachsam! Nachdem wir Caelius Rufus erst kürzlich einen Denkzettel gegeben haben, ist allerdings mit Störungen von seiner Seite zu rechnen, besonders seit er sich wie ich um die Aedilität[38] bewirbt. Versucht herauszufinden, welch guter Mensch so besorgt um Alexanders leibliches Wohl ist. Noch Fragen?«
»Keine Fragen. Aber auch du solltest Anbetracht dessen auf dich aufpassen, Herr!«
»Warum?«
Alexander grinste: »Es könnte dir durchaus ein Dachziegel auf den Kopf fallen!«
»Sein gutes Recht...«

16

Noch am gleichen Abend schickte Alexander einen Boten zu Pittakos mit der Weisung, daß am nächsten Morgen Victor mit zehn Leuten »den edlen Gaius Volcatius Tullus unter absoluter Bedeckung nach Tusculum« zu begleiten hätte. Und pünktlich stand die Truppe anderntags zur festgesetzten Zeit bereit.
Alexander und Archelaos aber machten sich gleich noch einmal auf den Weg, um Spuren des alten Blumenverkäufers zu finden. Zunächst suchten sie Loco, ihren alten Kameraden aus Gallien, auf. Er hatte nach der Entlassung aus der Armee mit der erklecklichen Abfindungssumme zunächst in der Subura eine Schusterwerkstatt eröffnet, war dann aber schon bald auf den Aventin gezogen, und seine Geschäfte gingen nun so gut, daß er im Argiletum, gleich hinter dem Forum, einen zweiten Laden eröffnet hatte, der nun schon Kunden unter den besten Familien der Stadt zählte.
Sie trafen ihn beim zweiten Frühstück.
»Sag mal, ihr scheint wohl aus purer Langeweile so den ganzen Tag in der Stadt herumzulaufen, um fleißige Leute von der Arbeit abzuhalten.«
»Und dir scheint es als solchem schon so gutzugehen, daß du das Frühstück durchaus bis zum Mittag ausdehnst, während die Jungs im Schweiße ihrer Angesichte vor Arbeit nicht zum Essen kommen!«
»Mein gutes Recht! Möchte endlich die Ernte von zwanzig Jahren einfahren. Setzt euch!«

Er wies ihnen Plätze auf der harten Bank an.
»Na, wenigstens speist er noch nicht von Marmortischen mit goldenen Löffeln als solchen.«
Loco bot ihnen Hörnchen, Käse und Wein an.
»Die Schuhe und die Sandalen könnt ihr gleich mitnehmen.«
»Nein.« Alexander nahm einen Schluck. Loco zog die Stirn in Falten.
»Was heißt das denn?«
Alexander wischte sich mit der Hand über den Mund und meinte lässig: »Wirst sie uns mit einem deiner Knaben zum Palatin schicken.«
»Wie bitte?«
»Scheinst neuerdings auch schlecht zu hören, mein Junge. Kenne da einen guten Arzt, Athenodoros...«
»Nun mach aber mal halblang!«
»Durchaus nicht. Wirst sie uns hübsch verpackt schicken. Nicht wahr, Archelaos?«
»Sehr korrekt! Er kommt nicht dran vorbei«, nickte der Kilikier.
»Ja, warum denn das?« Locos Stirnadern schwollen an.
»Warum? Weil es Anbetracht dessen geschmackvoll ist. Auch Nicomachus...«
»... waaas? Du kaufst neuerdings bei Nicomachus?«
»Mein gutes Recht!«
Loco starrte ihn an, als ob er an seinem Verstand zweifle. Dann schüttelte er den Kopf und sagte leise: »Ich sag's ja immer: Wenn es dem Esel gutgeht...«
Aber nun brauste Alexander auf: »Also, jetzt hör einmal gut zu, du renitenter Gallienveteran! Also sprach der Herr: Es hat geschmackvoll zu sein! Aber wenn du keinen Wert auf gutes Umgangsgetöne legst – bitte! Na, dann eben nicht...«
Er machte Anstalten, sich zu erheben. Loco, der derlei Anfälle seit Gallien kannte, reagierte prompt wie Gaius: »Doch, mein Junge, aber später! Werde sie dir schicken.«
»Na also!«
Alexander setzte sich wieder hin und aß weiter. Doch plötzlich rief er: »Herhören! Suche durchaus einen Mann mit einem Karren. Hat zwei Räder.«
»Der Mann?«
»Der Karren! Verkauft hübsche Blümchen!«
»Der Karren?«
»Der Mann! Trägt einen ebenso blumigen Bart wie Iupiter.«
»Der Mann?«
»Der Mann! Ließ gestern ein geheimes Briefchen abgeben.«

»Von wem?«
»Keine Ahnung.«
Alexander nannte den Inhalt der Warnung.
»Hm...« Loco kratzte sich am stoppeligen Kinn. »Kenne diesen Mann nicht. Dürfte aber nicht schwerfallen, sein Vorhandensein festzustellen. Zwei Möglichkeiten: Erstens! Chrysostomos fragen!«
»Wer ist das?«
»Hat den größten Gärtnereibetrieb des Erdkreises.«
»Sehr gut. Wo?«
»Beim zweiten Meilenstein an der Via Flaminia, gleich hinter der Mulvischen Brücke am Tiber.«
»Sehr gut. Zweitens?«
»Den zuständigen Aedilen[39] fragen!«
»Wer ist das?«
»Keine Ahnung. Müßte Gaius wissen.«
»Sonst noch was?«
»Wie? – Ja: Kennst du vielleicht durchaus einen gewissen Matisco, der eine gallische Mutter als solche sein eigen nennt?«
»Ja«, kam die prompte Antwort.
Alexander staunte: »Und wieso und woher und warum überhaupt?«
»Gallien!«
»Ah ja... Weißt du vielleicht, wo sich dieser durchaus ehrenwerte Gallier als solcher aufhält?«
»Keine Ahnung! Aber warum fragst du?«
»Nur so.«
Sie erhoben sich. Alexander nahm Haltung an: »Danke für die Auskunft. Werde dich lobend erwähnen. Wann kommen die Schuhe?«
»Heute nachmittag.«
»Na also!«
Zack! – Na, den Rest kennen wir schon...

17

Auf dem Rückweg schauten sie noch bei Pittakos hinein. Der Meister der Gladiatoren war übler Laune.
»Was ist dir Anbetracht dessen denn für eine Laus über die Leber gelaufen?«
»Mir nicht. Aber Syphax! Klagt der Junge doch über starke Leibschmerzen! Kenne das nicht von ihm. Habe ihn vom Medicus untersuchen lassen.«

»Und?«
»Syphax mimt nicht. Geschwollene Leber! Braucht drei Tage Ruhe.«
»Na, hast ja einen guten neuen Mann. Wie führt er sich denn als solcher?«
»Kein Grund zur Klage. Willig. Folgsam. Macht ein unglaublich hartes Übungspensum.«
»Sehr schön. Ist ja auch noch kein Meister vom Himmel gefallen.« Er hob die Hand: »Solltest dem Asklepios[40] einen hübschen Hahn opfern! Wirkt immer! Nicht wahr, Archelaos?«
»Ja, sicher, fast immer!«
Pittakos noch einmal nach dem Blumenverkäufer zu fragen, würde nichts bringen. Sie verabschiedeten sich und gingen.
»Was meinst du«, fragte Alexander unterwegs den Freund, »sollen wir den Aedilen gleich aufsuchen?«
»Wir müßten erst von Selenus seinen Namen bekommen. Außerdem gibt es mehrere Aedilen. Wir wissen nicht, wer in diesem Fall zuständig ist. Vielleicht sollte das der Herr selbst machen.«
»Der Herr hat anderes zu tun. Wir müssen uns durchaus selbst darum kümmern.«
»Na, dann eben nicht...«
»Eben!«

Von Selenus erfuhren sie, daß für die Marktaufsicht der Innenstadt der Aedil Quintus Marcius Crispus zuständig sei. Er gelte als Anhänger Caesars, und er werde ihnen sicherlich gerne eine Auskunft geben.
Sie suchten ihn in seinem Haus am Quirinal auf, stellten sich als Volcatier vor und wurden freundlich empfangen. Marcius ließ gleich seine Sekretäre die Verzeichnisse der lizenzierten Straßenverkäufer durchsehen. Ergebnis: Es gab keinen Gärtner oder Blumenhändler des Namens Leonidas.
Danach suchten sie den Chrysostomos auf. Auch er kannte den Namen nicht, und auch die Beschreibung des Mannes sagte ihm nichts.
Sie kehrten um zum Palatin und schickten, um ganz sicherzugehen, Sklaven zu allen Gärtnereibetrieben in und bei Rom, deren Adressen ihnen Chrysostomos gegeben hatte. Aber niemand kannte den Mann.
Daraufhin suchten sie den Carrinas auf.
»Du kennst doch zweifellos durchaus den alten Leonidas...«
»Sicher, wer kennt ihn nicht!«

»Aha. Wo wohnt er?«
»Keine Ahnung.«
»Wann hast du ihn als solchen zum letztenmal gesehen?«
»Vorgestern – ja, vorgestern. Ich kaufte ihm mehrere Sträuße für die Tische ab.«
»Wie lange kennst du ihn?«
»Wie lange? – Hm, eigentlich erst seit einigen Wochen. Aber man meint, man kennt ihn schon ewig. Soll ich was ausrichten, wenn ich ihn wieder sehe?«
»Ja. Er möge sich als solcher unbedingt bei mir am Palatin melden.«
»Brauchst du einen Gärtner?«
»Vielleicht.«

Sie waren gerade wieder im Haus am Palatin, als ein Sklave meldete, Pittakos sei draußen und müsse Alexander unbedingt sprechen. Erstaunt blickten sie sich an. Und dann stürmte er schon ins Atrium.
»Beim Iupiter! Es ist schrecklich!«
»Was denn?« fragte Alexander, der den Hünen gänzlich außer sich sah.
»Syphax!«
»Syphax? Was ist mit ihm?«
»Er ist tot!«
»Nein!«
»Nicht nur das! Bei etwa zehn Männern zeigen sich ähnliche Beschwerden wie bei ihm heute morgen.«
Mit zitternden Lippen, die Augen weit aufgerissen, stand Pittakos leicht gebeugt vor Alexander und starrte ihn von unten an. Seine Stirnnarbe leuchtete rot. Melitta, die die lauten Worte in der Küche gehört hatte, kam schon geistesgegenwärtig mit einem Becher Wein und reichte ihn Pittakos, der ihn dankend nahm und den Wein in sich hineinschüttete.
Alexander überlegte nicht lange.
»Archelaos!«
»Hier!«
»Athenodoros benachrichtigen! Sofort zum Magazin des Pittakos holen!«
Archelaos eilte davon.
»Melitta!«
Sie stand neben ihm. »Ja?« Sie war ganz bei der Sache.
»Den Gallus zum Caelius schicken! Selenus holen!«
Und zu Pittakos sagte er: »Komm, mein Freund!«

Sie hasteten los und erreichten kurze Zeit später das Magazin.
»Zeig mir die Männer!«
Man hatte alle Übungen unterbrochen. Einige standen an der Liege des toten Syphax und rätselten über seinen Tod. Andere kümmerten sich um die erkrankten Kameraden, die mit blutleeren Gesichtern daherwankten oder in den Ecken saßen und sich den Leib hielten. Alexander betrachtete grimmig die Szene und winkte Pittakos zu sich.
»Wer kocht für die Jungs?«
»Carrinas.«
»Selbst?«
»Nein. Er hat mehrere Köche.«
»Wo essen die Jungs?«
»Hier. Das Essen wird gebracht.«
»Wer bringt das Essen?«
»Die Männer holen es selbst. Wir wechseln jede Woche.«
»Wer hatte diese Woche Essensdienst?«
»Syphax und drei andere.«
»Sind die anderen auch erkrankt?«
»Ja.«
»Waren sie abends immer mal wieder woanders essen?«
»Möglich.«
»Läßt sich das feststellen?«
»Sicher.«
Es stellte sich heraus, daß sie in verschiedenen Lokalen gegessen hatten. Alexander notierte sich die Namen. Asconius war auch darunter.
Dann kam Archelaos mit Athenodoros. Man führte ihn zu Syphax. Der Arzt betrachtete sein Gesicht, öffnete die Augen des Toten, nickte.
»Macht ihn frei!«
Er tastete seinen Leib ab, klopfte mit dem Zeigefinger und knetete den Bauch. Dann richtete er sich auf und blickte Alexander und Pittakos an.
»Wo sind die andern?«
Sie traten der Reihe nach an, und er untersuchte die Lebenden genauso wie den Toten, nur intensiver, stellte gezielte Fragen nach dem Sitz der Schmerzen und der Übelkeit. Dann bat er Alexander und Pittakos in dessen Kontor.
»Bei allen Erkrankten liegt eine Schwellung von Leber und Galle vor.« Er blickte sie sehr ernst an und fuhr fort: »Man müßte wissen, was sie im einzelnen gegessen haben.«

»Werden sie überleben?« fragte Pittakos ängstlich.
»Ja.« Athenodoros sagte es mit Bestimmtheit. »Sie sollen Samen der Saatgurke und Kümmel in Wein zu sich nehmen im Wechsel mit Zichoriesaft, damit die Eingeweide, besonders Leber und Galle, sich wieder beruhigen. In zwei Tagen sind sie wieder die alten.«
Er verließ den Raum und gab dem Gladiatorenarzt, der als Chirurg mehr ein Kenner der Muskel-, Sehnen- und Knochenverletzungen war, genaue Anweisungen für die Behandlung der Erkrankten. Pittakos steckte ihm dankend einen gefüllten Lederbeutel zu, und Alexander begleitete den Arzt bis zum Haus am Palatin.
Sie blieben vor dem Eingang stehen, und Athenodoros fragte: »Wann kommt Gaius Volcatius zurück?«
»Er müßte eigentlich schon wieder da sein.«
»Gut«, nickte Athenodoros, »ich habe ihm eine bedeutsame Mitteilung zu machen.«

18

Im Atrium kam ihnen Gallus entgegen.
»Ist der Herr da?« fragte Alexander.
»Ja. Auch Selenus und Cornificius.«
Als sie die Bibliothek betraten, blickten die Genannten ihnen erstaunt entgegen. Gaius versuchte in Athenodoros' ernstem, hagerem Gesicht zu lesen, kam um den großen Tisch herum und begrüßte ihn mit Handschlag.
»Bitte, nimm Platz!«
Athenodoros setzte sich auf den Stuhl, den Cornificius ihm bereithielt. Alle blickten gespannt in das Gesicht des Arztes.
Dann begann Gaius: »Ich habe gerade von Archelaos erfahren, daß bei Pittakos... ja, was ist denn eigentlich geschehen?«
Athenodoros blickte in die Runde. »Ich habe eben bei diesen Leuten keine exakte Diagnose gegeben...«
Er schaute Gaius an, fuhr dann langsam fort: »Es steht außer Frage, daß hier Gift im Spiele ist.«
»Was sagst du da?« Gaius starrte ihn an.
»Ja«, nickte Athenodoros. »Ich bin mir völlig sicher.«
»Gift? Was für ein Gift?«
»Nun, bei allen Betroffenen ist die Leber stark geschwollen.«
»Werden sie es überleben?«
»Ja, denn die Dosis war zu gering, um sie zu töten.«

»Aber wieso starb Syphax?«
»Er war, wahrscheinlich bedingt durch jahrelangen und übermäßigen Weingenuß, seit langem leberkrank. Seine Leber war bereits geschädigt. Er dürfte ohnehin oft Schmerzen gehabt haben. Die gute gesundheitliche Verfassung der übrigen ließ sie die Störung der Säfte überstehen.
Wie ich die derzeitige Lage einschätze, werden wohl andere Gründe bei dem Anschlag eine Rolle spielen. Welche, das weiß ich nicht. Jemand will eine Warnung aussprechen. Er wird seine Wünsche wohl noch nennen. Wenn nicht, gehe ich davon aus, daß er beim zweitenmal zu härteren Mitteln greifen wird.«
Cornificius lachte grimmig auf. »Du stellst da aber höchst gefährliche Behauptungen auf!«
»Nun«, lächelte Athenodoros kühl zurück, »in eurer Nähe lebte es sich schon immer gefährlich. Denk an letztes Jahr!«
Gaius überhörte das und sagte: »Können wir nicht vorbeugen – ich meine, könnte man sich nicht mit einem präventiven Gegengift wappnen?«
Athenodoros lächelte überlegen: »Furcht vor Mordanschlägen veranlaßte schon viele Potentaten zu Versuchen mit Giften und Gegengiften. Ihr kennt den Fall Attalos des Dritten[41], des letzten Königs von Pergamon. Er lebte in ständiger Angst vor den Nachstellungen seiner Feinde, was ihn bewog, in seinen Gärten eigenhändig giftige Gewächse wie Bilsenkraut, Nieswurz, Schierling und andere anzubauen und zu sammeln, um ihre Kräfte zu studieren. Er soll die Wirkung der Gifte an Verbrechern erprobt haben. Da er aber schon im dreißigsten Lebensjahr nach kurzer Krankheit starb, ist es durchaus denkbar, daß er das Opfer eines Selbstversuches wurde.«
»Du vergißt Mithridates den Sechsten[42] von Pontus!« warf Selenus ein. »Er experimentierte an Untertanen und Verwandten mit Giften und Gegengiften.«
»Das ist richtig«, nickte Athenodoros. »Nach langen Versuchen stellte er aus vierundfünfzig Ingredienzien ein Universalgift zusammen, das wir heute als *Antidotum Mithridaticum* kennen. Aber um es wirksam werden zu lassen, müßte der Patient es über längere Zeit täglich in allmählich gesteigerten Dosen zu sich nehmen. Er müßte außerdem Blut pontischer Enten zur Verfügung haben...«
»Wozu denn das?« rief Cornificius.
»... weil diese mit Vorliebe heimische Giftpflanzen fressen und daher unempfindlich gegen deren Wirkung sind. Durch ständige Steigerung von Gift und Gegengift soll der König schließlich eine Immuni-

tät erlangt haben, daß er sich am Ende, als er verraten wurde, mit Gift nicht das Leben nehmen konnte und sich von einem Getreuen den Gnadenstoß geben ließ. Im übrigen: Wer sagt denn, daß ein erneuter Anschlag mit Gift geführt werden wird?«
Athenodoros erhob sich.
»Ich habe noch Patienten zu besuchen. Für alle Fälle werde ich euch ein Antidotum schicken.«
Gaius dankte ihm und geleitete ihn bis zur Tür. Als er zurückkam, saßen alle stumm da, blickten ihn an, als ob er vielleicht mehr wisse.
»Herr?« fragte Alexander. »Was ist mit den zehn Jungs, die dich als solche nach Tusculum begleitet haben?«
»Sie sind wohlauf. Ich habe sie mit Victor in ihre Quartiere geschickt.«
»Seltsam das alles«, murmelte Cornificius.
»Keineswegs«, rief Alexander. »Ich habe bereits durchaus vor Tagen auf diese zweifellosen Zwischenfälle hingewiesen. Aber in diesem Hause...«
»Au-gen-blick!« sagte Gaius. »Wie war das noch mit diesem Vorfall bei Asconius?«
Alexander berichtete kurz und ohne Schnörkel, und Cornificius sagte: »Das wäre ja ein seltsamer Zufall, wenn das eine mit dem anderen in Beziehung stünde.«
»Allerdings«, stellte Gaius fest. »Doch warum meldet sich dieser Gallier ausgerechnet bei Pittakos?«
»Ganz einfach«, erklärte Cornificius. »Weil er Alexander kannte und auf seine Vermittlung spekulierte, was dann ja auch der Fall war.«
»Soll das etwa Anbetracht dessen als solcher ein Vorwurf sein?« fragte Alexander gekränkt.
»Keineswegs.«
»Na also!«
Sie schwiegen und grübelten. Schließlich begann Selenus, wie es seine Art war, ruhig und sachlich: »Es gibt, soweit ich sehe, vier Möglichkeiten, den Zwischenfall zu erklären.
Erstens: Dieser Gallier steht damit in ursächlicher Beziehung. Aus Gründen, die wir noch nicht kennen, verkauft er sich an Pittakos und führt heimlich den Giftanschlag aus. Die Durchführung dürfte ihm keine Schwierigkeit gemacht haben, da er sich bisher in keiner Weise verdächtig gemacht hat und leicht Zugang zu den Speisen hatte.«
»Aber warum?« fragte Cornificius.
»Langsam! Vergeßt nicht, daß sein Genosse, ein gewisser...«
»Cotus!« nickte Alexander.

»... ja, daß dieser Cotus nach der Ermordung des Hausdieners von Asconius verschwunden ist. Mit anderen Worten: Wenn beide Ereignisse in Beziehung zueinander stehen, handelt es sich um den zweiten Mordanschlag in der gleichen Sache!«
Cornificius warf ein: »Und das verschwundene Geld?«
»Das kann schon stimmen, es kann aber auch nur eine Finte sein.«
»Und der tote Hausdiener?«
»... war vielleicht durch Zufall Zeuge eines Gesprächs zwischen den beiden Galliern und mußte beseitigt werden.«
»Und der als solcher verschwundene Meister der Blumen?« meldete sich Alexander.
»Ich komme darauf zurück.«
Selenus hob die Hand und bat um weitere Aufmerksamkeit für seine Gedankengänge.
»Zweitens: Der Anschlag muß überhaupt nichts mit den beiden Galliern zu tun haben. Ein uns noch Unbekannter spinnt da im geheimen seine Netze. Es könnte sich um einen politischen Konkurrenten von Gaius handeln.«
»Caelius Rufus!« nickte Gaius. »Ich traue ihm allerhand zu – aber dies?! Wozu sollte er das machen?«
»Drittens«, fuhr Selenus fort. »Es könnte sich um eine ganz private Rache eines Gladiators handeln. Und schließlich – auch das ist theoretisch möglich – könnten tatsächlich verdorbene Speisen zum Tode des ohnehin angeschlagenen Syphax und zu den Beschwerden der übrigen geführt haben.«
Selenus lehnte sich zurück. Alle grübelten über das Gehörte nach. Dann sagte Alexander: »Da ist aber durchaus das feine Briefchen, das der Meister der Blumen bei mir abgegeben hat. Und Anbetracht dessen ist der Meister als solcher unbedingt verschwunden und nicht mehr befindbar.«
»... auffindbar!« verbesserte Cornificius.
Gaius nickte ernst. »Eins ist mir und sollte uns klar sein: Jemand geht hier ganz gezielt vor und scheut vor keinem Mord zurück.«
»Ein neuer Fall für C.V.T.!« flachste Cornificius.
»Davor sei Apollo! Ich möchte in Ruhe die nächsten Wochen überstehen! Die gefährliche Zuspitzung der politischen Situation genügt vollkommen, uns in Atem zu halten. Optimatische Kräfte arbeiten auf die Absetzung Caesars als Proconsul[43] beider Gallien hin.«
»Dann hätte ich es für besser gehalten«, warf Cornificius ein, »daß du dich um das Volkstribunat[44] statt um die vergleichsweise harmlosere Aedilität beworben hättest.«

»Nein. Das Volkstribunat steht mir als Abkömmling der patrizischen *Gens Volcatia* nicht zu – im Unterschied zu dir. Und ich habe noch nie viel von diesen faulen Kniffen gehalten, wie sie etwa Publius Clodius praktizierte, als er sich von einem Plebejer adoptieren ließ, um das Amt zu bekommen. In diesen Dingen bin und bleibe ich ganz der Meinung meines Vaters: Man soll nicht an den Bestimmungen der Republik herumbasteln und ihre eindeutigen Aussagen aus taktischen, parteipolitischen oder egoistischen Gründen zu umgehen suchen.«
Cornificius, der einfachen Verhältnissen entstammte, blickte Selenus kurz an und sah, wie der wissend lächelte.
»Na gut«, sagte Cornificius. »Nach all diesen Überraschungen meine ich, es sei an der Zeit, konkrete Schritte ins Auge zu fassen. Oder willst du warten, bis die nächsten zehn Gladiatoren über Bauchschmerzen klagen?«
»Sehr korrekt das!« pflichtete Alexander bei, fügte aber gleich hinzu: »Um Ruhe! Der Herr denkt!«
Alle blickten Gaius an, der die Blicke erwiderte.
»Alexander!« Es klang nach Gallien.
»Hier, Herr!« Er nahm im Sitzen Haltung an.
»Du wirst weiter unbeirrt versuchen, den Aufenthaltsort dieses bärtigen Blumenverkäufers ausfindig zu machen! Benutze alle zur Verfügung stehenden Mittel! Geld spielt keine Rolle! Wende dich an Selenus! Wir können uns zum gegenwärtigen Zeitpunkt des Wahlkampfes keinen öffentlichen Skandal leisten!«
»Jawohl! Alle Mittel! Geld! Skandal keine Rolle! Unbeirrt!«
Gaius wandte sich an Selenus: »Dich bitte ich, sämtliche Unterlagen im Archiv am Caelius durchzusehen, ob sie irgend etwas über gallische Händler aus Massilia enthalten.«
»Gern.«
»Und du«, Gaius wies mit dem Zeigefinger auf Cornificius, »wirst deine zahlreichen Gespielinnen aushorchen!«
»Warum denn das?«
»Diese Damen hören oft mehr, als sie eigentlich wissen dürften.«
Die Sitzung war geschlossen. Gaius ging in sein Arbeitszimmer und schrieb unverzüglich einen Brief an Caesar.

> *Gaius Volcatius Tullus grüßt den Proconsul Gaius Iulius Caesar*
> *Obwohl ich Dir erst kürzlich in einem längeren Brief über alles, was hier in Rom gegen Dich im Schilde geführt wird, ausführlich berichtet habe, greife ich erneut zur Feder – doch diesmal in eigener Sache ...*

Er schilderte gerafft, was sich in den letzten Tagen zugetragen hatte, und fuhr dann fort:

Wie die Dinge liegen, muß ich davon ausgehen, daß alles, was gegen mich gerichtet zu sein scheint, vorab auch Dich treffen soll. In diesem Zusammenhang ist mir eine auf den ersten Blick abgelegene Idee gekommen. Matisco und Cotus, die beiden Gallier, die allem Anschein nach mit den Vorfällen in Verbindung zu stehen scheinen, behaupten, geschäftlich hier in Rom zu weilen. Meine Fragen: Sind Dir zwei Gallier dieses Namens bekannt? Stimmt es, daß sie ihren Wohnsitz in Massilia haben?
Außerdem bitte ich Dich, einige Deiner Verbindungsleute in Massilia auf Titus Annius Milo anzusetzen. Der ehemalige Praetor[45]*, der ja Rom noch während des Prozesses verlassen hat, soll sich, wie man hier hört, in dieser so ungemein geschäftstüchtigen Stadt niedergelassen haben. Es könnte in keinem Fall schaden, den wohl sicherlich dunklen Geschäften eines Mannes nachzugehen, der noch nie zu Deinen Freunden zählte. Wenn diese Recherchen nichts Bedrohliches zutage bringen – um so besser.*
Ich bitte Dich, Deine Antwort mit dem schnellsten Kurier nach hier zu bringen, denn die Zeit drängt. Wir können uns zum gegenwärtigen Zeitpunkt keinen Skandal leisten.
Von Pompeius gibt's nichts Neues: Er wartet ab. Lassen wir ihn warten!

Ich hoffe, daß Du gesund bist.
Leb wohl!

Aus Rom

19

Alexander schaute auf die Wasseruhr im Atrium. Sie zeigte die elfte Stunde an. Er nickte sich zu: »Das dürfte Anbetracht dessen als solches reichen, erst eine kleine hübsche Mahlzeit zu sich zu nehmen und dann in der Dämmerung das Viertel am Tiber in Augenschein zu nehmen.«
Er ging in die Küche, wo Melitta und zwei Mädchen mit der Vorbereitung des Abendessens beschäftigt waren.
»Speist der Herr im Hause?« fragte Melitta.

»Ich denke ja. Er sitzt in seinem Zimmer und schreibt an Caesar.«
Er ging zum Herd und schaute in alle Töpfe und in die Pfanne.
»Hm! Lecker, mein Täubchen!«
Immer wenn sie kochte, überkam ihn die Rührung des verliebten Hausvaters, der das Ziel aller männlichen Wünsche erreicht hat. Er legte einen Arm um ihre Taille und drückte sie zärtlich. Die beiden Mädchen lächelten scheu, als sie es sahen.
»Ich hoffe, daß die Herrin mit euch durchaus zufrieden ist. Seid fleißig, und sie wird ein gutes Wort für euch einlegen.«
Beinahe hätte er sein in solchen Fällen übliches »Schon mal gedient?« folgen lassen, besann sich aber im letzten Augenblick und erklärte mit zusammengezogenen Brauen: »Nur wer gedient hat, kann herrschen!«
Er ging auf und ab, wobei er völlig übersah, daß er den drei Frauen im Wege war, und dozierte: »Schon meine Großmutter war ein Meister der Küche!«
»... Meisterin!« verbesserte Melitta und dickte den Bratensaft mit Mehl ein.
»Eben! Und sie hatte das Sagen! Mein Großvater stand nur immer als solcher in der Küche herum und hinderte sie bei der Arbeit.«
Er griff sich einen Apfel und ließ ihn zwischen seinen gewaltigen Zähnen knacken.
»Sie ist auch hundert Jahre alt geworden. Zuletzt als Witwe. Er starb nämlich vor ihr. Männer sterben ja meistens vor ihren Witwen.« Es knackte wieder, dann folgten gewaltige mahlende Geräusche. »Aber mein Vater hat sie durchaus überlebt. Wenn ich vom Schwimmen nach Hause kam, kochte sie mir immer Grießbrei mit Rosinen. Rosinen sind nämlich sehr gesund. Und Grießbrei ist sehr bekömmlich. Du könntest mir auch mal Grießbrei mit Rosinen kochen.«
»Dann mußt du erst schwimmen gehen.«
Sie rührte die Soße um.
»Ja, wenn wir wieder auf dem Tusculanum sind. Kochst du dann auch Grießbrei?«
»Ja. – Halt das mal!« Sie reichte ihm eine Terrine und goß die Soße hinein. Dann schickte sie eines der Mädchen damit ins *Triclinium* und das andere in den Keller, um einen Krug mit Wein zu füllen.
»Alexander ...« Sie lehnte sich an ihn.
»Was ist, mein Täubchen?«
»Ich ... mir ...«
»Ja?«
»Ach, nichts ...«

Sie seufzte.
»Doch! Du hast doch was als solches!«
Er betrachtete sie kritisch und besorgt, bemerkte die Blässe in ihrem Gesicht.
»Ach, ich... ich glaube...«
»Ja?«
In diesem Augenblick stolzierte Gallus herein.
»Wann essen wir als solches?«
Er griff sich einen Apfel.
Da schnauzte Alexander: »Du siehst doch, daß es deiner Mutter nicht gutgeht! Und vor dem Essen wird nichts gegessen! Durchaus mehr Dissiplin, mein Junge!«
»Na, dann eben nicht...«
»Wie?« Alexander bemerkte den Blick des Jungen, der auf dem Apfel in seiner Hand ruhte. »Hm... na, dann ausnahmsweise. Äpfel sind nämlich gesund vor dem Essen.«
»Laß den Jungen!« sagte Melitta. »Er ist im Wachstum!«
Sie trug die Platte mit dem Braten und den Salaten aus der Küche.
»Mußt du noch mal weg?« fragte Gallus.
»Ja.«
»Kann ich mit?«
»Nein. Es kann spät werden. Morgen vielleicht.«
Da kam Aiax wedelnd herein und schnupperte zum Herd hin.
»Du kannst den Hund noch waschen und bürsten.«
»Immer ich!«
Da baute sich Alexander vor ihm auf: »Jetzt hör mir mal gut zu, mein Junge! Als ich so alt war wie du, mußte ich ganz anders ran! Da wäre ich froh gewesen, einen Hund zu waschen. Aber ihr wißt ja heute zweifellos nicht, wie gut ihr's habt! Ich hatte noch nicht mal 'nen Hund. Und wenn ich einen gehabt hätte, hätte ich ihn jeden Tag gewaschen!«
»Essen kommen!« hallte es durchs Haus, und dazu wurde der Gong geschlagen. Sie gingen hinüber. Gaius war noch nicht da. Alexander wollte sich gerade auf seiner *Cline* niederlassen, als er aus dem Atrium eine bekannte Stimme hörte.
»Ich muß ihn aber unbedingt sprechen!«
Das war doch Matisco! Alexander ging hinüber. Matisco, in ziviler Tunika, verbeugte sich leicht.
»Ich bitte um Verzeihung, daß ich hier so einfach unangemeldet erscheine...«
»Das macht durchaus nichts. Worum geht es denn?«

»Kann ich das unter vier Augen...«
»Selbstverständlich.«
Er wies einladend mit der Hand zu einem kleinen Zimmer auf der anderen Seite und ging voraus.
»Warte hier! Ich werde den Herrn holen.«
Matisco nickte und blieb mitten im Raum stehen.
Alexander informierte Gaius, der gerade von oben kam, über die Anwesenheit des Besuchers, und Gaius meinte: »Sehr interessant! Wo ist er?«
Sie gingen in das behaglich in Blau ausgemalte und mit bequemen Sesseln eingerichtete Zimmer. Gaius betrachtete mit kritischem Blick den Besucher, sagte dann aber sehr liebenswürdig: »Bitte, Matisco, nimm doch Platz!«
»Danke!«
Alle setzten sich, und Gaius registrierte die Selbstsicherheit, mit der sich der junge Gallier in dieser aristokratischen Umgebung bewegte.
Matisco fragte höflich: »Darf ich davon ausgehen, daß du über meine Person und den Grund meines römischen Aufenthaltes unterrichtet bist?«
»Ja, das bin ich. Alexander hat mir berichtet, auch von dem Mißgeschick, das dich getroffen hat. – Was kann ich für dich tun?«
Matisco schaute auf seine Hände, hob dann den Blick, und Gaius meinte eine große Anspannung in seinem Gesicht zu sehen.
»Das ist es weniger... Ich bin gekommen, um dir eine Mitteilung zu machen...«
»Ja?«
»Ich weiß von Alexander, daß er einen ehemaligen Gladiator mit Namen Birria sucht.«
»Sehr korrekt das!« nickte Alexander. »Habe schon den ganzen Erdkreis nach ihm als solchem abgesucht.«
»Was ist mit Birria?« fragte Gaius.
»Ich glaube, daß er in Rom ist.«
»So? Wie kommst du zu dieser... Vermutung? Kennst du ihn?«
»Nein.«
»Aber?«
»Carrinas war vor einer Stunde bei Pittakos. Ich hörte im Vorbeigehen, wie sie von Birria sprachen.«
»Ja, warum sollten sie das nicht? Sie kennen sich seit langem, waren befreundet mit ihm, machen sich am Ende Sorgen.«
»Jaja, aber dann hörte ich deutlich, wie Carrinas zu Pittakos sagte: ›Wir müssen ihn warnen!‹«

Gaius und Alexander blickten sich an.
Gaius sagte: »Weiß Pittakos, daß du hier bist?«
»Nein.«
Gaius stand auf und hielt den Zeigefinger an den Mund.
»Das ist in der Tat eine interessante Mitteilung. Warum setzt du uns davon in Kenntnis?«
Auch Matisco hatte sich erhoben.
»Weil ich... ich bin euch in vieler Hinsicht zu Dank verpflichtet. Im übrigen habe ich so eine Ahnung – ich kann es nicht beweisen, aber ich spüre, daß da im geheimen Fäden gesponnen werden, die sowohl mich als dich betreffen. Besonders nach dem Tod von Syphax.«
»Mich?« Erstaunt sah Gaius dem Gallier ins Auge.
»Ja, mir fiel nämlich auf, daß immer dann, wenn Alexander dies und jenes mit Pittakos besprochen hatte, anschließend einer seiner Sekretäre in sein Kontor gerufen und kurz danach aus dem Haus geschickt wurde.«
»Das muß nichts besagen. Pittakos hat durch unsern Auftrag eine Menge Dinge zu erledigen, und Carrinas ist sein Freund aus alten Tagen, als sie gemeinsam in der Arena auftraten.«
»Nein, mir fiel auch auf, daß sie scheinheilig das Thema wechselten, wenn ich in ihre Nähe kam. So etwas merkt man.«
»Eine andere Frage«, sagte Gaius. »In welcher Beziehung stehst oder standest du zu deinem Partner Cotus? Seid oder wart ihr Freunde?«
»Freunde? Nein, Geschäftspartner.«
»Aha. Du hältst es also für möglich, daß Cotus mit dem Tod des Hausdieners etwas zu tun hat?«
»Nein. Ich sehe keinen Sinn darin. Du meinst wohl, daß er mit meinem Anteil über alle Berge ist?«
»Ja.«
Matisco schüttelte den Kopf.
»Wie will er unter den gegebenen Umständen seine Geschäfte betreiben? Nein, ich gehe davon aus, daß man ihn entweder entführt oder sogar erschlagen und irgendwo verscharrt hat.«
»Wer ist ›man‹?«
»Das weiß ich nicht.«
»Habt ihr Feinde?«
»Möglich. Hast du keine?«
Ihre Blicke trafen sich und hielten sich stand. Dann sagte Gaius: »Ich bitte dich, auch weiterhin deine Beobachtungen an uns weiterzugeben. Aber sei vorsichtig! Du kannst auch Boten schicken. Brauchst du Geld?«

»Nein.«
»Wann wirst du deinen nächsten Kampf absolvieren?«
»Das ist noch ungewiß.«
»Sollen wir deinen Vater benachrichtigen?«
»Nein. Noch nicht.«
»Gut. Willst du nicht mit uns essen?«
»Nein, danke. Ich glaube, es ist besser, wenn ich gehe.«
»Ja, dann solltest du den Hinterausgang benutzen. Alexander zeigt dir den Weg. Ich danke dir, Matisco.«

20

Als Alexander und Archelaos sich nach dem Essen auf den Weg machten, sagte Gaius besorgt: »Seid vorsichtig!«
»Jawohl, vorsichtig. – Warum?«
»Es könnte euch ein Dachziegel auf den Kopf fallen.«
»Sein gutes Recht.«
Sie grüßten militärisch einwandfrei und verließen das Haus.
»Du hältst dich aus allem raus, Pirat!«
»Ja, aber ich habe doch gar nichts...«
»Eben! – Herhören! Wir werden diesem Pittakos und seinem Freund Carrinas in angemessener Weise auf die Finger klopfen.«
»Wie willst du das machen?«
»Feststellen, wo die Brüder heute abend stecken, wo sie wohnen und was sie in ihrer Freizeit als solcher treiben.«
»Einverstanden. Sollten uns an eine der Nymphen halten, die das Viertel bevölkern.«
»Tu das! Du bist als solcher unvermählt. Aber es wird nicht viel bringen.«
Sie machten Carrinas einen kurzen Besuch, tranken einen Becher Falerner und wurden vom Wirt selbst auffallend zuvorkommend bedient.
Beiläufig fragte Archelaos: »Wo wohnt eigentlich unser braver Pittakos?«
»Pittakos? Ein äußerst sparsamer Mann! Hat sich in seinem Magazin häuslich eingerichtet. Wollt ihr zu ihm?«
»Nein. War nur so eine Frage.«
»Würdet ihn heute auch nicht treffen.«
»Macht ja nichts.«
»Braucht ihr Gesellschaft?«

Archelaos wollte gerade »Ja« sagen, als Alexander ihm zuvorkam: »Ein andermal. Sind durchaus müde und wollen nach Hause.«
»Verstehe. War ja alles sehr aufregend heute.«
»Ja, gewiß. Hast du den alten Blumenfreund noch mal gesehen?«
»Nein. Scheint krank zu sein.«
»Na ja, werden alle mal alt.«
Sie zahlten und gingen.
»Warum hattest du es auf einmal so eilig?« fragte Archelaos auf der Straße.
»Weil ich mir gerne seine Wohnung als solche von innen ansehen möchte. Traue keinem dieser Brüder mehr über den Weg.«
Es begann schon zu dunkeln, und das war ihnen recht, denn das Getriebe nahm um die Dämmerstunde ab, und man würde sie nicht so leicht erkennen. Es waren nur einige hundert Schritte bis zu den alten Magazinen, die sich um das Forum Boarium verteilten. Seit man das *Emporium* und die *Horrea*[46] weiter flußabwärts ausgebaut hatte, wurden die alten Speicher hier nur noch für länger lagernde, unverderbliche Güter benutzt, aber es stapelte sich hier auch viel Plunder und sperriges Zeug, für das man in den neuen Lagerhallen keinen Platz erübrigen konnte.
»Werden wohl die Vordertür verriegelt haben.«
Archelaos tastete nach dem Griff der Tür und nickte.
»Der Palast müßte durchaus noch andere Türchen haben.«
Sie schlenderten an der Mauer entlang und erreichten ein großes Tor aus Eisenstäben, das zum Hof eines benachbarten Magazins führte. Natürlich war es verschlossen.
»Meinst du, sie lassen hier einen Wächter der Nacht spazierengehen?«
»Nein«, sagte Archelaos. »Der Hof ist bis auf altes Gerümpel, Hölzer und Fässer leer.«
Sie blickten vorsichtig nach allen Seiten.
»Archelaos!«
»Alexander!«
»Fertig machen!«
»Ich bin es!«
»Los!«
Flink wie die Wiesel kletterten sie am Gestänge des Tors in die Höhe und ließen sich auf der Innenseite vorsichtig hinabgleiten. Sie rührten sich nicht und lauschten. Alles blieb ruhig. Nur Nachtgetier raschelte irgendwo in der Nähe hinter Fässern und Hölzern. Sie schlichen im Schatten des Gerümpels die Mauer entlang.

»Von hier gibt es durchaus einen schmalen Durchgang zu Pittakos' Häuschen...«
Sie fanden ihn zwischen gestapelten Fässern und folgten ihm auf Zehenspitzen, erreichten den alten Lagerhof von Pittakos' Magazin, der nun oft als Übungsplatz im Freien benutzt wurde. Sie hielten wieder an und lauschten. Still ruhten die alten Gebäude in der zunehmenden Dämmerung. Der Mond zog still seine Bahn. Da war es Archelaos, als sähe er hinter einem der Fenster einen Lichtschimmer. Er stieß Alexander an und teilte ihm seine Beobachtung mit.
»Was machen wir?«
»Hm – einen hübschen Spähtrupp«, lächelte Alexander. »Der Knabe Carrinas behauptete zwar, in dieser heiligen Halle sei zu dieser späten Stunde durchaus kein Sterblicher; dann müssen wir Anbetracht dessen den nächtlichen Geist als solchen unbedingt fragen, warum er den Hades verlassen hat.«
Wie sie vermutet hatten, war die Tür am Ende der Laderampe, die man über eine kleine Treppe vom Hof aus erreichte, nur angelehnt.
»Du links, ich rechts!«
Alexander meinte damit die Räume, die zu beiden Seiten des Ganges lagen, die früher als Kontore dienten und jetzt von Pittakos als geräumige Wohn- und Schlafräume hergerichtet waren. Die Unterkünfte der Gladiatoren lagen auf der anderen Seite der Halle, und Pittakos pflegte abends die Verbindungstür abzuriegeln.
Sie ließen die Außentür offen. Es war gerade noch so hell, daß sie die Konturen der Wände und Türen im Gang erkennen konnten. Und dann hörten sie es!
Sie hielten beide den Atem an: In einem der Räume kramte jemand in Schubladen und Papieren! Wieder wurde eine Schublade gezogen. Dann noch eine. Der Mensch mußte es sehr eilig haben, denn es war nicht zu überhören, daß er den ganzen Inhalt der Laden auf den Boden kippte. Anscheinend suchte er in großer Hast nach etwas Bestimmtem. Und dann sahen sie auch den Lichtschimmer, der durch den Spalt der zweiten Tür links in den Flur fiel.
Alexander stieß Archelaos an. »Komm!« hauchte er. Sie schlichen sich auf Zehenspitzen bis zur Tür vor. Dann stieß Alexander sie auf, sprang, gefolgt von Archelaos, in den Raum – und staunte.
»Der Meister der Blumen! Wie schön, ihn durchaus hier wiederzufinden! Du gräbst wohl nach Toten?«
Leonidas reagierte so, wie sie es erwarteten: Er schien vor Schreck zu zittern und wich einen Schritt zurück. Doch ein seltsam ironisches Lächeln spielte um seine Lippen.

»So... Dann nehmen wir Anbetracht dessen ganz schnell die Fingerchen in die Höhe!«
Der Blumenfreund sah in den Händen der beiden je eine blitzende Stahlklinge und kam der Aufforderung schnell nach. Alexander und Archelaos näherten sich ihm, um ihn nach Waffen abzutasten. Sie sahen, wie er ängstlich zitterte.
»Es besteht durchaus kein Grund, sich in die Sandalen zu pinkeln, wenn du die Händchen fein oben hältst!«
Sie hatten ihn fast erreicht – und dann kam die Überraschung! Es ging so schnell, daß sie später nicht in der Lage waren, den Ablauf des Geschehens zu rekonstruieren: Plötzlich sausten die Hände des Bärtigen mit einer nie für möglich gehaltenen Wucht und Schnelligkeit nach unten, trafen mit unglaublicher Härte der Handkante beide am Ansatz des Halses, so daß ihnen die Sinne in einem Regen von Funken vergingen – doch schon im nächsten Augenblick spürten sie einen gewaltigen Hieb in der Gegend des Magens, und dann sackten sie wie zwei Ziegenbälge, denen die Luft entweicht, zusammen. Wie im Traum hörte Alexander eine besorgte Stimme: »Tut mir leid, Bruder. Schätze aber, es ist besser so...«
Dann schwanden ihm die Sinne.

21

Am nächsten Morgen waren Gaius, Cornificius und Selenus wie immer, wenn Cornificius im Hause wohnte, schon kurz nach Sonnenaufgang um den kargen Frühstückstisch versammelt. Selenus war ohnehin ein Frühaufsteher, der, auch wenn er bis gegen Mitternacht gearbeitet hatte, mit fünf Stunden Schlaf auskam. Dafür ruhte er dann regelmäßig zwischen der achten und neunten Stunde auf der Liege in seinem Arbeitszimmer hinter der Bibliothek im Caelischen Hause.
Melitta bediente sie mit Brot, Käse und Apenninwasser, seit Urzeiten das stereotype Morgenmahl in allen Volcatischen Häusern. Gaius sah an Melittas Augen, daß sie kaum geschlafen, ja daß sie geweint hatte.
Er suchte sie zu trösten: »Es ist nicht das erstemal, daß er über Nacht außer Hauses bleibt. Er wird seine Gründe haben.«
Auch Cornificius nickte beruhigend: »Außerdem ist Archelaos bei ihm.«
Er hatte den Satz kaum beendet, als die beiden Vermißten hereinpolterten: blaß, zerknittert, staubig, übermüdet.

Melitta stürzte auf Alexander zu: »Iuno sei Dank! Ich... ich...« Sie fielen sich in die Arme, und Melitta schluchzte, während er ihr Gesicht und Haar streichelte und leise auf sie einsprach.
Gaius ließ sie eine Weile gewähren, sagte dann aber mit der größten Selbstverständlichkeit: »Wir hören!«
Cornificius wandte lächelnd ein: »Nun laß sie sich doch erst einmal frisch machen!«
Alexander löste sich von Melitta, reckte sich und meldete: »Jawohl! Wir hören!«
Dann folgte eine sehr farbige Erzählung, die den »Spähtrupp« und die »zweifellose Inbesitznahme des Häuschens« breit schilderte und dann zum Höhepunkt des dramatischen Geschehens fortschritt: »...wir brechen also die Tür auf! Und was meint ihr, wen wir als solchen vor uns sehen?« Er starrte sie mit weit aufgerissenen Augen an.
»Wir wissen es nicht!« rief Cornificius. »Es sei denn, du sagst es!«
»Den Meister der Blumen! Leonidas, den Totengräber!«
Er genoß sichtlich die Überraschung auf ihren Gesichtern.
»Nein!« riefen alle drei.
»Aber ja! Nicht wahr, Archelaos?«
»Sehr korrekt!«
»Und was machte er dort?« fragte Gaius.
»Er hatte den gesamten Inhalt des Zimmers hübsch auf dem Boden verstreut. Zweifellos suchte er nach einem bestimmten Schriftstück. Nicht wahr, Archelaos?«
»Er suchte es!«
Gaius' Aufmerksamkeit war geweckt. »Bist du sicher, daß es sich um Leonidas handelte?«
»Zunächst durchaus ja.«
»Was heißt das?«
»Ich sah deutlich seinen eisgrauen Bart. Nicht wahr, Archelaos?«
»Du sahest ihn.«
»Ja, und wir konnten durchaus sein Gesicht sehen, als wir auf ihn zugingen und ihn höflich baten, die Fingerchen in die Höhe zu halten. Nicht wahr, Archelaos?«
»Zweifellos.«
»Und tat er, wie ihr ihm geheißen?« fragte Gaius.
»Sicher. Aber nicht lange.«
»Was heißt das?«
»Nun, das heißt... er... er ließ die Händchen mit großer Überraschung fallen. Und sie fielen uns genau an die sehr empfindliche Stelle, wo meist der Kopf als solcher sitzt.«

Gaius war aufgestanden.
»Willst du dich bitte genauer ausdrücken? Ich denke, Leonidas ist ein Invalide nahe der Sechzig!«
»Jawohl! Genau!« Er schluckte vor Eifer. »Paß auf, Herr, ich bin nun als solcher Leonidas, und du bist ich!«
»Davor sei Apollo! Aber nun mach schon!«
Alexander brachte Gaius und Archelaos in die rechte Position – das dauerte eine Weile, und Gaius wurde ungeduldig –, und dann demonstrierte er, wie Leonidas zweimal kurz zugeschlagen hatte – nun allerdings akustisch ausgestaltet mit zwei ungeheuren Schreien, die alle Anwesenden zusammenfahren ließen.
Gaius schüttelte den Kopf.
»Sehr schön! Weiter! Was geschah dann?«
»Wir sahen zunächst den Himmel offen, und alle Sterne glitzerten. Nicht wahr, Archelaos?«
»Sicher, es war sehr schön!«
»Und dann?«
»Dann war Nacht um uns.«
»Aha. Und wie lange währte die euch aufgezwungene Erholungspause?«
»Länger als wir eigentlich vorhatten. Während wir nämlich durch die unermeßlichen Weiten des Erdkreises schwebten, hatte er uns heimlich mit Stricken gefesselt und uns Knebel in den Mund gesteckt. Wir brauchten einige Stunden, bis wir uns in der Dunkelheit befreit hatten. Als wir das Haus verließen, zwitscherten schon die Spatzen in den Gezweigen.«
»...Zweigen!« verbesserte Cornificius, fragte dann aber sehr ernst: »Hältst du es für möglich, daß die Aufmachung, die Kleidung, das Gehabe des Blumenmenschen nur eine Maskerade war?«
Alexander überlegte, er sah Leonidas vor sich.
»Jawohl! Gehabe!«
Gaius zog die Stirn in Falten, sagte dann nach einiger Überlegung: »Danke. Wegtreten! Umziehen! Essen!«
Die beiden grüßten militärisch und verließen den Raum.
Gaius, Cornificius und Selenus setzten stumm das unterbrochene Mahl fort.
Cornificius meinte: »Wir müssen den Mann finden.«
»Das wird schwerfallen.« Gaius wischte sich den Mund mit einem Tuch ab. »Ich gehe davon aus, daß er nach Belieben sein Aussehen verändert.«
Selenus, der bisher geschwiegen hatte, gab zu bedenken: »Wahr-

scheinlich hatten wir schon öfters mit ihm zu tun, ohne es zu wissen. Jedenfalls sind nun zwei Dinge klar: Er führt etwas im Schilde gegen Pittakos – nicht gegen uns! Aber er ist darauf bedacht, uns nicht herauszufordern. Es wäre für ihn eine Kleinigkeit gewesen, Alexander und Archelaos zu beseitigen. Es könnte sogar sein, daß er auf unsere Unterstützung rechnet, daß der Zeitpunkt für ihn aber noch nicht da ist, sich uns zu erkennen zu geben.«
»Wie kommst du zu dieser Folgerung?« fragte Cornificius.
»Nun, er ließ hier eine schriftliche Warnung abgeben, die in Wahrheit von ihm selbst stammt.«
»Und der Mordanschlag?«
»Er kennt die Hintermänner!«
»Hm...« Gaius lehnte sich zurück. »Das alles könnte auf Birria hinweisen. Nur Birria wäre in der Lage, unsere beiden Recken mit einem wohlgezielten Hieb außer Gefecht zu setzen. Nur Birria hätte gute Gründe, im Hintergrund zu agieren. Im übrigen ist er mit Alexander befreundet.«
»Das«, nickte Selenus, »müssen wir ausnutzen.«
Gaius meinte: »Gut. Aber was ist mit den beiden Galliern? Können und dürfen wir diesem Matisco sein harmloses Auftreten abnehmen? Ich glaube, wir kommen nicht daran vorbei, uns in Massilia selbst umzusehen. Wir sollten dies beiläufig gegenüber Matisco erwähnen.«
»Davon rate ich ab«, sagte Selenus. »Wir sollten nur andeuten, daß wir aus diesen und jenen Gründen dort einiges zu erledigen hätten. Und vergeßt nicht: Es wird sehr interessant sein zu beobachten, ob und wie Pittakos auf den Besuch des Unbekannten in seiner Wohnung reagiert. Wenn er schweigt, wissen wir, daß er etwas zu verbergen hat.«
»Werde ihn durchaus zum Reden bringen!« grollte Alexander von der Tür her. Frisch gewaschen und gekämmt, in der grünen Tunika, trat er wieder in den Raum.
»Das wirst du hübsch bleiben lassen!« erklärte Gaius kategorisch.
»Na, dann eben nicht...« Er wollte davonschleichen.
»Doch, mein Junge. Aber erst wirst du frühstücken. Danach meldest du dich auf meinem Zimmer!«
»Jawohl! Sein lassen! Auf meinem Zimmer!«
Und schon saß er auf dem nächsten freien Stuhl, und binnen kurzem war der Käse bis auf einen kleinen Rest verschwunden, so daß Archelaos, als er den Raum betrat, zu Gaius bemerkte: »Er ist noch im Wachstum!«

Doch Melitta brachte lächelnd einen frischen Laib und schnitt Archelaos mundgerechte Scheiben ab. Man ließ die beiden Nachtschwärmer in Ruhe frühstücken.

Beim Hinausgehen fragte Gaius den Selenus: »Hast du eigentlich schon was gefunden, das uns weiterbringt?«

»Nein, nichts. Ich muß auch gestehen, das Ganze ist mir immer noch rätselhaft.«

Gaius nickte.

Cornificius sagte: »Wir sehen uns dann nachher im Circus.«

»Auch das noch!« seufzte Gaius.

»Ja, was denn? Willst du nun Aedil werden oder nicht? Die Leute haben ein Recht, den Urheber des Spektakels in persona anstaunen zu können. Sonst wählen sie Caelius Rufus am Ende noch zum Consul!«

»Ein Glück, daß gewisse Normen der Verfassung noch gelten!«

»Fragt sich nur, wie lange...«

In diesem Augenblick kam Gallus verschlafen vorbei. Er zog den freudig wedelnden Aiax hinter sich her und sagte: »In Gallien wurde man wenigstens pünktlich zum Frühstück als solchem geweckt. Darf ich gleich mit in den Circus?«

Gaius und Cornificius blickten sich an, dann legte Gaius dem Knaben die Hand auf die Schulter: »Nein, mein Junge, da mußt du erst noch größer werden.«

»Na, dann eben nicht...« Aber er behielt die Schultern oben.

»Doch, wenn du groß bist. Und nun leiste deinem Vater Gesellschaft und iß tüchtig! Du bist noch im Wachstum!«

Gallus nahm Haltung an und meldete zackig: »Jawohl! Gesellschaft! Wachstum!«

Cornificius aber blickte ihm nach und sagte: »Also – wo soll das noch hinführen, wenn hier demnächst mehrere kleine Alexander herumkrabbeln...«

»Ihr gutes Recht! Wir werden dann wohl anbauen müssen...«

22

Zwei Stunden später kam von Pittakos die Meldung, alles sei bereit.

»Nun denn!« sagte Gaius. »Gehen wir!«

Die gesamte *Familia*[47] beider Volcatischer Häuser von Palatin und Caelius machte sich auf den Weg: Gaius, Selenus und Alexander mit ihren Frauen, die Sekretäre, Hausdiener, Schreiber, Knechte, Gärt-

ner, und selbst der alte gichtige Kreon, seit Urzeiten der Haushofmeister des Tusculanums, erschien mit fünf Leuten.
Kreon näherte sich Gaius und sagte: »Habe deinen Großvater Titus noch gut gekannt, Herr. War sein Leben lang Bauer, auch als Feldherr und Praetor unter Marius[48]. Ging dann aber schnell zu Ende mit ihm. Starb an den unausgeheilten Folgen einer Kriegsverletzung. Die Lunge war beschädigt. Spuckte zum Schluß Blut... Deine Großmutter Marcella war Tag und Nacht um ihn. Saß zuletzt bei schönem Spätsommerwetter im Garten des Tusculanums, dick vermummt in Kissen und Decken. Selenus, damals noch ein Knabe, mußte ihm dann vorlesen.«
Obwohl Gaius all diese Geschichten längst kannte, ließ er den alten Mann, der ihn immer seltener zu Gesicht bekam, reden.
»Unvergeßlich ist mir seine Bestattung in Erinnerung. Selten sah Rom einen solchen Trauerzug. Ja, und danach übernahm dein Onkel Titus, der Bruder deines Vaters, das Regiment; dein Vater war ja schon längst hier in Rom tätig geworden. Jaja, mir ist, als ob das alles erst gestern war...«
Gaius legte dem weißhaarigen, gebeugten Greis eine Hand traulich auf die Schulter und sagte: »Wenn ich nach diesen hektischen Wochen wieder mehr Zeit habe, mußt du mir einmal von den alten Zeiten erzählen. Ich glaube, nun wird es Zeit für uns. Soll ich dir eine Sänfte...«
»Aber ich bitte dich, Herr! Seit wann gehen die Herren zu Fuß und werden die Diener getragen!«
»... seit sie einen Kreon ihr eigen nennen!«
Gaius gab einigen der Sänftenträger ein Zeichen. Sie kamen mit einem Tragstuhl herüber, und Gaius bestand darauf, daß Kreon bequem transportiert wurde.
Der Patron, der es gesehen hatte, trat neben Gaius und sagte mit Blick auf den Alten: »Recht so, mein Junge! Er hat es verdient! Und wir gehen zu Fuß.«
Alle in der Nähe, die Kreon kannten, nickten beifällig, lächelten und winkten dem Alten aufmunternd zu.
Langsam setzte sich der Zug in Bewegung – vorweg mehrere Vorläufer, die auf den um diese Zeit schon emsig bevölkerten Straßen eine Gasse freiräumten. Viele Bürger blieben stehen, fragten Fremde oder Bekannte, wer das sei, worum es gehe, und viele schlossen sich spontan dem Zuge an, so daß es am Ende an die hundert Leute waren, die die Eingänge an der Nordseite des Circus erreichten. Alexander drängte sich zu Gaius hin.

»Herr!«
»Was ist?«
»Anbetracht dessen halte ich es als solches für vermessen...«
»...angemessen!« grinste Cornificius und nickte Alexander zu.
»Jawohl!... für gemessen, nach dem Rechten und Linken zu sehen!«
»Fein, tu das, mein Junge!«
»Es ist nämlich zweifellos durchaus möglich, daß die Brüder...«
»Jaja. Ist in Ordnung!« Gaius war mit anderen Dingen befaßt. Senatoren, Freunde seines Vaters, kamen heran und begrüßten den Patron und ihn.
»Jawohl! Ordnung! Sauberkeit!«
Alexander machte Männchen, grüßte zackig mit erhobener Rechter und ging zum großen Tor an der vorderen Schmalseite. Und den Nächstbesten, der ihm in der Halle der *Carceres* über den Weg lief, raunzte er an: »He! Haltung, Mann! Dissiplin! – Herhören!«
Und ehe der so Angesprochene sich diesen Ton verbitten konnte, prasselte es schon weiter auf ihn ein.
»Nehme durchaus im voraus an, daß du nicht unbedingt in Gallien gedient hast...«
»Wie? – Aber...«
»Maul halten! Herhören! Suche zweifellos den ehrenwerten Pittakos! Wo hat er als solcher seinen derzeitigen Standort?«
»Wie? – Vorne, beim Ausgang. Ja, aber du kannst nicht einfach...«
Doch Alexander ließ den verdutzten Mann einfach stehen und hörte auch nicht mehr, was ein zweiter, der anscheinend schon die Bekanntschaft des Sohnes aus Theben gemacht hatte, ihm zuflüsterte: »Das ist Alexandros Volcatianos! Mit dem darfst du dich nie anlegen! War in Gallien und hat scharenweise gallische Bären verprügelt! Ist auch ein Freund des Proconsuls! Du ziehst da immer den kürzeren!«
»Sooo? Und ich dachte...« Er machte an seiner Stirn eine bohrende Bewegung mit dem Zeigefinger.
»Jaja«, sagte der andere, »da bleibt immer was hängen.«
Es war sein Glück, daß der so Charakterisierte dies nicht mehr hörte, denn Alexander war schon vorne bei den Toren zur Arena und blickte sich suchend um: Ah! Da war er! Pittakos kam ihm entgegen. Aber sein Gesicht ließ nichts Gutes ahnen. Alexander erwartete seine entrüstete Meldung über den nächtlichen Einbruch im Magazin. Pittakos zog ihn beiseite.
»Es ist kaum zu glauben!«
»Was?« Alexander spielte den Ahnungslosen.
»Auf niemand ist mehr Verlaß! Und die besten Sachen hat er auch

mitgehen lassen! Das zahlt er mir auf Denar[49] und As[50] alles wieder zurück!«
Er drohte mit der Faust. – Also hatte der nächtliche Besucher doch einiges mitgehen lassen.
Scheinheilig fragte Alexander: »Wovon sprichst du als solches, lieber Freund?«
»Wovon? – Nicht nur das! Sogar seine Waffen hat er mitgenommen!«
»So?«
»Ja. Und ich hatte ihn fest eingeplant.«
Alexander stutzte.
»Du sprichst wie der Delphische Apoll! Liebe aber durchaus einfache, deutliche Wörter. Überzeugend! Geschmackvoll!«
»Wie? – Also, dieser gallische Hund ist verschwunden.«
»Matisco?«
»Ja.«
»Nein!« Alexander starrte ihn an.
»Wenn ich es dir sage!«
»Ja, warum denn das?«
»Genau! Das frage ich mich auch. Hat der Mann doch *die* Chance seines erbärmlichen Lebens!«
»Hat er was zurückgelassen?«
»Nichts. Hat mehr mitgenommen, als er herbrachte! Aber ich sag's ja immer: Trau keinem Gallier über den Weg!«
Alexander aber registrierte hellwach, daß sein Gegenüber kein Wort über den nächtlichen Einbruch verlor.
»Hm...« Er kratzte sich am Kinn. »Werde dir den Verlust durchaus ersetzen.«
»Danke. Du bist großartig!«
»Mein gutes Recht!« Doch dann bellte er: »Pittakos!«
Der Mann zuckte zusammen und nahm Haltung an.
»Nichtsdestoweniger wirst du für eine löbliche Durchführung der Spiele sorgen! Ganzer Einsatz! Keinen faulen Zauber! Ehrlichkeit! Dissiplin! Werde dich lobend erwähnen. Rom braucht solche Männer.«
»Selbstverständlich – ich meinte: Jawohl!«
»Na also! Weitermachen! Wegtreten!«
Und hoch erhobenen Hauptes machte Alexander einen Rundgang, klopfte den Jungs auf die Schulter und wünschte ihnen Glück. Sie waren aber zu sehr mit den Kampfvorbereitungen beschäftigt, um darauf einzugehen: Manche beteten, eine Statuette oder einen Talisman

ihres Gottes in der Hand, mit lautlosen Lippen; andere saßen in stummer Versenkung; wieder andere nutzten die letzte Viertelstunde zum Lockern der Bein- und Armmuskulatur, hüpften Seil oder federten auf den Zehenspitzen. Sie wußten: Die Hälfte von ihnen weilte nach spätestens einer Stunde im Hades.

23

Als Alexander, von der inneren Treppe des Querbaues kommend, die große Ehrentribüne betrat, staunte er. Der ganze westliche Teil der Anlage war dicht mit Leuten besetzt. Er schätzte ihre Zahl auf fünfzigtausend. Das Summen eines gewaltigen Bienenschwarms lag in der Luft. Händler waren mit ihren Bauchläden unterwegs und verteilten kostenlos Süßigkeiten, Honiggebäck, Plätzchen, Obst, Würstchen, geröstete Mandeln und Kastanien. Dazwischen sah er immer wieder die von Selenus angemieteten Leute, die die Aufgabe hatten, das Publikum über den Anlaß der Spiele, über die *Res gestae*, die großen Taten der *Gens Volcatia*, zu informieren sowie die Bürger auf die außerordentlichen Qualitäten des Kandidaten Gaius Volcatius Tullus aufmerksam zu machen. Andere gingen durch die Reihen und verteilten Geschenke; hübsch bestickte Bänder für junge Mädchen, Filigranschmuck aus Silber für die Matronen, Amulette mit dem Bildnis dieses oder jenes Gottes, zierliche Parfümfläschchen aus farbigem Glas, Gutscheine für Wein, Brot, Fleisch, Berechtigungsscheine für mehrere Mahlzeiten in den bekanntesten Schenken der Stadt, kurz: Sie hatten für jeden etwas. Und Alexander wurde sich eigentlich erst in diesem Augenblick staunend bewußt, daß er zu einer der reichsten patrizischen Familien der Stadt und des Erdkreises gehörte; denn als er den Wert all dieser Kleinodien überschlug, kam er wiederum auf eine Zahl, die einem ritterlichen Vermögen entsprach.
»Beim Iupiter!« murmelte er. »Und das Volcatische Frühstück als solches ist nicht besser als das eines Bettlers!«
»Dann solltest du nächstens bei mir essen, ehe du dir das blutige Spektakel anschaust!«
Alexander fuhr herum und blickte in das freundlich grinsende Gesicht von Loco.
»Du hast mir gerade noch gefehlt, alter Veteran!«
Sie reichten sich die Hand und klopften sich kameradschaftlich auf die Schulter.
»Wann komme ich schon mal aus dem Hause! Gaius schickte mir eine

Einladung: Befehl, hier zu erscheinen. Und seinem alten Vorgesetzten hat man auch in Friedenszeiten zu gehorchen.«
»Netter Befehl«, nickte Alexander. Sie schauten sich um und fanden die Spitze des altrömischen Patriziats auf der Ehrentribüne versammelt: Neben des Patrons engeren Freunden wie Cato, Atticus, Calpurnius Piso – Caesars Schwiegervater – waren auch solche Nobiles der Einladung gefolgt, die nicht direkt zu den Freunden des Hauses zählten, die es aber unter den gegebenen Umständen – Gaius galt als Freund Caesars und vielversprechender Mann – für opportun hielten, das Schauspiel zu sehen, vor allem aber selbst gesehen zu werden. Unter diesen Umständen war es für Loco, einen einfachen römischen Bürger, eine große Ehre, hier in der Nähe der Rom beherrschenden *Gentes*[51] zu sitzen.
Alexander, dem der Umgang mit diesen potenten Leuten nichts Neues war – und wenn es das wäre, hätte er nicht im geringsten irgendwelche Skrupel gehabt, sich vor ihnen ins rechte Licht zu setzen –, Alexander nahm den nun doch etwas verschüchterten Meister der Schuhe beim Arm, um sich in der Nähe der Volcatischen Familienmitglieder niederzulassen.
Als er Locos Scheu und Zurückhaltung bemerkte, grollte er: »Es besteht durchaus kein Anlaß, sich in die Sandalen zu pinkeln, mein Junge. Daß die Fischteichbesitzer hier sitzen, haben sie als solches zweifellos deinem tapferen Ringen gegen die Sueben bei Vesontio[52] zu verdanken. Haltung, Mann! Bewußtsein! Dissiplin! Rom braucht solche Männer!«
Obwohl oder gerade weil er das todernst und mit ziemlicher Lautstärke von sich gab, mußten einige in der Nähe sitzende Patriziersöhne, die Alexander und Loco aus den ersten gallischen Kriegsjahren kannten, schmunzeln – weniger über Loco als seinen herkulischen Begleiter, der sich mit der größten Selbstverständlichkeit zwischen zwei Sitzreihen zur Mitte hin bewegte und Loco am Ärmel nachzog.
Als er dabei irgendeinem hochnäsigen Sekretär Catos auf die Füße trat, schnauzte der: »So paß doch auf, Mann!«
Alexander blieb stehen. Seit er als Freigelassener für die geschmackvolle Organisation der Spiele verantwortlich war, kannte sein souveränes Selbstbewußtsein keine Grenzen mehr. Er ließ Loco los und baute sich vor dem Adlatus Catos zu ganzer Größe auf.
Und dann begann es: »Herhören!«
Der Mann hob erschrocken den kahlen Kopf und blinzelte, denn die Sonne schien ihm genau ins Auge, und er erkannte nur die kyklopischen Umrisse des Hünen.

»Ich bin Alexandros Volcatianus, Sohn des Alexandros aus Theben...«
Cornificius, der in der Nähe saß, stieß Selenus an, und sie verfolgten mit Interesse das beginnende Drama.
»... und ich sage dir: Es liegt durchaus in meinem Ermessen als solchem, ob ich geneigt bin, dich nicht auf der Stelle in die Arena zu schicken!«
»Also, das ist doch...« Der Mann griff nach einem Tuch und tupfte sich den glänzenden Schädel ab.
»Jawohl! Es ist!« grollte es von oben weiter. »Es ist durchaus an der Zeit, daß ich auch dir ein Wässerchen schicke! Wirkt Wunder. Habe den Proconsul beider Gallien damit behandelt, daß er nun drei Barbiere beschäftigt!«[53]
Cornificius kicherte, und auch einige andere tuschelten schmunzelnd hinter der Hand. Aber Alexander war noch nicht am Ende, denn drei Berufsgruppen waren ihm seit jeher ein Dorn im Auge: mürrische Hausmeister, fremde Wachtposten und hochnäsige Sekretäre, da er grundsätzlich davon ausging, daß sie die ihnen verliehene Autorität stets wie ein Hahn vor seinen Hennen auszuspielen suchten. Er fixierte das Männlein mit zusammengezogenen Brauen.
»He! Schon mal in Gallien gedient?«
Er beugte sich hinunter, der Mann erschrak und machte sich klein.
»Wie? – Nein, ich hatte dazu noch nicht die...«
»Aha!« tönte es, und alles horchte auf. »Auch so ein Drückeberger! Sitzt da wie ein Schluck Wasser in der Kurve! Haltung, Mann! Sauberkeit! Dissiplin! Werde durchaus dafür sorgen, daß du dereinst ans finstere Nordmeer versetzt wirst, da begrüßen sie sich mit der linken Hand, weil sie in der rechten eine Keule tragen! Da drücken sie abends den Mond mit einer Stange hoch! Kannst ihnen dabei durchaus helfen. Dann wirst du dir unbedingt überlegen, wie du mit Alexandros Volcatianus zu reden hast!«
Er ließ den total verschüchterten Mann sitzen und ging weiter. Dann wandte er sich Loco zu: »So muß man mit diesen Brüdern reden. Na also!« Und er nickte sich selbst zufrieden zu.
Loco, dem solches nicht zum erstenmal vorgekommen, zwinkerte Cornificius zu und lachte lautlos, während der Senator Porcius Cato, ein enger Freund des Patrons, der Alexander kannte und seine unverhohlene Art durchaus schätzte, sich zu seinem Sekretär beugte und ihn beruhigte.
Lächelnd sagte er: »Das mit dem Haarwasser meint er ernst. Er hat Caesar tatsächlich so eine Geheimmixtur verkauft!«

»Sooo? Und ich dachte...« Sein Zeigefinger führte eine drehende Bewegung an der Stirn aus. »Also, Leute gibt's! Tsss...« Er wischte sich den Schweiß von der Stirn und suchte sich angestrengt ein Ziel in der Arena, sichtlich bemüht, seine innere und äußere Haltung wiederzugewinnen.
Alexander nahm neben Melitta Platz, drückte sie kurz und brummte: »Ich laß mich doch nicht von einem Porcier provozieren!«
Melitta lächelte: »Ist recht, mein Lieber. Aber nun solltest du dich beruhigen. Du hast's ihm ja gegeben!«
Rechts von Alexander saß Loco und genoß die Aussicht über den Kampfplatz zu Füßen der Tribüne. In wenigen Augenblicken mußten die Kämpfe beginnen.
»Freut mich für deinen Patron«, sagte Loco.
»Was?«
»Daß die Stadt so regen Anteil nimmt an der Ehrung seines Sohnes.« Er ließ den Blick über die Menge schweifen und sagte auf einmal: »Ah, da ist ja auch Matisco!«
Alexander fuhr herum: »Wo?«
»Gleich rechts, in der dritten Reihe von oben.«
Er zeigte in die Richtung, aber Alexander fand nicht den Genannten. Loco präzisierte: »Ich sag' doch: In der dritten Reihe... der fünfte von der Treppe ab!«
Alexander zählte mehrmals, um sicherzugehen, fand auch die angegebene Person, einen blonden jungen Mann, etwa gleichen Alters wie Matisco, in weißer Tunika. Er schien gespannt auf den Beginn der Kämpfe zu warten.
Alexander legte Loco die Hand auf die Schulter: »Das ist nicht Matisco!«
»Aber ja doch! Ich kenne ihn und seinen Vater gut aus der Zeit, als ich in einer Mission zu den Haeduern unterwegs war, gleich zu Anfang des Krieges.«
»Bist du sicher?«
»Absolut.«
Alexander blickte hinüber und überlegte. Es gab mehrere Möglichkeiten: Der Matisco, den er kennengelernt hatte, war zufällig gleichen Namens. Hatte er sich den Namen zugelegt, um – ja, was denn? – um Gaius, Pittakos und ihn zu täuschen? Immerhin waren in den letzten Tagen sehr seltsame Dinge geschehen, darunter der Mord an Asconius' Hausdiener und – wenn es ein Anschlag war – an Syphax.
Alexander erhob sich, und grimmige Entschlossenheit stand in seinem Gesicht.

»Wo willst du hin?« fragte Melitta.
»Ich bin gleich wieder da.«
Er zwängte sich durch die Reihe – Catos Sekretär übersah ihn geflissentlich, als er ihn passierte –, eilte zur Treppe, nahm gleich drei Stufen auf einmal und hastete nach unten in den Gang, der zu den *Carceres* führte.
Pittakos sah ihn und rief: »Was ist? Ist was?«
»Es ist nichts«, rief Alexander, lief nach draußen, hetzte um die Ecke des Querbaues und verschwand im nächsten Treppenaufgang. Atemlos kam er oben an, gönnte sich aber keine Pause, sondern ging langsam, um keine Aufmerksamkeit zu erregen, durch den übernächsten Austritt auf die seitliche Tribüne. Unten in der Arena traten gerade die Bläser zusammen, gefolgt von den Gladiatoren. Beifall setzte ein.
Alexander trat eine Stufe nach unten und wandte sich langsam zur Seite. Matisco hatte den Kopf zu seinem Nachbarn gewandt und sprach mit ernstem Gesicht auf den Mann ein, der einige Jahre älter zu sein schien. Dann blickten beide nach unten in die Arena. Der zweite nickte nun und erwiderte etwas, wobei er Matisco mit den Fingern irgendeine Zahl zu nennen schien. Matisco legte ihm, wie im Einverständnis, eine Hand auf die Schulter und verließ die Reihe.
Mit höchster Aufmerksamkeit beobachtete Alexander ihn: Er schritt zielsicher auf den Treppenabgang zu. Alexander tat auf seiner Seite das gleiche und eilte auf Zehenspitzen, so schnell er konnte, nach unten, huschte hinter einen Pfeiler und wartete.
Zehn Schritt weiter trat der Gallier aus den Arkaden und ging, ohne sich umzublicken, in Richtung Forum Boarium.
Da sich immer noch Hunderte von verspäteten Zuschauern dem Circus näherten, war es Alexander ein leichtes, ihm ungesehen zu folgen. Der Gallier mußte sich sehr sicher fühlen, denn er blickte weder zur Seite noch hinter sich. Um so mehr war Alexander auf der Hut und vergrößerte den Abstand. Ihm fiel der leichte, federnde Gang des Galliers auf. War das der Mann, der im Zentrum der Anschläge stand? Alexander hatte instinktiv das Gefühl, daß er gefährlicher sei als alle Gegner, mit denen er bisher zu tun hatte.
»Schätze, er geht zu Carrinas... Aber warum?«
Sie hatten längst das Umfeld des Circus verlassen, und die Zahl der Passanten nahm ab. Nun hieß es aufpassen!
»Wenn ich nur wüßte, ob er mich von Angesicht kennt... dann würde ich ihm durchaus ein paar hübsche Fragen stellen.«
Die Gasse, durch die sie gingen, führte genau zu Carrinas' Schenke.

»Na also!«
Er hockte sich hin, band scheinbar seine Sandalen neu und beobachtete aus den Augenwinkeln die Straße hinter sich. Niemand folgte ihm.
»Sehr gut das!«
Er ging weiter. Und dann kam die Überraschung: Der Gallier blieb plötzlich stehen, blickte wie suchend um sich und wandte sich an einen Sklaven, der mit einem Karren daherkam.
Und Alexander hörte deutlich die Frage: »Ist das da drüben die Schenke von Carrinas?«
Der Sklave blickte in die Richtung.
»Ja, sie ist es.«
Der Gallier griff aus seinem Brustbeutel eine Münze, reichte sie dem Sklaven und sagte: »Danke. Kannst du mir nun auch noch sagen, wo der Gladiatorenmeister Pittakos seine Übungen abhält?«
»Hm...« Der Sklave stellte seinen Karren ab. Er überlegte. »Das muß ganz hier in der Nähe sein.«
Er blickte um sich, gewahrte den sich langsam nähernden Alexander und ging einige Schritte auf ihn zu.
»Verdammt!« murmelte Alexander; aber nun mußte er ein unverfängliches Gesicht machen.
»Verzeih, Herr«, sagte der Sklave. »Weißt du, wo der *Lanista*[54] Pittakos seine Übungen abhält?«
Alexander blieb stehen, tat so, als ob er überlege, und beobachtete dabei genau das Gesicht des Galliers, um es sich einzuprägen: Ohne jede Regung blickte der ihn ernst an, und Alexander hätte schwören können, dieses Gesicht schon einmal gesehen zu haben. Aber wo?
»Pittakos?« Er legte die Hand an den Mund.
»Ja«, sagte der Gallier, der langsam näher kam. »Seine Truppe kämpft, soviel ich weiß, heute im Circus Maximus.«
»Ach, *der* Pittakos! Ja, das ist ganz in der Nähe!« rief Alexander und beschrieb ihm den Weg.
»Ich danke dir«, sagte der Gallier.
Alexander erwiderte: »Soll ich es dir zeigen?«
»Nein, danke. Ich werde es schon finden. Vielen Dank!«
Er verbeugte sich leicht und ging in die angegebene Richtung. Alexander blickte ihm nach. »Verdammt! Wenn du ihm jetzt folgst, wird er Verdacht schöpfen. Wo hast du ihn nur gesehen?«
Er mußte wissen, was dieser geheimnisvolle Fremde – sei er nun der wahre Matisco oder nicht – bei Pittakos zu suchen hatte, zumal er wußte, daß Pittakos mit seinen Leuten im Circus war.

Er überlegte. Er konnte auf einem Umweg zu Pittakos' Magazin gelangen, aber bis er dort ankäme, würde der Fremde längst verschwunden sein. Und er mußte um jeden Preis herausfinden, was dieser Gallier vorhatte. Wenn er ihm folgen könnte, würde er vielleicht feststellen, wo er wohnte.
Während er noch überlegte, stand plötzlich Archelaos neben ihm.
»Was machst du denn hier, Pirat?«
»Ich sah, wie du auf der Tribüne einen Fremden beobachtet hast. Ich fragte Loco, der mir das Wichtigste mitteilte. Den Rest konnte ich mir denken. So folgte ich dir heimlich.«
»Dein gutes Recht! Herhören! Du gehst jetzt lustwandelnd zu Pittakos' Magazin und beobachtest, was dieser Mensch dort macht. Ich selbst komme nicht umhin, durchaus im verborgenen zu bleiben, dergestalt mir der Fremde nicht zu Augen kommt. Verstanden!«
»Sehr korrekt.«
»Na also.«
Sie trennten sich. Archelaos eilte im Laufschritt davon und fiel erst wieder in einen normalen Schritt, als er den Gallier vor sich sah. Auch ihm fiel auf, mit welcher Selbstsicherheit der Mann sich bewegte. Entweder war er völlig ahnungslos oder ungeheuer gerissen.
Der Fremde blieb plötzlich stehen, entfaltete ein Blatt Papyros und betrachtete es; dabei nahm er den Gebäudekomplex vor sich in Augenschein, nickte und ging auf das Tor zu. Archelaos blieb im Schatten eines Toreingangs stehen und verfolgte das seltsame Tun. Der Gallier holte einen Schlüssel hervor, steckte ihn in das Schloß, öffnete das Tor, betrat den Hof, überquerte ihn und öffnete mit einem zweiten Schlüssel den Zugang zum Gebäude. Und schon war er darin verschwunden.
Kopfschüttelnd ging Archelaos weiter, erreichte das Nachbartor des leerstehenden Magazins und wartete auf Alexander. Wenige Minuten später kam der im Laufschritt von der anderen Seite heran.
»Und?« keuchte er.
»Er ist drinnen.«
»Du redest durchaus irre!«
»Er hatte Schlüssel und ging ohne weiteres hinein.«
»Sehr gut.«
»Warum?«
»Frag nicht so dumm! Wenn er durchaus einen Schlüssel hat, muß er Pittakos kennen. – Augenblick!« Er besann sich.

»Warum fragt er dann erst, wo dieser Pittakos als solcher wohnt?«
Archelaos berichtete von dem Zettel, der offenbar einen Lageplan enthielt.
»Gut gemacht, Pirat. Sonst noch was?«
»Nein.«
»Dann komm!«
Sie warteten, bis weit und breit niemand zu sehen war, stiegen über das Tor und nahmen den gleichen Weg wie beim letzten Mal. Da sie nun aber wußten, daß jemand im Gebäude war, bewegten sie sich äußerst vorsichtig und äugten nach allen Seiten, ehe sie an der Mauer entlang zur Rampentreppe schlichen. Die Tür war nur angelehnt. Vorsichtig traten sie ein, gingen auf Zehenspitzen den Gang entlang, blieben an jeder seitlichen Tür stehen und lauschten. Nichts rührte sich. Sie erreichten das Ende des Ganges und betraten die große Übungshalle. Einige Türen, darunter die zu den Bekleidungs- und Waffenkammern, standen offen. Da hörten sie, wie hinter ihnen im Gang eine Tür zugeschlagen wurde.
»Los!«
Mit gewaltigen Sätzen sprangen sie zurück in den Gang und dann zur Außentür. – Sie war verschlossen.
»Leise, er kann uns noch hören!«
Sie stürzten in den nächsten Raum, zum Fenster, aber die Läden waren geschlossen. Alexander öffnete den Riegel, schob die Läden einen Spaltbreit auseinander, blickten hindurch: In aller Ruhe schloß der Gallier das Tor von außen ab und ging in Richtung Tiber davon.
Und Alexander sah noch etwas: »Beim Hercules! Das... das ist doch Birria!«
Er öffnete beide Läden ganz. Sie hangelten hoch und sprangen mit einem Satz auf die Rampe.
»Über das Tor!«
Sie rannten los, kletterten am inneren Gestänge hoch und wagten den Sprung über die Eisenspitzen. Er gelang. Sie federten mit den Knien ab – und kümmerten sich im übrigen wenig um das Gezeter einer Alten, die vor Schreck ihren Korb fallen ließ und nach der Stadtwache rief.
Als sie die Kaimauer erreichten, sahen sie in der Mitte des Fahrwassers ein schnittiges Boot, das von etwa fünf kräftigen Gestalten stromabwärts gerudert wurde. Und hinten saß der Gallier neben Birria und redete heftig auf ihn ein.

25

»Verdammt!« Wütend schlug sich Alexander in die Hand. »Wir brauchen Pferde!«

»Hier wirst du keine kriegen.«

»Das weiß ich durchaus selber.«

»Na, dann eben nicht...«, grollte Archelaos.

»Eben!«

Enttäuscht und wütend starrten sie dem sich schnell entfernenden Boot nach.

»Wenn wir durchaus zum Caelius gehen und uns Castor und Pollux holen, könnten wir unbedingt vor ihnen in Ostia sein.«

»Wieso Ostia? Sie können unterwegs anlegen und aussteigen!«

»Werden's ja sehen.«

Sie liefen die ganze Strecke zum Caelius – es war eine Dreiviertelmeile –, trommelten den Hausmeister heraus, hörten sein wie immer mürrisches »Komm ja schon...«, und Alexander bellte: »Dann komm gefälligst schneller! Schlüssel zum Stall! Beeilung! Haltung, Mann! Du wirst uns lobend erwähnen!«

Es dauerte viel zu lange, bis der Griesgram die Schlüssel vom Brett herunterholte.

Alexander riß sie ihm aus der Hand: »Schließ nach uns ab! Sag dem Herrn Bescheid! Beeilung!«

Damit meinte er wohl sich selbst, denn er ließ den zahnlosen Mann mit seinem »Ja, aber...« stehen, stürmte mit Archelaos durchs Atrium, durch den hinteren Gang, dann in den Garten. Sie öffneten das Tor in der Mauer, überquerten den schmalen Weg, öffneten das zweite Tor, das zum Stall und Selenus' Gewächshaus und botanischem Garten führte, traten ein, riefen den verdutzten Knechten ihre Befehle zu – »Beeilung! Es geht ums Ganze!« – und saßen wenige Augenblicke später in den Sätteln. Die Pferde tänzelten nervös; ein Schenkeldruck – und die beiden jungen Hengste schossen davon, galoppierten dann über den schmalen Weg zur Porta Querquetulana, so daß einige brave Bürger verschreckt zur Seite sprangen, als die wilde Jagd vorbeischoß.

»Man sollte diesen Verrückten das Reiten bei Tage verbieten!« drohte ein Mann hinter ihnen her und formulierte in Gedanken schon den Antrag, den er morgen der zuständigen Behörde vorlegen würde.

Nun machte es sich bezahlt, daß Gaius vor einem halben Jahr die beiden rassigen Araber dem römischen Ritter Aurelius Serenus abgekauft hatte.[55] Leicht flogen sie dahin.

»Fast immer mal wieder wie in Gallien!« rief Alexander.
»Sehr korrekt. Nur schneller!«
Gleich eine halbe Meile hinter dem Eichentor bogen sie auf einer Verbindungsstraße nach rechts ab, überquerten die Via Appia, dann die Via Ardentina, verkürzten den Weg querfeldein und erreichten die Via Ostiensis. Nun ließen sie die Tiere traben.
»Wir müssen näher zum Fluß!« sagte Alexander.
»Dann müssen wir den Treidelpfad nehmen.«
»Ja, aber erst sollten wir durchaus ein gutes Stück auf der Via weiterreiten, dann zum Tiber abbiegen und auf sie warten.«
So machten sie es. In scharfem Trab folgten sie der Straße nach Ostia etwa eine halbe Stunde lang; dann näherten sie sich auf einem Feldweg dem Fluß, der hier schon sehr gemächlich und breit seine lehmigen Wasser dem Meer entgegenschob.
Sie saßen ab und lagerten auf einer kleinen Anhöhe oberhalb des Pfades, etwa dreißig Schritt vom Flußufer entfernt. Von hier aus konnten sie gut die Biegung des Flusses im Nordosten einsehen.
Sie schwiegen und verfolgten, wie Ochsen, Maultiere oder Menschen die flachen, breiten Kähne an langen Seilen zu Berg zogen, beladen mit all den Gütern, die die großen Segler in Ostia abluden: Seide, Perlen, Gewürze, Edelsteine, Baumwolle aus Arabia Felix[56]; Weihrauch, Purpur, Stoffe aus Syrien; Marmor, Leinen, Wolle aus Asia und Kilikien; Getreide, Häute, Papyros aus Ägypten und den Ländern des Pontus Euxinus[57]; Kupfer, Silber und Eisen aus Hispania; Elefanten, Geparde, Löwen aus Mauretania, Africa[58] und Numidia.
Zu Tal kamen die gleichen Boote, nun voll beladen mit den Ausfuhrgütern der Stadt und ihres Hinterlandes: Glas, Geschirr, Wein, Wolle, Öl. Dazwischen auch immer wieder Kähne mit dem, was Rom an Unrat produzierte: Schutt abgerissener Häuser, Ziegelbruch; moderndes Zeug, das man in die Sümpfe von Ostia kippte.
Sie saßen, schauten, warteten, und die Zeit schien stillzustehen. Sie schwiegen lange.
Schließlich sagte Alexander: »Sie müßten uns längst als solche passiert haben.«
Archelaos nickte. »Also haben sie weiter oben angelegt. Komm! Wir reiten den Treidelweg aufwärts!«
Sie saßen auf, ritten zum Fluß und folgten dem Pfad, der, seit Jahrhunderten ausgetreten, fest wie gestampfter Mörtel war. Sie ritten langsam, denn sie hatten Zeit, überholten eine Treidelmannschaft und fragten, ob man ein schnell zu Tal fahrendes Ruderboot gesehen habe, was die Leute verneinten.

Sie folgten den Windungen des Flusses, spähten in jede kleine Ausbuchtung des Ufers, machten an jedem Landungssteg halt, doch das Boot war nicht da. Man hatte es auch nicht an Land gezogen.
»Es gibt nur zwei Möglichkeiten«, sagte Archelaos. »Sie sind auf der anderen Seite an Land gegangen – oder sie haben beim neuen Hafen am *Emporium* angelegt.«
Aufmerksam suchten sie beim Reiten das andere Ufer ab, konnten aber nirgends das Boot oder seine Besatzung erkennen. Auch die Treidler, die sie immer wieder überholten, hatten nichts gesehen und beteuerten, daß ihnen ein schnell gerudertes Fahrzeug ganz sicher aufgefallen wäre.
So erreichten sie endlich den südlich der Porta Lavernalis gelegenen Mons Testacaeus, den gewaltigen Scherbenberg, der seit Jahrzehnten aus dem Schutt geborstener Amphoren aufgeschüttet worden war, die als Transportbehältnisse für eingeführte Güter gedient hatten und beim Entladen oder schon an Bord zerbrochen waren. Bis zu einhundertfünfzig Fuß[59] hoch ragte der künstliche Hügel über das Niveau der Ebene.
Bald schon war infolge des wirtschaftlichen Aufschwungs und des Bevölkerungszuwachses der alte Hafen beim Forum Boarium zu klein geworden. Er konnte wegen seiner Lage zwischen den Hügeln auch nicht erweitert werden. So hatten sich bereits vor einhundertzweiundvierzig Jahren[60] die damaligen Censoren[61] Lucius Aemilius Lepidus und Lucius Aemilius Paulus zu einer radikalen Lösung entschlossen: Sie bauten in dem freien Gelände südlich des Aventin außerhalb der Severianischen Mauer den neuen Hafen, das *Emporium*, und gleich dahinter die Porticus Aemilia. Neunzehn Jahre später[62] wurde das *Emporium* gepflastert; man unterteilte es mit Schranken und baute Treppen zum Tiber hinunter. Auch die Porticus wurde vergrößert und funktional gegliedert: Die ganze Anlage war fast eine Drittelmeile[63] lang, einhundertachtzig Fuß[64] breit und durch zweihundertvierundneunzig Pfeiler in einzelne Räume unterteilt, die in sieben Reihen in die Tiefe gestaffelt waren und fünfzig, jeweils fünfundzwanzig Fuß[65] breite, überwölbte Schiffe bildeten. In diesem eng mit dem Hafen verbundenen Gebäudekomplex wurden die von Ostia kommenden Waren gelagert. Nun war man schon dabei, das ein halbes Stadion[66] breite Gelände bis zum Fluß mit weiteren Lagerhäusern zuzubauen.
Die beiden Reiter näherten sich dem *Emporium* und staunten über den regen Betrieb auf dem langen Hafendamm. In regelmäßigen Abständen ragten große Travertinblöcke aus dem Pflaster, an denen die

Schiffe vertäut waren. Alexander und Archelaos blickten – sie waren zum erstenmal hier – verwirrt auf das Kommen und Gehen der Lastenträger, sahen den großen hölzernen Kränen zu, wie sie mit ihren Eisenscheren schwere Lasten, Steinblöcke, Kisten, gebündelte Balken und Säcke von Deck hoben und am Kai vorsichtig herabließen, wo sie entweder gleich in bereitstehende Wagen verladen oder sorgsam gestapelt wurden. An anderen Stellen wurden Säcke mit Getreide ausgeladen und in die rückwärtigen *Horrea*, die Speicher, transportiert. Seit die Gracchen[67] damit begonnen hatten, kostenlos Getreide und andere Lebensmittel an die arme Bevölkerung der Stadt zu verteilen, waren immer neue Lagerhallen entstanden: die *Horrea Sempronia, Galbana* und *Lolliana*. Vor den *Horrea* war das Grab des Consuls[68] Sergius Sulpicius Galba, der die *Galbana* als erste vor einem halben Jahrhundert dort hatte errichten lassen.[69]
Fast alle *Horrea* besaßen Innenhöfe, die mit Portiken[70] eingefaßt waren, und zwischen den Säulen lagen die Eingänge zu den Kontoren der aufsichtführenden Hafenbeamten, die alle den Aedilen für den korrekten Ablauf des Stapelns und Handelns verantwortlich waren.
Ziemlich ratlos ritten Alexander und Archelaos zwischen den hart arbeitenden Sklaven den Kai entlang, und obwohl sie dabei manchen bei der Arbeit behinderten, wagte doch keiner, die beiden vornehm gekleideten Reiter anzuraunzen. Wer hier ritt, mußte zu den Fischteichbesitzern gehören.
An mehreren Stellen lagen Boote vertäut, andere hatte man zu Reparaturarbeiten an Land gezogen.
Sie hielten an.
»Eine dieser Nußschalen ist zweifellos die gesuchte. Aber sie gleichen sich wie ein Ei dem andern.«
Ein Vorarbeiter kam vorbei, trug ein Wachstäfelchen in der Hand und hakte die Anzahl der Säcke ab, die eben entladen worden waren. Alexander ritt auf ihn zu.
»Herhören!«
Der Mann blickte auf.
»Ist hier eben ein solches Boot als solches, bevölkert mit acht Mann, davon einer jünger, an Land gegangen?«
Der Mann hatte sichtlich Mühe, den Sinn dieser eindeutigen Frage zu erkennen.
»Wie? – Du meinst, ob...«
»Genau!«
»Du meinst, ob das Boot...«
»Korrekt!«

»Du meist also, ob die Besatzung des Bootes an Land...«
»Ich meine es.«
»Ich habe nicht darauf geachtet.«
»Warum nicht?«
»Wie? – Weil ich andere Dinge...«
»Aha! Name?«
»Wie? – Archelaos.«
»Frechheit! Schon mal gedient?«
»Wie? Nein, ich hatte dazu noch nicht die...«
»Aha! Auch so ein... na ja, weitermachen! Haltung, Mann! Sauberkeit! Dissiplin! Verstanden?«
»Sicher. Aber ich...«
»Maul halten! Nur reden, wenn gefragt! – Herkommen!«
Verschüchtert näherte sich der Mann und blinzelte in die Sonne. Alexander holte in einer umständlichen Prozedur seinen Brustbeutel hervor und entnahm ihm zehn Sesterzen, beugte sich hinunter und reichte sie dem erstaunten Mann.
»Herhören! Sobald du heute oder in den nächsten Stunden diese Brüder hier mit dem Boot auftauchen siehst, melden! Kannst dir dann das Zehnfache verdienen. Verstanden!«
»Sicher.«
»Das heißt ›Jawohl!‹«
»Jawohl!«
Der Mann schluckte und fragte dann schüchtern: »Wem?«
Da setzte sich Alexander sehr senkrecht und fixierte ihn unter zusammengezogenen Brauen.
»Wem? – Du hattest soeben die unvergleichliche Ehre, mit Alexandros Volcatianos, Sohn des Alexandros aus Theben, und ich sage dir: Ich wohne am Palatin im Hause des Legaten Gaius Volcatius Tullus. Solltest du also durchaus sehen, daß diese schnellrudernden Halunken eine dieser Nußschalen bevölkern, dann Meldung! Bei Tag und Nacht, auch in der Dunkelheit! Verstanden?«
»Si... Jawohl!«
»Na also! Werde dich lobend erwähnen. Rom braucht solche Männer. Weitermachen!«
Mit der Geste eines Imperators[71], der eine Truppenparade abnimmt, entließ er ihn. Kopfschüttelnd blickte der Mann ihnen nach. Dann steckte er das Geld ein und wandte sich wieder seiner Arbeit zu.
Eine Viertelstunde später sprangen Alexander und Archelaos von den Pferden und führten Castor und Pollux in den Stall.

26

Sie waren etwa drei Stunden unterwegs gewesen und hofften, daß der Patron und Gaius mit ihrem Gefolge wieder zurück waren, hier, im Hause am Caelius. Als sie den Garten durch das hintere Tor betraten, sahen sie Gallus, wie er mit einem Jungen aus der Nachbarschaft Ball spielte. Aiax half ihnen dabei. Die Jungen hielten inne, und Gallus stürmte auf Alexander zu.
»Wie war's Anbetracht dessen?« rief er. »Darf ich nächstes Jahr auch mit in den Circus? Hast du mir was mitgebracht?«
»Mein lieber Junge«, sagte Alexander und strich seinem »Ältesten« über den strohblonden Schopf. »Ich hatte Anbetracht dessen keine Zeit. Aber ich verspreche dir...«
»Na, dann eben nicht...« Gallus ließ Kopf und Schultern hängen und schoß den Ball schmollend in einen Busch. Aiax sprang ihm nach.
»Doch, mein Kleiner, und merke dir, was Publilius Syrus als solches zu sagen pflegt: Wenn Jähzorn zu sich kommt, zürnt er mit sich selber. – Hier!«
Er holte einige Münzen hervor. »Geh mit deinem Freund zu Asconius und kauft euch Honigkuchen.«
Er reichte ihm das Geld.
»Au ja!« Gallus strahlte, denn Alexander war höchst knauserig mit solchen Gaben. »Kommst du mit, Marcus?«
Der andere Junge nickte lächelnd, und dann stoben sie davon.
Alexander und Archelaos folgten langsam nach und gingen ins Haus. Dort war es still. Sie schauten in die Küche, wo Eugenia, des Selenus Frau, zusammen mit den Mägden bei der Vorbereitung des festlichen Abendessens war. Alexander mochte sie, denn sie war sehr mütterlich, wenn sie auch keine Kinder hatte; und obwohl sie seit Jahrzehnten, seit dem frühen Tode der Frau des Patrons, die von allen respektierte Herrin über das Gesinde war – sie konnte sehr scharf und kurz angebunden das Fehlverhalten der Leute ahnden –, bestand zwischen ihr und Alexander ein seltsam inniges, ja fast vertrauliches Verhältnis. Das zeigte sich oft darin, daß sie den »Sohn des Alexandros aus Theben« immer in Schutz nahm, wenn Lucius, der Patron, Gaius oder auch Selenus an ihm etwas auszusetzen hatten – was sich im übrigen fast immer auf sein großmäuliges Auftreten und respektloses Verhalten gegenüber Fremden bezog. Wahrscheinlich hatten seine kindlichen, dunkelbraunen Augen es ihr angetan, und sie schaute tiefer in seine harmlose Seele, als dies den tonangebenden Männern im Hause möglich war.

Im übrigen hatte sie der Ehe mit der ebenso schönen wie zupackenden Melitta gleich zugestimmt; und obwohl dafür nicht der geringste verwandtschaftliche Anlaß bestand, schien sie nun auch Melitta, die Haus, Gesinde und Küche in der prächtigen *Domus* am Palatin verwaltete, gleichsam als Schwiegertochter zu betrachten und ihr mit Rat und Tat zur Seite zu stehen. Und sollte Melitta in Kürze schwanger werden, dann würde sie auch das Kind wie eine leibliche Großmutter lieben, hegen und pflegen – so wie sie ja auch bald diesen Waisenknaben Gallus in ihr Herz geschlossen hatte.
Freilich – diese mütterlichen Gefühle behielt sie vornehm in ihrem Herzen, denn ihr Umgangston war stets sachlich, trocken und respektheischend; und gerade diese seltene Mischung aus mütterlicher Liebe und matronenhaft unbestechlicher Strenge war es, die Alexander so liebte. Zwar behandelte sie Archelaos mit ähnlicher Korrektheit, lobte auch seinen Fleiß, seine stetige Willigkeit und Treue, aber der Kilikier wurde doch nicht in den engsten Kreis ihrer Gedanken einbezogen. Archelaos spürte das von Anfang an instinktiv, und er respektierte es; aber er war ein anderer Charakter, wortkarg, ruhig, abwägend, und so fühlte er sich mehr zu dem intellektuellen Selenus hingezogen, der seine Art sehr schätzte und ihm auch hin und wieder Aufträge zur Erledigung gab, die mehr theoretische Kenntnisse als taktische Überlegungen verlangten, Voraussetzungen, die nun Alexander beim besten Willen abgingen, da er die Dinge stets spontan und offen anging.
»Na, Alexander!« sagte Eugenia, als er im Türrahmen der Küche erschien. »Sieht man dich auch noch mal?!«
»Jawohl! Man sieht!«
»Und wie geht's deiner Frau?«
»Es geht.«
»Was heißt das?« Sie wickelte Kohlrollen und biß den Faden mit den Zähnen ab.
Alexander wechselte von einem Bein auf das andere.
»Sie... sie klagt in letzter Zeit über eine zweifellose Übelkeit...«
»Aha. Seit wann hat sie das?«
»Seit zwei Wochen. Ist das... ist das als solches normal?«
Er trat ganz in die Küche und hielt sich, wie er das immer in diesem Raum tat, wie ein Knabe in der Nähe ihrer Schürze.
»Ich denke schon«, lächelte Eugenia und warf den Mädchen einen vielsagenden Blick zu. »Wenn junge Frauen, so sie einige Wochen verheiratet sind, plötzlich über Übelkeit klagen, dann ist das völlig normal.«

Er guckte der Reihe nach in alle Töpfe.
»Geht das auch wieder weg?«
Eugenia legte die Rouladen in einen Bratentopf und fügte einige Gewürze hinzu.
»Ja, aber das wird noch einige Monate dauern.«
»Einige... warum denn das als solches?«
Eugenia legte den Holzlöffel zur Seite, wandte sich um und sagte lächelnd: »Ja, hat sie's dir denn noch nicht gesagt?«
Er war mehr als einen Kopf größer als sie, und sie mußte zu ihm aufblicken.
»Gesagt? Zu mir? Was denn?«
Da legte sie ihm ihre warme Hand auf die Stirn und sagte: »Mein lieber Junge, deine Frau wird schwanger sein!«
Alexander stand da wie vom Blitz getroffen. Natürlich waren ihm die Zusammenhänge von der Entstehung eines neuen menschlichen Wesens seit Kindesbeinen bekannt, und er wußte, daß bei dem Hergang beide Geschlechter beteiligt waren – aber... aber daß das auch in seinem Fall gültig war!
Er riß die Augen auf und stammelte erschüttert: »Ja, aber... ich...«
Ratsuchend blickte er sie aus großen Augen an.
Sie drückte seinen Arm und sagte: »Du mußt nun sehr behutsam mit deiner Frau umgehen.«
»Jawohl! Behutsam!«
»Sie darf nichts Schweres heben.«
»Nein! Niemals!«
»Du darfst sie auch nicht aufregen und mußt alle Unruhe von ihr fernhalten.«
»Jawohl! Fernhalten!«
»Vor allem muß sie täglich viel Obst essen und Milch trinken.«
»Obst! Milch!« Er nickte eifrig.
»Du mußt ihr jeden Wunsch von den Lippen ablesen.«
»Lippen lesen!«
»Und es könnte auch nicht schaden, wenn du mit ihr zusammen der großen, mächtigen Iuno ein Opfer brächtest!«
»Jawohl! Iuno opfern!«
»Ja, und im übrigen führt sie ein ganz normales Leben. Ich werde regelmäßig nach ihr schauen.«
»Ich auch.«
Sie ließ seinen Arm los, strich ihm über die Wange und sagte: »Ich freue mich! – So, nun geh, mein Junge, der Herr wollte dich sofort sprechen, wenn du da bist.«

Er schluckte, nickte und ging sehr senkrecht aus der Küche, trug stolz die neue Bürde und Würde eines werdenden Vaters auf seinen mächtigen Schultern.
»Alexander!!!« Das war Gaius' Stimme, und sie klang nach Gallien.
»Hier, Herr! Ich komme, Herr!«
Und grimmig entschlossen stapfte er in die Bibliothek.

27

Die Spitze der *Gens Volcatia* war versammelt: Lucius der Patron, Gaius, Selenus und dazu Cornificius. Sie saßen um den großen Eichentisch und machten sehr ernste Gesichter.
»Wo bleibst du denn?« fragte Gaius ungehalten.
»Ich hatte mit Eugenia durchaus eine wichtige Stabsbesprechung.«
»Das kenn' ich. Setz dich! – Wo ist Archelaos?«
»Hier, Herr.«
Er erschien in der Tür.
»Gut.« Er wies auch ihm einen Stuhl an.
»Herhören! Der Patron wird für einige Tage unsere Güter im Picenischen[72] besuchen, um unsere dortigen Freunde, Verwandten und Clienten über meine Kandidatur zu unterrichten. Sie werden dann alle am Wahltag nach Rom kommen. Zuvor möchte er – und wir natürlich auch – wissen, was sich heute morgen ereignet hat, als ihr, ohne euch abzumelden, einfach die Tribüne verlassen habt.«
Er musterte sie streng.
»Außerdem«, meldete sich der Patron zu Wort – und Gesicht und Stimme von Lucius ließen nichts Gutes ahnen, »bist du mir eine Erklärung schuldig, warum du in aller Öffentlichkeit den Sekretär meines Freundes Cato herunterputzt! Ich höre!«
Lucius' klare, unbestechliche Augen ruhten auf denen Alexanders. Aber Alexander zwang sich, dem Blick standzuhalten. Er erhob sich, stand stramm und öffnete den Mund zu einer Entgegnung.
»Behalte bitte Platz!«
»Jawohl!« Er setzte sich wieder. »Habe Anbetracht dessen durchaus schon immer etwas dagegen, wenn üble Zeitgenossen mir Beine in absolut der Absicht in den Weg stellen, dergestalt daß der Gehende als solcher hinfällig wird!«
Die vier warfen sich Blicke zu.
»Du willst doch wohl nicht behaupten«, fuhr Lucius fort, »daß der Sekretär Catos dir ein Bein gestellt hat?!«

»Nein, aber einen Fuß!«
Cornificius konnte sich ein Grinsen nicht verkneifen.
»Hm...« Der Patron mußte sich nun schon zwingen, den strengen Ton beizubehalten. »Wenn es denn tatsächlich so war, was ich bezweifle, so hast du immer noch nicht das Recht, diesen verdienstvollen Mann in der Öffentlichkeit bloßzustellen.«
Alexander brummelte etwas Unverständliches vor sich hin.
»Bitte lauter!« befahl der Patron.
»Jawohl, lauter!« muckte er auf und hob die Stimme. »Hasse hochnäsige Knaben, die meinen, weil Cato ihr Herr ist, könnten sie als solche unbedingt die Nase höher tragen, als ihnen das Recht dazu durchaus nicht vermessen ist!«
»...angemessen ist!« verbesserte Cornificius und nickte beifällig.
»Deine Empfindlichkeit in Ehren«, fuhr Lucius fort, »das mag schon so sein, aber du trittst, besonders seit du nun ein freier Mann bist, trotzdem immer auch im Namen der Volcatier auf. Du darfst sogar meinen Familiennamen dem deinen hinzufügen. Wenn du also Anlaß zu Beschwerden hast, dann teile das dem Mann gefälligst unter vier Augen mit, aber nicht bei vollbesetzter Tribüne mit der halben Bürgerschaft Roms als Zuhörer! – Du weißt, wie ich dich schätze. Aber du mußt lernen, dich in die Gewalt zu nehmen. Vergiß nicht: Wenn du einmal einen Sohn hast, wird er römisches Bürgerrecht besitzen! Und das ist ein heiliges Recht! Dazu gehört Haltung, Disziplin, Mannhaftigkeit! – Ich glaube, wir haben uns verstanden.«
Alexander nahm im Sitzen Haltung an. »Jawohl! Haltung! Dissiplin! Mannhaftig!«
»Gut«, nickte der Patron, der schon wieder zu einem moderaten Ton zurückgefunden hatte, denn auch er konnte – wie alle, die mit Alexander zu tun hatten – seinem jungenhaften Charme nie lange widerstehen; und im Innersten gönnte er Catos Sekretär diesen öffentlichen Denkzettel fraglos.
»Und nun berichte uns – ehe ich aufbreche –, was du beobachtet hast. Aber kurz und bündig!«
»Jawohl! Beobachten! Bündig!«
So kurz, wie es seiner überschäumenden Phantasie möglich war, schilderte er, was sich in den letzten drei Stunden begeben hatte.
»Mit anderen Wörtern«, schloß er, »wir sind den Brüdern unmittelbar in der Nähe. Nicht wahr, Archelaos?«
»Sehr korrekt!«
»Und der Knabe, der sich anmaßt, Archelaos zu heißen, wird uns zweifellos mit Nachrichten beglücken. Nicht wahr, Archelaos?«

»Er wird es.«
»Wenn man mich fragte: Wir sind den Urhebern des Ganzen näher als je in unserm Leben. Archelaos?«
»So ist es.«
»Gut«, sagte der Patron und erhob sich. »Ich muß noch einiges in der Stadt erledigen. Teilt mir heute abend eure Entschlüsse über das weitere Vorgehen mit. Alexander!«
»Herr!«
»Würdest du mich zur Tür begleiten?«
Alexander schoß hoch und folgte Lucius nach draußen. Er war ganz Aufmerksamkeit.
Da wandte sich Lucius um und betrachtete mit wohlwollendem Lächeln den Gescholtenen: »Damit wir uns nicht falsch verstehen: Ich bin sehr zufrieden mit allem, was du in die Wege geleitet hast. Und das war gewiß nicht immer einfach. Aber bitte, etwas mehr Zurückhaltung!«
Alexander wußte nicht, wohin mit den Händen. Er nickte nur und schaute, beschämt durch die unerwartete Wärme des alten Mannes, zu Boden.
»Hier!« Plötzlich hatte Lucius zwei Lederbeutel in der Hand.
»Der hier ist für dich. Eine kleine Anerkennung. Und diesen gibst du Archelaos. Und denk daran: Haltung! Gerade in der Öffentlichkeit! Du bist ein Volcatier!«
Alexander nahm beide Beutel und lief vor Überraschung und Freude rot an wie ein Puter.
»Aber Herr! Ich... das... das ist doch... selbstverständlich!«
Lucius lachte. »Nein, das ist nicht selbstverständlich. Aber alles, was wir aus Zuneigung tun, ist gerecht. Und paß stets gut auf meinen Sohn auf!«
»Jawohl!« Er stand wie eine Säule. Lucius ging zum Ausgang, und Alexander riß ihm die Türe auf.
»Ich danke dir, Herr!«
Aber Lucius hob nur die Hand und schritt wortlos davon. Alexander schloß die Außentür. Dann öffnete er flink die größere Börse und zählte die Goldstücke. Beim Pluto! Das waren in Sesterzen fünftausend! Er öffnete den kleineren Beutel: Aha! Nur zweitausend! »Der Patron weiß meinen Wert durchaus zu unterscheiden!«
Und in euphorischer Stimmung ging er pfeifend zurück in die Bibliothek und warf Archelaos den kleineren Beutel zu.
»Für dich! Vom Patron! Sei sparsam damit! Mannhaftig! Verstanden!?«

Dann nahm er seinen Platz ein und stellte ostentativ seinen eigenen Beutel in die Nähe von Archelaos', damit man den Unterschied in Größe und Qualität auch bemerkte.
»Na, das reicht ja immer mal wieder für die nächsten zehn Jahre!« meinte Gaius dazu.
Und Cornificius sagte: »Sag mal, Alexander, was hältst du eigentlich davon, wenn du uns alle einmal zum Essen bei Asconius einlädst? Dort soll es ja neuerdings köstlichen Flamingo am Spieß geben.«
Alexanders Gesicht verfinsterte sich.
»Erst die Arbeit, dann das Essen!«
»Na gut.« Cornificius ließ nicht locker. »Es kann ja auch Erbsensuppe mit Speck sein.«
»Ich glaube kaum, daß der Dichterfürst damit als solcher angemessen bedient ist.«
»Na, denn eben nicht...«, sagte Cornificius und zog ein bedauerndes Gesicht.
»Doch, Praefect[73]!« Er ermannte sich. »Hiermit lade ich den Stab der zehnten Legion[74] nach durchausigem Abschluß der Wahlen samt dem edlen Archelaos zum Essen dieser roten Vögel bei Asconius ein.«
»Hand drauf!« Cornificius hielt ihm die Rechte hin, Alexander schlug ein und drückte sie kräftig, worauf Cornificius sie mit verzerrtem Gesicht schleunigst zurückzog.
»Beim Styx! Du solltest sparsamer mit deinen Pranken umgehen!«
»Jawohl, sparen!«
»Es reicht!« rief Gaius und schlug auf den Tisch. »Die Saturnalien[75] sind erst im Dezember!«
»Schade«, nickte Alexander und schaute schnell nach, ob noch alle Münzen im Beutel waren.
»Darf ich auch etwas sagen...«, meldete sich nun Selenus zu Wort, der, wie es seine Art war, die Flachserei geduldig ertragen hatte.
»Bitte!« nickte Gaius ihm zu. »Endlich kommt die Vernunft zu Wort.«
»Wir sollten so schnell wie möglich jemanden nach Massilia schicken, um die Identität der beiden Matisco festzustellen. Es ist ja nun offenbar, daß sich der eine von ihnen, der sich bei Asconius einquartiert hatte, für den anderen ausgegeben hat.«
»Ja«, sagte Gaius. »Und wüßte ich nicht, daß Loco den zweiten eindeutig als Matisco erkannt hätte, dann hätte ich sehr wohl den ersteren für den echten gehalten.«
»Werde durchaus solange keinen der Brüder für echt halten, wie sie krumme Sachen drehen, Herr. Im übrigen ist mir ununterbrochen

klargeworden, daß es mehrere Knaben auf Pittakos abgesehen haben.«
»Ja, das ist richtig«, nickte Selenus. »Es sieht so aus, als ob es sich dabei um zwei Gruppen handelt; beide scheinen einen Matisco, also einen Gallier, an der Front stehen zu haben.«
»Und was ist mit Birria?« fragte Cornificius.
Selenus überlegte. »Das ist unklar. Entweder gehört er zu einer der beiden Gruppen, oder er handelt auf eigene Faust.«
»Das kann ich mir nicht gut vorstellen«, warf Gaius ein. »Dazu braucht es doch wohl einen anderen Kopf! Ich könnte mir eher denken, daß er die Interessen Milos – wie auch immer – hier vertritt. Bedenkt doch: Milo mußte vor vier Wochen die Stadt Hals über Kopf verlassen. Damit ist seine politische Karriere bis auf weiteres beendet. Auf Caesar kann er nicht hoffen, da er, solange er hier war, gegen ihn agitierte. Er geht freiwillig nach Massilia in die Verbannung. Er besitzt aber immer noch die Mittel und Wege, seine römischen Interessen zu vertreten oder vertreten zu lassen. Er weiß, daß hier starke Kräfte auf die Ablösung Caesars als Proconsul beider Gallien hinarbeiten. Also wartet er ab. Und er hat mächtige Freunde!«
»Augenblick!« Cornificius hob die Hand. »Verlieren wir doch die Fakten nicht aus den Augen! Es ist immerhin ein Mensch ermordet worden – und wahrscheinlich auch Syphax. Ich glaube kaum, daß Milo es sich unter den gegebenen Umständen leisten kann, erneut mit einer Mordanklage belastet zu werden.«
Gaius fragte: »Und was ist mit dieser Geschichte, die Matisco uns aufgetischt hat? Daß ihm ein Vermögen geraubt worden sei? Und welche Rolle spielt sein Kamerad Cotus, der plötzlich verschwunden ist?«
Selenus kratzte sich am Kinn: »Für mich steht nur eines fest: Alle Ereignisse stehen in Zusammenhang mit Pittakos und seinen Leuten. – Aber warum?«
In diesem Augenblick betrat Menander, einer der Haussklaven, den Raum und reichte Gaius ein Blatt.
»Woher?«
»Es lag unter der Haustür.«
»Dann kam es erst vor wenigen Minuten!«
Gaius überflog es und las es vor:

Die Dinge spitzen sich zu. Ihr solltet vorsichtiger sein. Matisco ist gefährlich. Es kann sein, daß ich bald eure Hilfe brauche.
Ein Freund.

»Also, jetzt verstehe ich gar nichts mehr!« rief Cornificius.
Gaius aber sagte: »Wir sollten mit unserer Exkursion nach Massilia warten, bis hier einiges geklärt ist. Was meint ihr, Freunde?«
Alle stimmten dem zu. – In diesem Augenblick wurde draußen der Türklopfer heftig angeschlagen, und gleich darauf kam Menander und meldete: »Ein Fremder namens Archelaos möchte Alexandros, den Sohn des Alexandros aus Theben, sprechen.«
»Korrekt! Das ist er!« Alexander sprang auf und eilte nach draußen.
»Bring ihn herein!« rief Gaius ihm nach.
Sie hörten, wie Alexander dem Mann, der anscheinend verschüchtert zögerte, Mut machte.
»Keine Angst, mein Junge. Hier frißt dich keiner als solcher.«
Dann schob er ihn zur Tür herein.
»Das ist er!«
»Wir sehen es. – Nun, Archelaos, was hast du uns zu sagen?«
Der Mann zögerte. »Das... was ich sagen könnte... es ist gefährlich für mich, wenn diese Leute erfahren, daß ich...«
Gaius stand auf und näherte sich dem Hafenarbeiter.
»Du kannst dich darauf verlassen, daß dein Name nie fallen wird. Im übrigen stehst du ab sofort unter meinem Schutz. Alexander! Archelaos!«
»Hier!« riefen sie gleichzeitig.
Gaius sagte: »Ihr habt verstanden?«
»Jawohl!«
»So, nun berichte uns, was du beobachtet hast.«
Er nickte ihm ermunternd zu.
»Der edle Alexandros, Sohn des Alexandros aus Theben...«, begann er, und der so Genannte strahlte: »Sehr gut! Weiter, lieber Freund!«
»Ja, also du sagtest doch heute morgen, ich solle...«
»Ja«, nickte Gaius. »Wir wissen davon. Was geschah dann?«
»Also, ich achtete nicht weiter auf die Boote. Aber dann kamen – es war etwa vor einer Stunde – zwei von Pittakos' Leuten...«
Alle horchten auf.
»Du kennst Pittakos?« fragte Gaius.
»Herr, ganz Rom kennt Pittakos und seine Schwertkämpfer!«
»Gut, du kanntest also die beiden.«
»Ja, aber sie kannten mich nicht.«
»Woran merktest du das?«
»Weil sie mich wie... wie Dreck behandelten.«
»Verstehe.«

»Sie warfen mir ein paar Sesterzen zu und fragten, wo die *Horrea Galbana* wären.«
»Aha. Aber warum sollten sie nicht nach den *Horrea Galbana* fragen?«
»Das ist richtig. Aber gleich darauf kam noch ein Trupp...«
»Auch von Pittakos' Leuten?«
»Nein. Aber ich sah, wie sie einen Kollegen fragten und dann ebenfalls zu den *Horrea* gingen. – Herr, es ist ungewöhnlich, daß Gladiatoren sich beim *Emporium* aufhalten. Vor allem aber fiel mir ein, was der edle Alexandros mir am Morgen gesagt hatte.«
Alexander tönte: »Das hast du sehr geschmackvoll gemacht, mein Junge! Herr, wir sollten ihm für seine offenen Äuglein und Öhrchen durchaus dankbar sein. Nicht wahr Archelaos?«
»Ohne jeden Zweifel, ja!«
»Ich bin ganz eurer Meinung«, sagte Gaius. »Darum solltest du ihm hundert Sesterzen aus deinem prall gefüllten Beutel aushändigen.«
Alle blickten erwartungsvoll zu Alexander. Wohl oder übel griff er in die Börse, holte das Geld hervor und überreichte es dem Hafenarbeiter mit dem Kommentar: »Geh sparsam damit um! Es ist hart verdient! Haltung! Dissiplin!«
»So ist es«, schloß Gaius. »Hör zu, Archelaos! Halte uns weiter auf dem laufenden. Es wird nicht dein Schaden sein.«
»Aber meiner!« murmelte Alexander.
Gaius bemerkte: »Der edle Alexandros begleitet dich nach draußen.«
Als die beiden die Bibliothek verlassen hatten, konnte Cornificius nicht mehr an sich halten und lachte laut auf, und auch Archelaos und Selenus lächelten fein.
Gaius aber hob beschwichtigend die Hand: »Leise! Ihr wißt um seine Empfindsamkeit!«
Und da war er schon wieder in der Tür: »Na, wie haben wir das gemacht?«
»Großartig«, sagte Gaius. »Du bist über den Schatten deiner Börse gesprungen!«
Alexander hielt den Kopf schief und wog ab, ob das ironisch gemeint war; doch auch Cornificius pflichtete bei: »Ehrlich! Durch deine Aufmerksamkeit sind wir einen großen Schritt weitergekommen.«
Alexander strahlte: Na also!

28

Doch dann hatte der Spaß ein Ende.
»Ich glaube, es ist an der Zeit«, faßte Gaius zusammen, »Maßnahmen zu ergreifen. Wir sind zwar bisher nicht – noch nicht! – selbst betroffen, aber das kann sich schnell ändern. Darum sollten wir unserem möglichen Gegner einen Schritt voraus sein.«
Er blickte abwechselnd Alexander und Archelaos an, und sie wußten: Nun würde der entscheidende Befehl kommen.
Alexander tönte: »Du kannst mit unserem ganzen Einsatz in Völle rechnen, Herr! Archelaos!«
»Er kann es.«
»Herhören!« Sie hingen an seinen Lippen. »Ihr sprecht doch beide recht gut Gallisch...«
»Wir sprechen es!« riefen sie auf keltisch.
»Zumindest wird es reichen, euch vor römischen Ohren als Gallier auszugeben...«
»Jawohl! Es reicht!« Das kam nun wieder auf latinisch.
»Ihr kauft euch einen gallischen Mantel...«
»...aber durchaus geschmackvoll! Und wir brauchen zwei!«
»Sicher. Dann besorgt ihr euch bei unserem Mimen Publilius Syrus einen prächtigen gallischen Schnauzbart...«
»Aber blond! Das ist geschmackvoll!«
»Korrekt. Und eine ebensolche Perücke!«
»Und dann begeben wir uns nach Massilia!«
»Keineswegs. Ihr geht zum neuen Hafen am *Emporium* und fragt auffällig viele Leute nach den *Horrea Galbana.*«
»Und dann laufen wir einen hübschen Spähtrupp und räuchern das Häuschen aus.«
»Nicht unbedingt. Ihr geht hin und meldet euch beim Verwalter der Anlage, wobei er an eurer Sprache merkt, daß er es mit Galliern zu tun hat.«
»Sehr geschmackvoll. Aber wir sind als solche keine.«
»Genau. Dann erzählt ihr ihm etwas von Geschäften in Rom und gebt ihm zu verstehen, daß ihr in den *Horrea* Lagerplätze mieten wollt. Ihr laßt durchblicken, es handle sich um ein Millionengeschäft. Dabei flüstert ihr dem Mann bei Gelegenheit hinter der Hand zwei Namen zu: Milo und Matisco.«
»Wir flüstern!« brüllte er. »Aber das hört er durchaus nicht gerne und fängt an, sich Sorgen zu machen.«
»Und genau das werdet ihr verhindern. Ihr müßt ihn dazu bringen,

euch alle Räume zu zeigen. Achtet dabei besonders darauf, welche er euch nicht zeigt, denn auf die kommt es an. Verstanden?«
»Jawohl!«
»Gut. Wenn möglich, schwatzt ihm einen Plan der Anlage ab. Solche Leute sind leicht zu bestechen.«
»Schade.«
»Ja. Haltet Augen und Ohren offen. – So, nun geht und besorgt euch heute alles, was ihr braucht. Morgen früh an die Arbeit! Wegtreten!«
Sie standen stramm, grüßten militärisch und marschierten zur Tür, als sich Alexander noch einmal umdrehte:
»Herr, nur eine Frage...«
»Bitte!«
»Wir wissen aber doch Anbetracht dessen ohnehin durchaus, welches der hübschen Häuschen die *Horrea Galbana* sind. Warum sollen wir danach fragen?«
»Damit möglichst viele Leute Kenntnis davon erhalten, daß zwei dämliche Gallier eben gerade nach dem Häuschen gefragt haben. Seid vorsichtig!«
»Jawohl! – Warum?«
»Ein Hafenkran könnte euch was Hübsches auf den Kopf fallen lassen.«
»Sein gutes Recht.«
Zack! – Und weg waren sie.
Gaius rieb sich die Hände. »So. Morgen wissen wir mehr. – Komm, Dichterfürst! Wir müssen uns umziehen. Das Erbe der Ahnen muß gefeiert werden. Selenus kann es kaum noch erwarten, seine Rede loszuwerden.«
»Da bin ich aber gar nicht so sicher«, lächelte Selenus zurück. »Wie ich den Patron kenne, wird er seinem ältesten Sohn dieses Vorrecht abtreten.«
»Was sagst du da? – Ich bin doch gar nicht darauf vorbereitet! Bist du sicher, daß ich...«
»Ja. Lucius bat mich vorgestern, dir dabei zu helfen.«
Er schob Gaius eine Rolle zu. »Hier ist das Manuskript. Du solltest es vor dem Vortrag wenigstens einmal überfliegen.«
Gaius atmete erleichtert auf. »Wie kann ich dir dafür danken?«
»Indem du schön langsam und deutlich sprichst. Du wirst den kundigen Autor der Zeilen und einen leibhaftigen Dichter als Zuhörer haben!«

29

Den Rest des Nachmittags verbrachten Alexander und Archelaos mit der Beschaffung der notwendigen Verkleidung und der mimischen Zutaten.
Wir wollen hier auf einen längeren Bericht über das Zustandekommen des Geschäfts mit dem kundigen Nicomachus verzichten. Nur soviel: Der Meister entließ sie schließlich händeringend mit der innigen Beteuerung, in diesen Mänteln könnten sie sich fraglos beim nächsten pangallischen Fest zu Lugdunum[76] sehen lassen; außerdem würde man ihnen auf der Stelle Ehrenplätze unter den Fürsten einräumen – was Alexander, in Erinnerung an den Vorfall mit Catos Sekretär auf der Ehrentribüne und dessen Folgen, zu der kernigen Bemerkung anregte: »Hasse Ehrenplätze als solche! Erst recht unter Fürsten!«

Publilius Syrus – seit einigen Wochen zum Freund der *Gens Volcatia* avanciert[77] – hatte seinen Spaß, aus dem Sohn aus Theben und aus dem Kilikier zwei beinahe echte Gallier zu machen; und auf die Frage Alexanders, ob das als solches auch geschmackvoll sei, reagierte er wie üblich mit einem seiner Sprüche: »Takt ist nicht lernbar, er ist angeboren...«, worauf Alexander den Kopf schief hielt und abwog, ob das ironisch gemeint war. Dann ergänzte Syrus: »Was Sicherheit dir gibt, halt stets im Auge. Nur wer auch Fallen stellt, kann Fallen meiden.«
Als er ihnen dann lächelnd den Schminkspiegel vorhielt, erkannten sie sich selbst nicht wieder; und als Alexander sich mit einem »Werde dich lobend erwähnen!« vom Meister der Iamben verabschiedete, rief der ihnen von der Tür her nach: »Wer Wack'ren gibt, gibt einen Teil sich selber.«
»Sein gutes Recht.«
Sie schritten nach Süden und verließen den Aventin durch die Porta Navernalis, bogen gleich rechts ab und erreichten nach etwa zweihundert Schritt die Via Ostiensis, die hier direkt zum Tiber nach Nordwesten vorstieß und den Fluß oberhalb des *Emporiums* erreichte. Wenn ihnen Passanten, Händler, Handwerker oder Schiffer begegneten, sprachen sie keltisch miteinander.
»Fühle mich durchaus immer mal wieder wie in Gallien vor einem Jahr, als wir den Jungs bei Avaricum das Laufen beibrachten. Bin außerdem gespannt, ob dieser Archelaos uns wiedererkennt. Bist du verwandt mit ihm?«

»Kann mich nicht entsinnen. Es gibt viele, die Archelaos heißen.«
»Sehr wahr. Aber nur einen, der Alexander heißt!«
»Da hast du recht: Du bist unverwechselbar.«
Alexander blieb stehen: »Wenn du Streit suchst, kannst du ihn unbedingt haben, Pirat!«
Er hob die Fäuste und wippte in den Zehen, so daß ein Holzhändler, der ihnen mit seinem vollbeladenen Ochsenkarren entgegenkam, den Kopf schüttelte und murmelte:
»Diese Gallier! Tsss! Jetzt prügeln sie sich schon vor den Toren Roms herum!«
Und seine Meinung über die militärische Leistung Caesars, dieses wilde barbarische Volk im Norden befriedet zu haben, stieg gewaltig.
Die beiden »Gallier« schritten indessen schon auf das *Emporium* zu, wo, im Unterschied zum geschäftigen Treiben in der Stadt, auch in diesen Nachmittagsstunden jenes stetige Kommen und Gehen herrschte, das allen Häfen rings um das mittlere Meer gemeinsam ist. Wie Gaius es ihnen empfohlen hatte, begannen sie in unbeholfenem Latinisch diesen und jenen Arbeiter, Vormann oder Schreiber, der ihnen über den Weg lief, nach der Lage der *Horrea Galbana* zu fragen, und es war für sie höchst interessant, die Reaktionen der Leute zu beobachten. Sie reichten von einem mürrischen »Da drüben!«, »Keine Ahnung!« über »Was wollt *ihr* denn da?« bis zu »Aha! Diese Langhosen! Jetzt nisten sie sich schon in Rom ein!« Die letzte Bemerkung veranlaßte Alexander zu der erstaunten Feststellung: »Scheinen hier aber durchaus nicht beliebt zu sein, die braven Nordmänner. Na ja, die Jungs haben da oben auch nicht gedient.«
So näherten sie sich allmählich den Galbanischen Speichern und waren nun doch sehr erstaunt über Größe und Ausdehnung der Anlage. Von einem Mann, der mit allerlei Kisten hantierte, erfuhren sie den Namen des zuständigen Verwalters: Sextus Villius Annalis.
»... der da drüben! Der Kleine von den beiden, die sich da unterhalten! Neben dem Haupttor!«
Sie dankten und gingen in die angegebene Richtung. Villius Annalis war klein – gewiß, doch das Fehlen von Größe machte er mit einem prächtigen Leibesumfang wett, so daß seine Tunika weit vor den Füßen glatt herabhing.
Als sie näher kamen, bemerkten sie weitere Einzelheiten: Von einem Doppelkinn konnte man kaum noch reden, da die Fettpolster unterhalb des Kinns in mehreren Stufen die Verbindung zur Brust herstellten, so daß der Hals nur zu ahnen war.

»Er weiß durchaus mit seinen Pfunden zu wuchern!« nickte Alexander und warf einen Blick auf die Hände: auch sie fleischig, breit, viel zu groß für den kurzen Körper; die Glieder der Finger kugelig, weich, wie bei einem wohlgenährten kleinen Amor; und wenn er sich, wie jetzt, reckte, bildeten sich auch hinten, zwischen dem kahlen Schädel und dem Nacken, zwei feiste Wülste; er konnte den Kopf drehen und wenden, wie er wollte, allenthalben kam er auf weichen Polstern zu bequemer Auflage.
Und noch etwas fiel ihnen auf: Beim Sprechen, bisweilen auch beim Zuhören, pflegte er mit dem Unterkiefer nach rechts zu zucken, wobei die Massen des beteiligten Gesichtes den ganzen Kopf in die Richtung zu zwingen schienen, denn die roten Backen schlenkerten mit Verzögerung hinterher. Wenn der Mann sprach, verengte sich der ohnehin nicht große Mund zu einem O, die Augen nahmen diese Form auf und ahmten, weit aufgerissen, den runden Buchstaben nach, so daß es schien, als ob Villius Annalis ununterbrochen über irgend etwas staunte.
In geradezu lächerlichem Gegensatz zu den barocken Massen dieses Gesichtes stand die Nase: Man mußte eine Weile hinblicken, um sie zu entdecken, obwohl sie sich eigentlich recht keck behauptete; klein, aber fein, wies ihre Spitze nach oben.
Alexander und Archelaos blieben in etwa fünf Schritt Entfernung stehen, warteten und hörten nun seine Stimme: Zwar klang sie sehr hoch, doch die Schnelligkeit, mit der sie sprach und lautierte, machte sie staunen. Noch nie hatten sie einen Menschen so schnell reden hören. Dazwischen aber immer wieder dieses Zucken und Schlenkern der Backen nach rechts, das, wie sie nun sahen, auch den Oberkörper daran teilhaben ließ, denn wenn das Gesicht zuckte, zogen sich die Schultern ruckartig zusammen. Nicht nur das: Dieses Zucken übertrug sich scheinbar auf den Zuhörer, denn immer, wenn das Wangenbeben einsetzte, schien es sich wie ein Reflex auf dem Gesicht des Gesprächspartners zu wiederholen; und als Archelaos zu Alexander blickte, sah er auch auf seinem Gesicht ein entferntes, doch sichtbares Echo der unwillkürlichen Bewegung.
Villius war nun fertig und entließ seinen Gesprächspartner. Er wandte sich zur Seite und gewahrte die beiden vornehm gekleideten, schnauzbärtigen und blonden Gallier. Und da sahen die beiden noch etwas im Gesicht des fülligen Verwalters: Der eben noch jovial freundliche Blick wandelte sich zu einem kritischen, mißtrauischen Abtasten; mit verengten Pupillen registrierte er blitzschnell das Äußere der beiden, und ihnen war klar, daß nun ihre Herkunft, ihr Ver-

mögen, ihr Wert taxiert wurde. Die Prüfung schien zu ihren Gunsten ausgefallen zu sein, denn Villius setzte wieder das anfängliche joviale Lächeln auf. Und auch Alexander und Archelaos zeigten sich von ihrer freundlichen Seite.
Alexander begann überaus freundlich, wobei er sich in der Rolle des mit keltischem Akzent latinisch sprechenden Galliers übte: »Gehen wir als solche recht in der Annahme, den edlen Sextus Villius Annalis vor uns zu sehen?«
Villius, der noch nie einen Gallier so gespreizt hatte reden hören, formte mit Auge und Mund das bekannte O und entgegnete wohlwollend: »Ich bin es. Und womit kann ich... worum handelt es sich?«
»Nun«, Alexander reckte sich. »Wir kommen aus Massilia...«
»Aus Massilia!« rief er, und die Backen zuckten nach rechts. »Schau an! Eine schöne Stadt!«
»Du sagst es. Ein Geschäftsfreund hat dich uns empfohlen.«
Alexander nickte ihm zu, als ob es die selbstverständlichste Sache von der Welt sei.
»Soso...« Die Pupillen verengten sich wieder. »Kenne ich diesen – ich meine, diesen Geschäftsfreund?« Er zuckte gewaltig und hob die Schultern.
»Das kann als solches zweifellos durchaus der Fall sein.«
»Soso. Darf man fragen, wer – ich meine, wer ist dieser Geschäftsfreund?«
»Aber selbstverständlich!« tönte Alexander. »Matisco heißt er. Sohn eines haeduischen Fürsten!«
Sie beobachteten ihn genau. Die Augen verengten sich, aber was wollte das besagen?
»Soso... Matisco... Ja, habe schon von ihm gehört. Ein tüchtiger, ach was, ein erfolgreicher Mann, ja. Sehr schön, sehr schön! Ja, und was – ich meine, warum kommt ihr zu mir?« Es zuckte wieder, und Alexander nahm unwillkürlich die Bewegung auf.
»Ja, es geht allerdings um ein erkleckliches Sümmchen, das du dir als solches durchaus verdienen kannst.«
Und dann entwarf er einen gigantischen geschäftlichen Plan, redete von den kommenden Handelsbeziehungen mit dem eroberten Kernland im Norden: Es könne kein Zweifel daran bestehen, daß dieses Geschäft die Beteiligten bald zu den vermögendsten Männern des Imperiums machen werde. Man müsse sich nur beeilen, ehe andere die besten Stücke aus dem gallischen Kuchen herausschnitten.
»Dazu brauchen wir aber durchaus Lagerräume von gewaltigem Volumen direkt hier in Rom.«

Villius hatte, unter mehrmaligem Zucken und Nicken, zugehört. »Recht so!« nickte er. »Niemand weiß, was morgen ist. Wir sind alle sterblich.« Er zuckte. »Soso... Ihr wollt euch also – ich meine, hier bei Villius einmal umschauen.«
»Ja, das wäre Anbetracht dessen durchaus unser Wunsch, weil du uns auch besonders empfohlen wurdest.«
»Gut, gut. Könnt ihr, Freunde! Könnt ihr! Kommt, ich zeige euch alles!«
Er trippelte voraus, und Alexander warf Archelaos einen Blick zu: Na also!
Hatte die Halle von außen schon gewaltige Ausmaße, so staunten sie, als sie sahen, was man in ihrem Innern alles unterbringen konnte: Hunderte von Schiffsladungen mit allen Gütern des Erdkreises stapelten sich in den Gängen zwischen den Säulen, und es war immer noch Platz vorhanden.
»Das hier«, Villius wies zur rechten Seite, »das ist Brot in seiner Naturform.« Er zuckte. »Es liegt auf Vorrat für Krisenzeiten.«
Es waren Berge von Säcken, gefüllt mit Getreide aus Ägypten und Sicilia.
»Die Stadt Rom hat den« – er zuckte! – »größten Teil des Speichers in Benutzung, hat aber einen Teil privaten Zwecken zur Verfügung« – !! – »gestellt. Da müßte für euch noch ein« – !! – »ein Plätzchen zu finden sein.«
Er zeigte ihnen leeren Stapelraum.
»Sehr schön an sich!« lobte Alexander. »Wäre als solches durchaus geeignet für unser Vorhaben. Nicht wahr, Ar... Arsaces?«
»Sehr korrekt, Ale... Alesianus!«
Villius stutzte: »Soso. Alesianus heißt du?«
»Ja«, lächelte Archelaos. »Er hat sich während der Kämpfe um Alesia[78] ausgezeichnet«, ließ jedoch offen, auf welcher Seite »Alesianus« gestanden hatte.
»Alesia! Soso...« Er zuckte.
»Ja«, nickte Alexander. »Wir taten als solche alle nur unsere Pflicht. Nun aber, wack'rer Hüter der Halle, zeige uns noch die Räume, die wir als Kontor benutzen können.«
»Als Kontor? Ja, aber« – !! – »woher nehmen, wenn nicht... Ah! Da hätten wir noch was.«
Er winkte, ihm zu folgen, und führte sie zur linken Seite der Halle, wo einige Türen in anschließende Räume führten.
»Das ist mein« – !! – »Zuhause.«
Der Raum war nüchtern und zweckmäßig eingerichtet.

»Und hier« – !! – »arbeiten meine Schreiber.«
Die Räume waren von gleicher Größe, mit einem Fenster an der Außenseite.
Alexander ging auf die folgende Tür zu und wollte sie öffnen. Mit überraschender Schnelligkeit war Villius neben ihm.
»Der ist für die« – !! – »nächste Zeit schon vergeben.«
Er zog Alexander weiter und zeigte ihm am Ende der Halle einen noch leeren Raum. Den könne er ihm zur Verfügung stellen.
»Wenn ihr also ernsthaftes Interesse habt, solltet ihr euch« – !! – »bald entscheiden!«
»Das werden wir durchaus tun. Du wirst Anbetracht dessen von uns hören.«
Villius begleitete sie nach draußen auf den Vorhof, verbeugte sich und dankte für ihr Interesse. Dann trippelte er sehr schnell in die Halle zurück, lief, halb gehend und stolpernd, durch die Gänge und verschwand, nicht ohne sich umzusehen, hinter der vierten Tür.
Ebenso schnell, nur mit größeren Schritten, machten sich Alexander und Archelaos auf den Heimweg.
»Das wird den Herrn als solchen« – er blieb stehen und zuckte! – »immer mal wieder freuen!«
»Sehr korrekt, Ale...« – Archelaos zuckte – »...sianus. Aber das hätte ins Auge gehen können.«
»Sehr wahr.«

30

»Gut gemacht!« lobte Gaius schmunzelnd die beiden »Gallier«, nachdem sie berichtet hatten. »Umziehen! Weitere Befehle abwarten!«
»Jawohl! Gut gemacht! Abwarten!« Sie grüßten und trollten sich.
Eine Viertelstunde später nahmen alle um den großen Eichentisch in der Bibliothek Platz: Gaius, Selenus, Cornificius, Alexander und Archelaos. Lucius der Patron, der mit senatorischen Freunden im großen Speisezimmer tafelte, wurde von der Besprechung in Kenntnis gesetzt.
»Machen wir's kurz«, begann Gaius. »Was schlagt ihr vor?«
Selenus überlegte nicht lange: »Noch heute abend sollten wir die Rückseite der *Horrea Galbana* in Augenschein nehmen. Im übrigen scheint unser Freund sehr zufrieden mit uns zu sein.«
Gaius horchte auf: »Was... was meinst du?«
»Folgende Nachricht wurde abgegeben.«

Selenus entfaltete ein Blatt Papyros.

Das habt ihr gut gemacht. Nun solltet ihr keine Zeit verlieren.

Cornificius staunte: »Möchte wissen, woher der Mann seine Informationen hat.«
»Das ist unwichtig«, sagte Gaius. »Wer übernimmt die Sache?«
»Ich!« riefen Alexander und Archelaos gleichzeitig.
»Ich werde mitgehen«, sagte Cornificius.
»Gut, seid vorsichtig! Die Burschen sind skrupellos«, warnte Gaius.
Um für alle Fälle gewappnet zu sein, trugen sie unter ihren Mänteln Lederkoller und bewaffneten sich mit Dolch und Schwert.
Als sie das Haus am Caelius verließen, tauchte die Dämmerung Rom in den goldenen Schein eines geheimnisvollen Lichtes.
»Bis wir da sind, wird es so dunkel sein, daß wir uns ungesehen heranschleichen können.«
Dies war ihr Plan: Von der Rückseite her wollten sie sich den *Horrea Galbana* nähern und versuchen, durch ein rückwärtiges Fenster in den Raum einzusteigen, den zu betreten Villius den beiden »Galliern« so eindringlich verwehrt hatte. Wie in diesem Fall vorzugehen war, konnte erst an Ort und Stelle entschieden werden, da sie damit rechnen mußten, daß das Gebäude bewacht wurde.
»Was ist«, fragte Archelaos unterwegs, »wenn die Jungs am Tor Schwierigkeiten machen? Ich meine, wenn wir im Dunkeln wieder in die Stadt wollen?«
»Werde ihnen als solchen klarmachen, daß das Schicksal Roms und des Erdkreises von ihnen abhängt. Nicht wahr, Fürst der Dichter?«
»Nicht nötig«, gab Cornificius zurück. »Laßt mich nur machen!«
»Na, dann eben nicht...«, maulte Alexander, der sich um die Gelegenheit gebracht sah, wieder einmal ein paar renitente Wachen in seinem Sinne auf das Erbe Roms zu verpflichten.
»Doch, mein Junge, aber nur im Notfall!«
»Jawohl! Notfall! Hier ist immer Notfall!«
»Warten wir's ab.«

Sie erreichten das Forum Boarium, und in den Kneipen herrschte der für diese Stunde übliche Lärm und Trubel. Sie wandten sich nach links, nach Süden, wo die Via Ostiensis durch die Porta Trigemina das Stadtgebiet erreichte. Das große Doppeltor war bereits geschlossen, nur die Seitenpforten waren noch offen. Man würde sie ohne weiteres passieren lassen, ihnen aber eine Stunde oder zwei Stunden später den

Eintritt verwehren. Der Platz vor dem Tor war mit Fackeln hell erleuchtet.
Cornificius ging auf den nächsten Posten zu.
»Ich möchte den Wachhabenden vom Dienst sprechen!«
Das klang sehr nach militärischem Befehlston eines Offiziers, und der Bursche beeilte sich, seinen Vorgesetzten zu holen.
Dann trat ein großer, schwerer Mann hinkend aus dem Wachlokal. Auf den ersten Blick erkannte man den früheren Legionär. Viele ehemalige Kameraden hatten diesen ruhigen, wägenden Blick und diese selbstbewußte stumme Haltung, die sie auch nach zwanzig Dienstjahren nicht ablegen konnten.
Trotzdem – oder gerade deswegen – konnte Alexander nicht an sich halten. Er schob seinen Mantel zurück und stemmte beide Hände so in die Hüften, daß man seinen Koller und die Waffen gut sehen konnte. Dann bellte er: »Name!«
»Asinius Hispo...«
»Schöner Name! – Schon mal gedient?«
»Wie? – Ja, in Gallien...«
»Noch besser! – Einheit!«
»Zehnte!«
»Dein Glück! – Bei Alesia gewesen?«
»Jawohl. Wurde da verwundet.«
»Ausgezeichnet! Herhören!« Der Mann nahm verdutzt Haltung an. »Hier steht und wartet der edle Praefect und Fürst der Dichter Quintus Cornificius samt Alexandros Volcatianos, Mitarbeiter des Proconsuls und Freund des gallischen Krieges, unter Mitarbeit des tapferen Archelaos!«
Der Mann zwinkerte überrascht.
»Herhören! Geheime Aktion! Verstanden!«
»Jawohl!« Er war ganz bei der Sache.
»Du wirst dieses Törchen bei unserer Rückankunft zu gegebener Stunde hübsch öffnen und die genannten Stabsoffiziere als solche auf der Stelle hereinbitten. Verstanden?«
»Jawohl!«
»Na also!« Alexander nickte ihm zu. »Werde dich lobend erwähnen. Haltung, Mann! Dissiplin! Sauberkeit! Rom braucht solche Männer! Verstanden?«
»Jawohl!«
»Noch Fragen?«
»Keine Fragen!«
»Na, dann eben nicht... Öffnen!«

Aber das Seitentor war ja offen, und so schritten die drei dort hindurch und entfernten sich schnell. Der Posten aber blickte ihnen verwirrt nach und fragte nach einer Weile seinen Vorgesetzten: »Sag mal, hat der...?«
»Nein. Der ist bei Alesia dabeigewesen. Da bleibt immer was hängen. Schrecklich!«
Und er streichelte sein lahmes Bein, das einen baldigen Wetterumschwung ankündigte.

31

Nach wenigen Minuten erreichten sie das Gelände des *Emporiums*. Im letzten Rot des westlichen Himmels zeichneten sich die Umrisse der Segler und ihrer kahlen Masten dunkel ab. Links erkannten sie die Konturen des *Porticus Aemilia*. Sie folgten der Via Ostiensis, die hier scharf nach links abbog und fast in südlicher Richtung den Lauf der den Aventin begrenzenden Mauer begleitete. Dann zweigte nach etwa zweihundert Schritt rechts die Zufahrtsstraße zu den Speichern und Hallen ab. Am Tage war sie befahren von ratternden Ochsenkarren und Schwertransporten, wenn Bauern, Händler und Kaufleute der umliegenden Dörfer und Städtchen sich mit den importierten Gütern, Materialien und Waren versahen, die sie nicht selbst produzierten.
Jetzt, zu Beginn der Nacht, waren es vor allem die Bäcker, Garköche und Schankwirte, die ihre Sklaven mit Karren losschickten, um ihre Vorräte an Weizen, Gerste, Hirse und Wein aufzufrischen, da es am Tage verboten war, mit den schwerfälligen Wagen und Karren durch die engen Gassen und Straßen zu fahren, die ohnehin von Passanten, Bettlern, Bürgern und Fremden verstopft waren.
Der an- und abschwellende Lärm dieser Karren konnte ihrem Vorhaben nur günstig sein, ebenso der Mond, der, kaum behindert durch leichte Wolkenschleier, sein kühles Licht über die Stadt breitete.
Alexander machte den Führer und schritt sicher voraus. So erreichten sie die nordwestliche Ecke der Galbanischen Speicher und hielten an. An der Außenmauer führte ein ungepflasterter Weg entlang.
»Noch zweihundert Schritt bis zur östlichen Ecke!« flüsterte Alexander. »Dann das vierte Fenster rechts!«
Cornificius nickte. »Absolutes Schweigen von jetzt an!«
Sie blickten aufmerksam voraus und lauschten.
»Sie werden hier keine Wachen stehen haben, weil man durch die

kleinen Fenster kaum größere Mengen Getreide entwenden kann«, sagte Archelaos. »Außerdem sind alle diese Räume von innen verriegelt.«
Langsam, alle zehn Schritt verhaltend und sichernd, gingen sie bis zur nächsten Ecke und blickten um sich. Kein Mensch war in der Nähe.
»Wartet hier!«
Alexander huschte davon, entfernte sich von der rückwärtigen Mauer und verschwand in der Dunkelheit. Auf der Via Ostiensis ruckelte ein Karren entlang, das Geklapper wurde leiser und verschwand. Fledermäuse huschten an ihnen vorbei, lautlos und sicher, aber man sah ihre schwarzen Fittiche für einen Augenblick im Mondlicht. Da kam Alexander zurück.
»Und?« fragte Cornificius leise.
Alexander kam ganz nahe heran.
»Hinter dem vierten Fensterchen ist unbedingt Licht. Die Brüder scheinen eine Stabsbesprechung abzuhalten. Sollten durchaus einen hübschen Spähtrupp laufen, Dichterfürst!«
»So ist es«, nickte Cornificius. »Archelaos!« rief er leise.
»Hier, Praefect!«
»Du bleibst hier an der Ecke und achtest auf Nachtwächter und sonstige Störenfriede!«
»Jawohl!«
Cornificius stieß Alexander an: »Los!«
Wie zwei große Katzen schlichen sie an der Wand entlang. Einmal erschraken sie, als sie ein Tier aufscheuchten. Sie hielten an und lauschten. Doch es blieb ruhig.
Dann erreichten sie das vierte Fenster. Es war, wie alle andern, in etwa sieben Fuß Höhe angebracht, um Dieben das Einsteigen zu erschweren. Vorsichtig traten sie einige Schritt von der Mauer zurück und blickten nach oben: Man hatte irgendeinen Stoff, vielleicht einen Sack, vor die Öffnung gehängt, so daß das Licht nur gedämpft durch das Gewebe nach außen drang. Aber man hörte Stimmen.
Cornificius tippte Alexander an und gab ihm durch Zeichen zu verstehen, er solle sich auf seinen gekrümmten Rücken begeben und zum Fenster recken, um die Gespräche drinnen belauschen zu können. Alexander verstand.
Behutsam näherten sie sich der Mauer. Cornificius bückte sich, die Arme gegen die Wand gelehnt, und Alexander kletterte langsam und vorsichtig mit angehaltenem Atem auf seinen Rücken, blieb zunächst in der Hocke, tastete sich dann sichernd mit den Händen an den Fugen der Quader aufwärts, reckte sich, kam mit dem Kopf in Höhe des Sim-

ses und hielt sich dann an der Regenkante fest, damit Cornificius nicht das gesamte Gewicht seines Körpers aushalten mußte.
Es war nicht möglich, durch den improvisierten Vorhang hindurchzublicken. Aber nun hörte er deutlich die Stimmen.
»Die Zeit drängt! Wir werden beobachtet!«
Das war ohne allen Zweifel Villius Annalis! Alexander sah ihn nicht, wußte aber, daß er aufgeregt mit Kinn und Backen nach rechts zuckte.
»Unsinn!« sagte ein anderer. Alexander konnte sich nicht der Stimme erinnern. »Wir haben noch einen halben Monat Zeit. Wenn wir jetzt die Dinge überstürzen, kann es schiefgehen.«
»Und ich sage euch, wir werden – ich meine, wir werden beobachtet. Heute nachmittag waren zwei seltsame Gallier hier, die Lagerräume mieten wollten.«
»Na und?« sagte der andere. »Seit wann ist das verboten? Immer mehr Gallier entdecken die Vorteile, hier Stapelplätze anzulegen. Nun fangt nicht an, da etwas zu sehen, wo nichts ist. Was meinst du dazu, Pittakos?«
Alexander spitzte die Ohren. »Ich bin ganz der Meinung von Villius Annalis. Bei mir ist schon zweimal eingebrochen worden.«
»Und?« fragte der Unbekannte. »Fehlt was?«
»Nein. Aber das Unterste wurde zuoberst gekehrt. Ich bin...«
»Hattest du«, fiel ihm der Fremde ins Wort, »denn die Liste offen herumliegen?«
»Beim Mercurius! Nein! Aber daraus schließe ich, daß wir beobachtet werden.«
»Von wem? Etwa von diesem radebrechenden Griechen? Wie hieß er noch?«
»Alexander... Nein, da müßte schon ein anderer als dieses Großmaul kommen!«
Alexander schluckte und hätte am liebsten den Vorhang weggerissen. »Dem werd' ich's zeigen!« murmelte er unhörbar.
Pittakos fuhr fort: »Ich weiß nicht, wer dahintersteckt. Wir sollten jedenfalls so bald wie möglich losschlagen.«
»Hm...« Der Unbekannte schien nachzudenken. »Kann ich mich auf deine Leute verlassen?«
»Voll und ganz!«
»Du hast das Geld?«
»Sicher.«
»Gut. Du solltest weitere Leute für die Sache interessieren. Wenn du Geld brauchst, laß es mich wissen. Haltet euch jederzeit bereit! Der

Einsatzbefehl wird ohne Vorankündigung kommen. Halte dich dann genau an die einzelnen Anweisungen und den Zeitplan! Alle von mir bezeichneten Örtlichkeiten werden zur gleichen Zeit besetzt. Noch Fragen?«

»Keine Fragen.«

»Gut. Ihr wißt, wo ihr mich in Notfällen erreichen könnt.«

Sie erhoben sich, Stühle wurden gerückt. Dann wurde das Licht gelöscht und die Tür von der inneren Halle aus verschlossen.

Alexander ließ sich auf den Boden gleiten.

»Hast du...?« fragte er leise.

»Ja«, nickte Cornificius. »Habe das Wichtigste mitbekommen. Wenn sie das Gebäude verlassen, werden wir ihnen langsam folgen.«

Sie gingen zur Ecke zurück, wo Archelaos wartete, und teilten diesem das Wesentlichste mit.

»Wir müssen uns an den Unbekannten halten«, überlegte Cornificius. »Den beiden andern zu folgen, wird nichts Neues bringen, da wir sie ohnehin kennen.«

Sie schlichen an der Mauer zurück, hockten sich in etwa zwanzig Schritt von der Straße entfernt auf den Boden und warteten. Dann hörten sie, wie das Außentor geöffnet und wieder verschlossen wurde. Gleich darauf sahen sie drei Gestalten vorübergehen, die sich leise unterhielten. Sie folgten ihnen in großem Abstand im Schatten des Aemilischen Porticus.

»Wie kommen die denn durchs Tor?« fragte Archelaos.

Cornificius meinte: »Für Villius Annalis eine Kleinigkeit, da er bekannt ist.«

»Werde ihm die Kleinigkeit durchaus austreiben!« meldete sich Alexander.

»Sicher. Ich vermute, daß sie sich gleich von dem Unbekannten trennen werden.«

»Sollen wir uns den Burschen als solchen vorknöpfen, damit er uns bekannter wird?«

»Später, mein Junge. Erst müssen wir herausfinden, wie und wo er verschwindet.«

»Schade.«

»Sicher.«

Sie erreichten die Via Ostiensis, blieben stehen und lauschten in die Nacht, aber ein davonruckelnder Karren deckte alle anderen Geräusche zu.

»Weiter!«

Sie folgten links der Straße und passierten die Nordseite des Aemili-

schen Porticus. Mit großen, federnden Schritten folgten sie der Straße. Ihnen kam ein weiterer Karren entgegen. Sie fragten den Fuhrmann, ob er drei Personen gesehen habe.
Ja, meinte der; sie hätten sich eben an der Ecke getrennt.
»Zum Hafen!« befahl Cornificius. Sie rannten los, erreichten die ersten Anlegestellen. Doch bei den Schiffen war alles ruhig. Vorsichtig schlichen sie an der Kaimauer flußabwärts, kamen so an die Stelle, an der am Tage die Boote an Land gezogen worden waren. Und dann hörten sie deutlich die Ruderschläge von der Mitte des Flusses her.
»Verdammt!« flüsterte Alexander.
»Keineswegs«, meinte Cornificius. »Sie rudern flußaufwärts. Wir sind schneller als sie. Kommt!«
Im Dauerlauf erreichten sie das Stadttor, wurden auf der Stelle eingelassen und folgten dem Lauf der Straße in Nähe des Ufers. Und dann sahen sie das Boot! Etwa ein Stadion unterhalb der Pons Sublicius näherte es sich bei den alten Mühlen dem anderen Ufer. Dann verschwand es im Dunkel der halbverfallenen Bauten. Es blieb still.
»Merkt euch gut die Anlegestelle!« sagte Cornificius. Sie blickten scharf hinüber und prägten sich die Szenerie, die keine besonderen Fixpunkte bot, so gut es ging, ein. Dann machten sie sich schweigend auf den Heimweg.

32

Es war schon zu spät, um an diesem Abend noch Entscheidungen über das weitere Vorgehen zu treffen, zumal Gaius nicht umhin konnte, der Bitte des Patrons zu entsprechen und als ältester Sohn und Erbe an der Feier zu Ehren der Ahnen im Caelischen Hause teilzunehmen.
Cornificius hatte ihm nur das Wichtigste mitgeteilt, und sie hatten sich gleich für den nächsten Morgen zu einer Besprechung in Gaius' Haus am Palatin verabredet.
Zu Beginn der zweiten Stunde waren alle in der dortigen Bibliothek versammelt.
Nachdem Cornificius, unterstützt von blumigen Beschreibungen Alexanders, die Beobachtungen geschildert hatte, sagte Selenus: »Sehr gut! Damit verengt sich der Kreis der Verdächtigen und bringt uns dem geheimnisvollen Unbekannten, der alle Fäden in der Hand hält, näher.«
Gaius bat ihn um seine Meinung, und Selenus referierte kurz in seiner unnachahmlich ruhigen Art: »Somit ist erwiesen, daß Pittakos

sich für schmutzige Geschäfte mißbrauchen läßt. Wenn er die Frage, ob er das Geld habe, bejahte, dann kann sich das auf dreierlei beziehen.
Erstens: Es ist die Summe gemeint, die man unserem Matisco Nummer eins bei Asconius geraubt hat.
Zweitens: Es kann sich um die Summe handeln, die Pittakos von uns als Entgelt für seine Dienste kassiert hat.
Drittens: Es könnte Geld sein, das ihm zur Erledigung seines Auftrages von Dritten zugesteckt werden sollte und wohl auch ist.«
»Und?« fragte Gaius. »Von wem könnte das Geld sein?«
»Ich weiß es nicht. Aber das ist im Augenblick ohne Bedeutung. Wichtig ist dies: Die Bande – denn so müssen wir sie ja wohl bezeichnen – plant irgendeinen großen Schlag gegen eine bedeutende Persönlichkeit hier in der Stadt. Es war die Rede davon, daß bestimmte Plätze zur gleichen Zeit zu besetzen seien, wenn man losschlagen will. Daraus schließe ich, daß es sich um eine höchst brisante Aktion mit politischem Hintergrund handelt, die von langer Hand und von sehr potenten Leuten vorbereitet worden ist. Dieser Schlag gilt aber auf keinen Fall uns.«
»Wieso bist du dir da so sicher?« fragte Cornificius.
»Nun, weil man ein abwertendes Urteil über unseren braven Alexander formulierte.«
»Werde unbedingt dafür sorgen, daß sie das Urteil als solches baldigst aufwerten. Nicht wahr, Archelaos?«
»Sehr korrekt!«
»Im übrigen aber«, fuhr Selenus fort, »ist es klar, daß ihnen jemand in die Quere gekommen ist.«
»Augenblick!« meldete sich Gaius. »Pittakos und Villius Annalis wissen es nicht. Vielleicht aber der Unbekannte, der sie instruiert hat. Freilich könnte er es für sich behalten, um sie nicht zu verunsichern – wie ich überhaupt den Eindruck habe, daß er sie nur so weit informiert, wie er es im Interesse seines Vorhabens für notwendig hält.«
»Vielleicht ist er auch nur ein Verbindungsmann«, sagte Cornificius.
»Ja«, nickte Selenus. »Das ist wahrscheinlich, und auch er hält sich nur genau an Anweisungen, die er von außen bekommt.«
Alle schwiegen und suchten irgendwo in den verwirrenden Ereignissen der letzten Tage den roten Faden zu finden.
Plötzlich sagte Cornificius: »Eins aber ist klar: Wenn das, was sie vorhaben, gelingt, wird man dich, lieber Freund, ohne Frage in der Öffentlichkeit damit in Verbindung bringen. Sie benutzen dich und dei-

nen Wahlkampf in irgendeiner Weise als Schild, um dahinter geschützt im geheimen agieren zu können. Also muß es sich – davon gehe ich aus – letztlich doch um persönliche Feinde von dir oder deiner Familie handeln, wenn sie ohne Skrupel einen Skandal zum Schaden der Volcatier in ihre Pläne mit einbeziehen.«
Alle blickten Cornificius ernst an und nickten, als ob ihnen erst jetzt die Größe der unbekannten Gefahr klar würde.
Selenus griff diesen Gedanken auf: »Interessant dabei ist, daß die Spuren nach Gallien weisen. Zwei Gallier namens Matisco sind ja nun doch mehr als verdächtig. Und vergeßt unseren Birria nicht! Birria aber ist der Vertraute des Milo! Und Milo sitzt in Massilia, einer Stadt, in der alle Nachrichten aus Gallien zusammenlaufen. Milo ist ein Feind Caesars. Also könnte es doch möglich sein, daß Milo hier in Rom einen großen Schlag plant... aus Rache, aber ebenso aus letzter Verzweiflung, die Dinge in seinem und das heißt doch: im Sinne seiner erzkonservativen Freunde zu ändern.«
»Also letztlich ein Schlag gegen Caesar!« Gaius legte die Stirn in Falten und stand auf. »Aber wie denn? Will er eins von Caesars Häusern in Brand stecken? Lächerlich!«
Er ging auf und ab. »Oder will er die Absetzung Caesars als Statthalter beider Gallien durchsetzen? Mit Gladiatoren? Das ist doch absurd!«
Er warf sich ratlos auf seinen Stuhl. »Aber womit kann man Caesar hier treffen – wenn nicht politisch?«
»Fragen wir einmal anders«, warf Selenus ein. »Wozu kann man schwerbewaffnete Gladiatoren gebrauchen?«
Cornificius schüttelte den Kopf. »Ich denke, die Zeit der Bandenkämpfe ist seit Clodius' Tagen vorbei. Niemand würde es zum gegenwärtigen Zeitpunkt wagen, diesen lieben Brauch wieder aufleben zu lassen, weil er von Pompeius' eiserner Faust zermalmt werden würde, denn die Optimaten im Senat stehen geschlossen hinter Pompeius. Im übrigen sehe ich keinen Anlaß dazu. Die Stadt ist so ruhig wie seit Jahren nicht!«
»Das beweist«, rief Selenus, »daß die Dinge von außen gesteuert werden, von jemandem, der nichts mehr zu verlieren hat: Milo!«
»Ich weiß nicht, ich weiß nicht...« Gaius schüttelte den Kopf. »Das mit Milo ist mir zu... zu konstruiert. Versetzen wir uns doch in seine Lage: Er befindet sich doch direkt im Radius von Caesars Machtbereich! Ganz gleich, ob ein von ihm gesteuerter Anschlag gelingt oder nicht – Caesar wäre der erste, der davon unterrichtet würde. Und seine Reaktion käme blitzartig und gnadenlos! Milo weiß das. Er wird

sich hüten, seinen ihm aufgezwungenen Lebensabend im hübschen Massilia aufs Spiel zu setzen. Im übrigen ist er nicht der Mann, über eine so große Entfernung ein solches Unternehmen durchzuführen. Machte er nicht schon vor Ende des Prozesses einen Rückzieher und tauchte weg, weil er um sein Leben fürchtete?«
Selenus lächelte: »Das kann schon sein, obwohl ich da nicht so sicher wäre. Aber was nützt das? Wir haben uns an das zu halten, was wir wissen: Pittakos hat den Auftrag, an einem bestimmten Tage mit seinen Männern in Aktion zu treten. Man muß ihm und seinen Leuten ungeheure Summen geboten haben, daß er es wagt, die Sache zu übernehmen. Denn die Beteiligten wissen und ihre Bedenken zeigen es: Bei einem Fehlschlag hauchen sie ihr Leben am Kreuz aus!«
»Also bleibt uns nichts anderes übrig«, sagte Gaius, »als wie bisher unsere Ermittlungen hartnäckig weiterzuführen. Massilia ist zu weit. Wir müssen uns auf die Stadt beschränken.«
»Wieviel Kämpfe hat er denn noch für dich zu machen?« fragte Cornificius.
»Zwei.«
»Na, das ist doch sehr gut. Solange er in deinen Diensten steht, fühlt er sich sicher.«
Für alle Fälle wurde beschlossen, das Viertel auf der anderen Seite des Tibers in Augenschein zu nehmen und die Bewohner unauffällig auszuhorchen. Man mußte abwarten...

33

Auf Wunsch seines Vaters machte Gaius am nächsten Morgen einige Besuche bei Freunden der Familie, die er für den Abend nach der Wahl zu einem großen Sommerfest auf das Tusculanum einlud. Doch bis dahin galt es, das Wahlvolk zu mobilisieren. Der Einfluß dieser Männer auf ihre Freunde und Clienten mußte genutzt werden.
Als er gegen Mittag zurück ins Haus am Palatin kam, wurden ihm zwei Briefe gereicht. Schon am Material erkannte er die Absender. Er ging in sein Arbeitszimmer im Obergeschoß und löste Caesars Siegel. Das Schreiben war verschlüsselt. Er seufzte, denn die Entschlüsselung würde ihn eine Stunde in Anspruch nehmen. Das zweite Schreiben kam von Clodia; und schon ehe er die Rolle öffnete, hatte er ein schlechtes Gewissen. Er seufzte noch einmal und nickte schuldbewußt: Ja, er hatte sie arg vernachlässigt und rechnete mit Vorwürfen. Doch dann wurde er angenehm überrascht.

Lieber!

Du hast mich zwar in letzter Zeit arg vernachlässigt, da Du zu sehr mit der Hetäre Roma beschäftigt bist. Es sei aber verziehen, denn trotz allem ist die ewig Launische unser aller Mutter. Darum solltest Du mich heute im Laufe des Nachmittags besuchen. Wenn Du klug bist – und Du bist klug –, wirst Du kommen. Und wenn Du geschickt bist, wirst Du Dir einen neuen Freund verschaffen. Wer's ist? – Ich werd' mich hüten, es hier zu sagen.

Clodia

Schon während des Lesens hatte er zu lächeln begonnen. Clodia! Sie war klug. Sie hatte es nicht mehr nötig, ihn wie ein verliebtes junges Mädchen zu gängeln. Gleichwohl sprach aus den zierlich geschriebenen Zeilen ihr ganzer Anspruch auf ihn. Er würde kommen, natürlich, denn sie hatte ihn neugierig gemacht. Er stand auf, ging zur Tür und öffnete sie.

»Alexander!«

Es rumorte in der Küche. Irgendein Behälter flog scheppernd auf den Steinboden, ein Hocker wurde umgeworfen. Dann tönte es: »Hier, Herr! Zu Diensten, Herr! Ich komme, Herr!«

Und schon hastete er die Treppe aufwärts, gleich drei Stufen auf einmal nehmend.

»Putz dir den Mund ab!«

»Jawohl! Abputzen!«

Er fuhr sich mit dem Handrücken über die Lippen.

»Herhören!«

Alexander stand stramm.

»Du besorgst dir jetzt in Selenus' Gewächshaus am Caelius den schönsten Strauß Rosen von ganz Rom!«

»Jawohl! Gewächshaus von ganz Rom!«

»Dann kommst du nach hier zurück und holst einen Brief ab!«

»Jawohl! Brief ab! Und bringe ihn zur Herrin Clodia!«

»So ist es. – Anschließend wirst du zusammen mit Archelaos Erkundigungen am anderen Tiberufer bei den alten Mühlen einziehen. Du weißt, worüber...«

»Jawohl! Worüber!«

Während Alexander die Treppe hinabpolterte und das Haus verließ, ging Gaius ins Zimmer zurück, nahm am Tisch Platz und machte sich an die Entschlüsselung des Textes. Unterdessen schrieb er Clodia eine kurze Nachricht, daß er in etwa einer Stunde kommen würde.

Nach einer halben Stunde kam auch schon Alexander mit einem riesigen Rosenstrauß, den Gaius nickend akzeptierte.
»Sehr schön. Und nun beeil dich und sei vorsichtig!«
»Jawohl! Es könnte mir ein Dachziegel...«
»Wie kommst du denn darauf? – Nein, du könntest eine Rose brechen!«
»Ich habe noch nie eine Rose als solche...«
»Und ob! Sie heißt Melitta!«
»Mein gutes Recht!«
»Niemand macht es dir streitig. An die Arbeit!«
Alexander entfernte sich. Nach einer weiteren Viertelstunde hatte Gaius Caesars Brief ganz entschlüsselt. Er las ihn noch einmal im Zusammenhang.

Gaius Iulius Caesar grüßt seinen Gaius Volcatius Tullus
Dieser Brief erreicht Dich früher, als Du es erwarten konntest. Der Grund: Ich war einige Wochen in Ravenna. Daran erkennst Du, daß die Provinz ruhig ist.
Deine Zeilen haben mich, wie immer, sehr erfreut, und ich vermisse Deine tatkräftige Mitarbeit im Stab oft. Aber das, was Du vorhast, ist im Augenblick wichtiger für Dich. Daß ich Dich dabei aus der Ferne unterstütze, ist eine Selbstverständlichkeit...

Gaius nickte in Gedanken; am meisten freute ihn der ganz private Ton des Schreibens. Er las weiter.

Was Deine Frage nach einem gewissen Matisco betrifft, so kannst Du ganz beruhigt sein. Der Mann hat mir schon manchen Dienst geleistet und ist ein enger Freund des römischen Volkes, was von einem gewissen Cotus, den Du erwähnst, nicht zu sagen ist. Ich kann mir darum überhaupt nicht vorstellen, daß der eine mit dem anderen in freundschaftlicher Beziehung steht. Das müßtest Du eigentlich selbst noch wissen, da Du seinerzeit die diesbezüglichen Dossiers und Geheimpapiere geordnet hast.
Wenn also in Rom zwei Gallier unter dem Namen Matisco und Cotus gemeinsam auftreten, dann kannst Du mit Sicherheit davon ausgehen, daß sie falsche Tatsachen vorspiegeln. Aber da Du in Deinem Brief keine genauen Angaben zur Person gemacht hast, kann ich Dir nur den Rat geben, sehr vorsichtig zu

agieren. Traue niemandem! Die Zeiten sind verworren, darum müssen wir klaren Kopf bewahren.

Nun zu Titus Annius Milo: Obwohl ich ihn in Massilia nicht aus den Augen verliere, hat er natürlich geheime Verbindungen nach Rom. Was er vorhat, weiß ich nicht, wohl aber, was er im Sinn hat: unserer Sache zu schaden. Sollte sich bei Deinen Recherchen herausstellen, daß er gegen uns aktiv geworden ist, laß es mich wissen, damit wir unverzüglich Gegenmaßnahmen ergreifen.

Es folgten einige persönliche Bemerkungen und Lobendes über Gaius' jüngeren Bruder Lucius, den er unter den Tribunen als fleißigen, mutigen und zuverlässigen jungen Mann schätze und ihn deshalb schon mit dieser und jener Verwaltungsaufgabe und diplomatischen Mission betraut habe.

Dann kam eine unerwartete Wendung.

Suche bei Gelegenheit die Bekanntschaft des Gaius Scribonius Curio. Das dürfte Dir nicht schwerfallen, er ist nur zwei Jahre älter als Du. Wie es heißt, soll er in seinen bisherigen politischen Ansichten schwankend gewesen sein. Suche herauszufinden, was er denkt und was er für die nächste Zukunft im Sinne hat. Dabei mußt Du wissen, daß er bis über beide Ohren verschuldet ist.

Der Schluß des Briefes war unverschlüsselt von Caesars eigener Hand geschrieben.

Ich freue mich, Dich im frühen Herbst wieder in meiner Nähe zu haben. Du weißt – ich schrieb Dir unlängst davon –, daß es sich um eine wichtige Reise nach Germanien handelt, und diese Aufgabe möchte ich keinem anderen anvertrauen. Daß Du die Wahl gewinnst, steht außer Frage. Die Zeit danach wird reichen, diese Angelegenheit zu regeln, so daß Du anschließend immer noch genügend Zeit hast, Dich auf Deine wichtige Aufgabe als Aedil vorzubereiten.

Leb wohl!

Gaius legte die Rolle auf den Tisch und blickte aus dem Fenster. Diese Zeilen waren ein großer Vertrauensbeweis des Feldherrn, denn mit dem Hinweis auf Curio gab er etwas von seinen geheimsten Gedanken preis; hieß das doch nichts anderes als: Sieh zu, diesen Mann auf unsere Seite zu ziehen! Versuche seine finanzielle Lage im richtigen Licht zu sehen! Das konnte bedeuten, daß der Proconsul für die nahe Zukunft mit Veränderungen der stadtrömischen Machtstrukturen rechnete, denn noch nie hatte Caesar ihm gegenüber so offen sein Interesse an Personen der Oberschicht zu erkennen gegeben. Und plötzlich wurde ihm klar, daß Caesar im Falle eines Umsturzes der gegenwärtigen Verhältnisse mit seinem bedingungslosen Einsatz rechnete.

Was hatte er vor? Wollte er einem Schlag seiner optimatischen Feinde zuvorkommen? Wie denn? Etwa, indem er die gallische Armee in Italien einmarschieren ließ?

Gaius erschrak, denn er sah ein Schlachtfeld mit Tausenden toter Römer vor sich. Bürgerkrieg! Der brutalste, heimtückischste, würdeloseste, zerstörerischste aller Kriege! Er kannte die Berichte von Augenzeugen über die Schlacht bei Pistoria gegen Catilina vor elf Jahren, als Freunde auf verschiedenen Seiten kämpften, Söhne gegen Väter, Brüder gegen Brüder. Ihm standen die grauenhaften Bilder vor Augen aus der Zeit der Wirren unter Marius und Sulla.

Dann war da noch der Senat, gespalten in zwei auf den Tod verfeindete Gruppen! Er sah sich selbst unter ihnen, im nächsten Jahr würde er als Aedil zu den »Vätern« gehören. Sollte es hart auf hart kommen, würde er Farbe bekennen müssen. Nicht nur im Senat. Öffentlich! Denn jeder Abstimmung gingen erregte Debatten voraus, deren Inhalt, aufgebauscht und verfälscht, bis in den letzten Winkel der Subura getragen wurde. Und – es würde zu existentiellen Spannungen mit seinem Vater kommen, denn ihre politischen Ansichten schieden sich im Fundamentalen. – Dies alles wußte Caesar, und er sorgte vor: Jeder einflußreiche Mann, gleich welchen Alters und Standes, wurde, wenn seine politische Linie nicht klar erkennbar war, beobachtet, über Mittelsmänner ausgehorcht, angegangen, gereizt, überredet und – wenn es sein mußte – bestochen.

Er riß sich aus seinen bedrückenden Gedanken. Zunächst galt es, einem verbrecherischen Schlag vorzubeugen, dessen Ziel und Urheber zwar noch unbekannt waren, dessen Realität aber ans Licht gekommen war.

Waren am Ende auch hierbei Kräfte am Werk, die die Katastrophe wollten? Er war entschlossen, den dunklen Machenschaften nachzuspüren und den Dingen auf den Grund zu gehen.

Alexander war nicht zum erstenmal im Viertel jenseits des Tibers. Er wußte, hier fanden alle jene Habenichtse Unterschlupf, denen selbst die Anonymität der Subura noch zu gefährlich war – oder die nicht einmal die Handvoll Sesterzen besaßen, zusammen mit acht, neun, zehn oder gar zwölf ebenso Bedürftigen den Preis für eines der erbärmlichen Obergeschoßzimmer in einer *Insula*[79] bezahlen zu können.

Vor allem aber ließen sich hier die zugewanderten Orientalen, Syrer, Babylonier, Ägypter, Hebräer, nieder, weil sie nur hier ungestört nach den Regeln ihrer mitgebrachten Sitten, Bräuche und seltsamen Kulte leben konnten.

Doch auch hier, unter den Ärmsten der Armen, hatte sich schon eine starre Hierarchie der sozialen Gruppen gebildet: Jeder wußte, wohin er gehörte, und niemand wäre auf den Gedanken gekommen, diese ungeschriebene Ordnung zu stören. Alexander war bekannt: Es war der ideale Platz für jemanden, der ungesehen und unbemerkt gesetzwidrige Handlungen planen und vorbereiten wollte, denn die Behausungen zu seiten der namenlosen engen Gassen bildeten ein unüberschaubares Gewirr, untereinander verbunden mit gedeckten Gängen, Verschlägen, Hinterausgängen, in denen sich selbst eine Hundertschaft der Stadtwache nach zehn Schritten hoffnungslos verirren würde. Und: Jeder hier war mißtrauisch, sobald sich ein gut gekleideter Grieche oder Römer blicken ließ.

Gleich hinter der Brücke bog er links ab und folgte der Gasse, die parallel zum Fluß nach Süden verlief. Auf der linken Seite lagen die Mühlen, und er hörte das Quietschen der Mahlsteine und Wasserräder.

Er blieb stehen und überlegte. Hier irgendwo mußten sie mit dem Boot angelegt haben. Aber wo?

»Ich könnte durchaus in jedem Häuschen nach den Knaben fragen. Aber hier stecken sie zweifellos alle unter einer Decke als solcher...«

Er ging langsam weiter, beobachtete scharf die linke Seite der Gasse und hoffte, einen schmalen Durchgang zum Fluß zu finden, wo die kleinen Händler anlegten, um ihren Plunder, den sie drüben in der Stadt beim Abbruch einer baufälligen *Insula* ergattert hatten, an Land zu bringen und fortzuschaffen. Und da kam ein solcher Trupp mit Kind und Kegel, beladen mit Balken, Latten, Brettern, vom Fluß herauf.

Alexander wartete, bis sie vorbei waren, und trat in den schmalen, feuchten Gang, der nach zwanzig Schritt am Fluß endete. Es war Niedrigwasser; ein breiter Uferstreifen lag trocken. Hölzerne Landungsstege führten bis zum Wasser. An einem dieser Stege saß ein Mann und angelte.
Alexander schlenderte hinüber und betrat den Steg. Mit Anglern mußte man äußerst vorsichtig umgehen, denn sie betrieben ihr Geschäft mit der Ernsthaftigkeit von Philosophen und betrachteten jede Störung ihrer Meditationen als Sakrileg.
Irgendwann hatte er auch zu angeln versucht – es war Jahre her –, hatte den Versuch aber nach einer halben Stunde mit Bemerkungen wie »Blöde Fische!« und »Die spinnen, die Angler!« aufgegeben. Er hatte diese Auffassung zwar beibehalten, aber der Mann, der da am Ende der hölzernen Brücke die Beine baumeln ließ, konnte ihm vielleicht eine bedeutsame Auskunft geben.
Um dem in stiller Ergebenheit auf Beute lauernden Mann zu erkennen zu geben, daß er durchaus die Bedeutung seines stummen Tuns zu würdigen wisse, schlich er sich vorsichtig, jeden Schritt auf den wackligen Hölzern wägend, näher. Wie erwartet, nahm der Mann keine Notiz von ihm und fixierte den Punkt im Wasser, wo der kleine Schwimmer aus Kork in der Strömung schaukelte.
Alexander wartete ergeben einige Zeit und überlegte, mit welcher Strategie er den schweigsamen Mann zum Reden bringen könnte.
»Na, beißen sie an als solche?«
Der Angler schien das zu überhören. Es war ja auch immer die gleiche rituelle Frage, die das Publikum stellte. Alexander versuchte es anders.
»Ziemlich niedrig, das Wasser!«
Der Mann schwieg. Alexander war drauf und dran, daß die in solchen Fällen übliche Feststellung »Na, dann eben nicht...« angebracht war, daß er ferner einen guten Arzt kenne, Athenodoros mit Namen, der insbesondere besonders auch schlechte Ohren behandle – aber das führte hier zweifellos nicht zum Ziel.
»Na ja, wollen ja auch durchaus leben, die Fischlein!«
Dabei mochte er Fisch überhaupt nicht wegen der Gräten, dem Fett und dem lange an den Fingern haftenden Fischgeruch. Da der Mann immer noch beharrlich schwieg, schaute Alexander in den Holzeimer: Er war leer, nicht einmal Wasser war drin. Seltsam... Angler pflegten als erstes Wasser bereitzustellen.
Plötzlich begann der Mann zu sprechen: »Du bist Alexandros, Sohn des Alexandros aus Theben. Nicht wahr?«

Hellwach trat Alexander einen Schritt näher und sagte: »Ich bin es. Und du tust durchaus nur so, als ob du angelst. Hast unbedingt vergessen, Wasser in den Eimer zu füllen.«
»Unwichtig!«
»Woher kennst du mich als solchen?«
»Unwichtig!«
Alexander war sprachlos vor Überraschung, nicht nur über die Personalkenntnisse des Fremden, sondern eher noch über die ungemein selbstsichere, ja selbstverständliche Art, mit der er sprach.
»Wer bist du als solcher?«
»Unwichtig!«
Alexander schluckte und fand den Hinweis auf Athenodoros nun doch angebracht.
»Kenne da einen guten Arzt...«
»Ich weiß: Athenodoros! Hat erst neulich Pittakos' Leute behandelt.«
Alexander stutzte. Der Mann wandte ihm immer noch sein Profil zu, aber er sah, wie der Mund ironisch lächelte.
»Jetzt hör mal gut zu, du König der Angler! Schätze durchaus offene Wörter! Kann dunkle Andeutungen nicht leiden. Solltest dich also einer verständlichen Sprache befleißigen, ehe der Zorn mich hinreißt!«
Doch dieser energische Hinweis bewirkte nichts, außer daß der andere sagte: »Sprich leiser, wir werden beobachtet!«
Blitzschnell tastete Alexander aus den Augenwinkeln die Umgebung ab, konnte aber nichts Verdächtiges feststellen.
»Auf der anderen Seite!« sagte der Mann. Alexander blickte hinüber, sah aber nur fleißige Lastenträger und Schiffer bei der Arbeit.
»Wer... wer bist du?« fragte Alexander.
»Unwichtig.«
Da brauste Alexander auf: »Ich bin Alexandros Volcatianos, und ich sage dir: Du wirst nicht länger hinfort die armen Fischlein an der Nase herumführen, dergestalt du tust, als ob du angelst, denn ich werde durchaus dafür sorgen, daß du...«
»Sicher«, lächelte der andere ungerührt. »Aber vorher wirst du tun, was ich dir sage.«
»Hasse schlechte Ratschläge.«
»Mein Rat ist gut!«
»Nämlich?«
»Wirst deinem Herrn ausrichten, er solle dafür sorgen, daß das Staatsgefängnis gut bewacht wird.«

»Das Staats..., das Tullianum?!«
»Genau! Solltest ferner heute abend nach Einbruch der Dunkelheit zusammen mit deinem Herrn hierher kommen.«
»Warum denn das?«
»Werdet es dann erfahren. Und jetzt geh, ohne viel Aufsehens zu machen!«
Alexander schluckte, holte tief Luft und schlenderte zurück an Land. Als er die Gasse erreichte, drehte er sich um und blickte hinüber zum anderen Ufer. Aber er konnte nichts Verdächtiges entdecken. Schnell machte er sich auf den Rückweg.

35

Als Gaius das Haus der Clodier am Palatin betrat, spürte er instinktiv, daß sich hier etwas verändert hatte; es war nicht sichtbar und dennoch vorhanden. Er hätte auch nicht sagen können, ob es Clodia betraf oder einen Dritten.
Er ließ sich vom nächsten Diener, der ihm respektvoll in den Weg trat und freundlich grüßte, bei der Herrin melden; und da sie ihn erwartete, kam sie Augenblicke später schon über die Treppe nach unten. Hatte er, wie schon einmal, eine kurz angebundene, zürnende Göttin erwartet, die ihn mit strafendem Blick musterte, so war er überrascht von der Sanftmut und geradezu liebevollen Herzlichkeit, mit der sie auf ihn zukam und sich begrüßen ließ: Lächelnd schaute sie ihn an, als ob sie ein Geschenk für ihn habe, ließ es auch zu, daß er sie leicht auf Stirn und Mund küßte und strich ihm mit den Fingerspitzen über Haar und Nacken, und dies rief in ihm Erinnerungen an ihre erste Begegnung vor eineinhalb Jahren wach.
Schelmisch fragte er: »Was ist? Willst du mich umgarnen?«
»Vielleicht.«
Sie nahm seinen Arm und schlenderte durch die Halle. Plötzlich blieb sie stehen.
»Du wirst gleich einen Mann treffen, der für dich, für Caesar, für Rom in nächster Zeit von entscheidender Bedeutung werden könnte.«
»Könnte?« Er blickte sie von der Seite an.
»Ja, wenn es dir gelingt, ihn von der Richtigkeit deiner Vorstellungen zu überzeugen. Nicht gleich heute! Das hat Zeit.«
Er wandte sich ihr ganz zu. »Von wem sprichst du?«
»Von Gaius Scribonius Curio!«

»Nein!« Überrascht öffnete er den Mund und starrte sie mit großen Augen an.
»Doch.« Sie legte kurz ihren Zeigefinger auf seine Lippen. »Clodia ist ein kluges Mädchen und hat schon einiges an Vorarbeit geleistet. Und du solltest dich demnächst dankbar erweisen.«
»Was willst du? Ich kann dir kein Weltreich zu Füßen legen!«
»Du solltest Clodia an deinen einsamen Entschlüssen teilhaben lassen!«
»Tu' ich das nicht?«
»Nicht immer.«
»Wir sind nicht verheiratet!«
»Eben deswegen! – Komm!«
Sie nahm seine Hand und führte ihn in das kleine *Cubiculum*[80], in dem sie Besucher zu empfangen pflegte. Seine Rosen füllten eine Alabastervase, und der ganze Raum war voll von ihren Düften. Sie nötigte ihn, in einem der Sessel Platz zu nehmen, blieb aber vor ihm stehen.
»Du solltest einiges zuvor wissen...«
Gespannt blickte er zu ihr auf. Ihr feines Gesicht war fast ohne Schminke, jedenfalls wirkte es so, und er bewunderte wieder einmal das Raffinement ihrer kosmetischen Fertigkeiten, wobei ihm einfiel, was Caesar einmal bei einem Essen von sich gegeben: »Die Qualitäten eines guten Haarschnitts erkennt man daran, daß andere nicht wahrnehmen können, daß man einen Barbier beschäftigt hat.« Diese Äußerung hatte damals allerdings zu launigen Anspielungen auf die zunehmende Lichtung seines Haupthaares geführt.
»Ich bin begierig, es zu erfahren.« Er schlug die Beine übereinander und lehnte sich zurück. Sie setzte sich neben ihn auf die Lehne und spielte mit seinem Haar.
Beiläufig sagte sie: »Curio macht der Witwe meines Bruders Clodius seit einiger Zeit den Hof...«
»Aha? Sein gutes Recht!« Er sagte es lächelnd, und sie zwickte ihn strafend ins Ohr.
»Bitte sei jetzt ernst, Lieber!«
»Ich bin es doch.«
Er legte seinen Arm um ihre Taille. »Daraus entnehme ich, daß unser Mann sich geschickt der Aura deines genialischen Bruders zu bedienen sucht. Oder sollte es Liebe sein?«
Er blickte sie an und beobachtete ihre klugen, tiefen Augen, in denen manchmal etwas von der dekadenten Unruhe, ja Fiebrigkeit ihres Bruders Clodius zu sehen war.

»Liebe?« Sie schürzte die Lippen. »Wir sollten uns an die Fakten halten. Wenn ein Curio der Witwe eines Clodius Pulcher die Ehe anbietet, dann steckt Programm dahinter!«
»Welches?«
»Ein schillerndes! Vor der breiten Masse scheint er in die Fußstapfen von Clodius zu treten. Wer dessen Witwe heiratet, macht sich zu seinem Erben.«
»Und Fulvia?«
»Nun, sie ist eine schöne Frau, und Curio ist dafür empfänglich. Du solltest seine Gedichte lesen!«
»An Fulvia?«
»Nein, an die weibliche Schönheit. Er wagt den Schritt, den wir beide nicht wagen würden. Auch sie ist älter als er.«
»Sie hat nicht dein Vermögen!«
»Und er nicht das deine.«
»Also können sie es wagen.«
Sie stand auf und reichte ihm einen Becher. Er nippte nur daran, betrachtete sie: Ihr fehlte die absolute Nonchalance ihrer verkommenen, nymphomanen Schwester. Clodia war mädchenhaft geblieben, und diese versteckte Verletzlichkeit war es, die ihn immer aufs neue faszinierte und an sie band. Sie setzte sich ihm gegenüber.
»Ich will's kurz machen. Curio ist bestens informiert über alles, was in Rom und in Gallien geschieht. Er hat Freunde in beiden Lagern. Er hält sich für unabhängig und will es bleiben.«
»Das wird ihm nicht gelingen, wenn er sich als Clodius' Erbe ausgibt.«
»Gerade dann! – Wie du weißt, kandidiert er für das Volkstribunat. Und nur dieses Amt verschafft ihm den gewünschten Freiraum, weil er dann unangreifbar ist.«
»Die Zeiten sind vorbei. Das Volkstribunat ist zum Spielball der Mächtigen geworden.«
»Das hängt ganz vom Inhaber des Amtes ab. Du jedenfalls hast klug entschieden, dich nicht darum zu bewerben...«
»Einem Volcatier steht es auch nicht zu. Es sei denn, ich würde mich wie dein Bruder von einem Plebejer adoptieren lassen. Im übrigen ist es mir zuwider, der Menge nach dem Munde zu reden.«
»Siehst du...« Sie lächelte überlegen. »Unser Curio ist aber durch Herkunft und Talent der geeignete Mann, dieses Amt zum Wohle Roms zu führen.«
»Wie meinst du das?«
»Lieber, du solltest mit ihm darüber reden. Ihm geht es um die Sache.«

Gaius blickte eine Weile gedankenverloren in ihre Augen. Er stand auf und sagte: »Gut, ich werde mit ihm reden.«
Sie gingen aufeinander zu, und er legte seinen Arm um sie. Sie lehnte ihren Kopf an seine Schulter und sagte: »Ich bin froh, daß du so bist.«
»Wie denn?«
»Verletzlicher als die andern.«
Sie blickten sich an und erkannten sich selbst im anderen.
»Wenn das Wahlspektakel vorbei ist, fahren wir für einige Wochen ans Meer«, sagte er leise, »da ich im Herbst für einige Zeit in den Norden muß.«
Draußen entstand Bewegung.
»Das werden sie sein«, sagte Clodia und löste sich von ihm.

36

Gaius wußte von Curio nur das, was man in der Öffentlichkeit weitergab. Er stand im Ruf eines genialen Taugenichts; aber das wollte nicht viel besagen, denn er war hochbegabt, voller Kraft und Pläne, aber auch abgestoßen von der opportunistischen Politik der Zeit; daher der Antrieb, Besonderes zu leisten und Neues zu wagen.
Die unterschiedlichsten Leute zählten zu seinem Freundeskreis: Publius Clodius bis zu dessen Tod vor eineinhalb Jahren, der junge Marcus Antonius – und natürlich Caelius Rufus, der ihn vielleicht an Lässigkeit, Witz und Bedenkenlosigkeit übertraf. Wie bei diesem war das Verhältnis zum Vater gespannt, und die Mißhelligkeiten steigerten sich von Jahr zu Jahr, weil Curio über seine Verhältnisse lebte und Scribonius, der Vater – vor fünfundzwanzig Jahren Consul[81] und Anhänger Sullas –, sich beharrlich weigerte, des Sohnes immense, stetig wachsende Schulden zu bezahlen.
Und nun also wollte er Fulvia, des Clodius' Witwe, heiraten! Ein ironisches Lächeln zeigte sich auf Gaius' Lippen, als er aufstand; Clodia führte Fulvia und Curio herein. Beide waren noch im Mantel, woraus Gaius schloß, daß sie sich auf dem Lande aufgehalten hatten.
Fulvia machte nicht den Eindruck eines verliebten Mädchens, natürlich nicht; kühl und beherrscht wie immer trat sie Gaius entgegen und reichte ihm die Hand.
»Schön, dich noch einmal zu sehen, Gaius.«
Gaius verbeugte sich elegant, und sie fuhr fort, auf Curio weisend: »Ich weiß nicht, ob ihr euch kennt?«

»Wer kennt nicht den Bezwinger von Alesia!?« sagte Curio mit einem jungenhaften Lächeln und verbeugte sich seinerseits vor Gaius, der spürte, daß dies keine Anbiederei, sondern jene gewinnende Liebenswürdigkeit war, die man Curio nachsagte.
Zwei Diener standen im Hintergrund, nahmen die Mäntel in Empfang und brachten sie nach draußen. Geschickt begann Clodia mit ihrer verwitweten Schwägerin ein belangloses Gespräch über das Wetter, die Fahrt, ihr Befinden, machte einige Komplimente über ihr Äußeres und führte sie dabei nach draußen.
»Ich bin froh, daß wir keine Konkurrenten sind«, eröffnete Curio das Gespräch, und er meinte die verschiedenen Ämter, die sie anstrebten. Gerade darum gab Gaius scherzend zurück: »Wer weiß?«
»Nun, ich hätte schon damit gerechnet, daß du das Tribunat anstreben würdest...«
»So? Warum?«
»Das fragst du? – Weil es das einzige Amt ist, mit dem man noch in die Räder greifen kann, die andere in Bewegung gesetzt haben.«
»Wer sind die anderen?«
Curio spürte, daß Gaius ihn provozieren wollte, und er antwortete lächelnd: »Das sind zunächst einmal unsere Altvorderen, die vor Zeiten alle Ämter der Republik geschaffen haben in der Absicht, öffentliche Macht durchsichtig und kontrollierbar zu machen.«
»Das ist lange her«, sagte Gaius.
Sie setzten sich.
»Also bist auch du der Meinung«, fuhr Curio fort, »daß allein schon das natürliche Altern den Gebrauchswert öffentlicher Einrichtungen herabsetzt?«
Eine gute Frage! dachte Gaius, denn sie verriet in ihrer offenen Formulierung, daß Curio sich intensiv mit diesem Problem befaßte.
»Ich wünschte nichts mehr«, wich Gaius aus, »als daß wir die Macht der Amtsinhaber wie vor Jahrhunderten mit den dafür vorgesehenen Institutionen kontrollieren könnten. Aber leider ist das in praxi nicht mehr möglich.«
»Und warum nicht?« Die Gegenfrage kam scharf, und sie war wohl auch so gemeint.
»Warum nicht? – Weil in der alten Verfassung des Staates, wie sie noch ein Polybios[82] vor einem Jahrhundert rühmend über alle anderen heraushob, ein gewisses Amt nicht vorgesehen war, weil es im Sinne eben dieser Verfassung kein Amt war und übrigens auch bis heute keins geworden ist!«
»Was meinst du?«

»Ich meine die ungeheure Position des mit einer satten Provinz ausgestatteten Proconsuls und Feldherrn! Denn ihm und nicht dem Senat oder gar dem Volk von Rom ist die auswärtige Armee verpflichtet! Er ist derjenige, der für seine Legionäre sorgt, dem sie vertrauen, für den sie sich tapfer schlagen. Vor ihm, seiner Fürsorge wie seinen drakonischen Strafen haben sie Respekt! Rom? Ha! Eine abstrakte Idee, mit der sie nicht viel anfangen können.«
Gaius war aufgestanden, und vieles von dem, was ihn seit Monaten bewegte, brach durch, da er – endlich – einen gleichrangigen Partner gefunden hatte.
»Vergiß doch nicht, was für Leute das sind! Männer, die von ihren Höfen gejagt worden sind, weil sie einem ritterlichen oder senatorischen Gläubiger die Wucherzinsen nicht zahlen konnten...«
Plötzlich hielt er inne, denn er sah Curio lächeln, nicht ironisch, nicht überheblich, eher kritisch beobachtend wie jemand im Theater, dem das, was auf der Bühne gesprochen wird, sehr genehm ist.
Curio nickte und sagte: »Genauso habe ich mir den Gaius Volcatius vorgestellt!«
»Wie bitte?« Gaius fühlte sich wie ertappt. Curios große blaue Augen ruhten auf ihm, und er empfand Sympathie für den Gleichaltrigen, den er bisher nur vom Hörensagen kannte.
Freundlich sagte Curio: »Man hört allerorten die Bedürftigen ein Loblied auf dich singen. Die Leute haben nicht vergessen, wie du dich vor nicht langer Zeit für einen ins Elend geratenen Bauern aus Caere in einem Mordprozeß eingesetzt hast. Und ich habe deine letzte Rede auf dem Marsfeld gehört...«
»Du?«
»Ja, warum denn nicht? Cicero hat dich, kurz ehe er Anfang Mai in seine Provinz nach Kilikien ging, mit vielen Worten empfohlen...«
Das war Gaius peinlich. »Cicero empfiehlt viele. Auch einen Caelius Rufus...«
Das war gewagt, aber er wollte wissen, woran er mit Curio war.
Curio stand auf und betrachtete seine Hände: »Caelius... Der gute Junge wird sich noch ins Unglück stürzen.«
»Ihr seid Freunde?«
»Freunde? – Wir sind gleichaltrig, haben ähnliche Interessen, lieben die schönen Dinge...« – und schöne Frauen, fügte Gaius in Gedanken hinzu – »... aber Freunde? Man geht heutzutage zu leichtsinnig mit diesem alten Wort um. Wie sagt Ennius: ›Den wahren Freund erkennst du nur im schwankenden Glück.‹ Und weder Caelius noch ich hatten uns gegenseitig zu bewähren.«

Er ging zum Tisch, griff sich ein Hörnchen und setzte sich wieder. »Würdest du Clodia als deine Freundin bezeichnen?«
Gaius wußte, dies war keine voyeuristische Neugier; die sich anbahnenden Verwandtschaftsverhältnisse, vor allem aber der seltsame Gang ihres Gesprächs erlaubten diese doch sehr persönliche Frage. Ohne weiteres antwortete Gaius: »Da wir nie heiraten werden, wird es am Ende ganz sicher auf Freundschaft, die sich im ›schwankenden Glück‹ bewährt, hinauslaufen.«
»Du kannst dir diese Noblesse leisten – bitte versteh mich nicht falsch!«
»Das ist keine Sache des Vermögens!« rügte Gaius.
»Natürlich nicht, eher eine des Temperaments und des Charakters.«
»Sicher. Und man sagt ja, Gegensätze ziehen sich an.«
»Ja, man sagt. Aber das ist nur die Ausrede der Verständnislosen. Das Gegenteil trifft ebenso zu.«
Sie hätten wohl noch eine gute Stunde so weitergeplaudert, aber die beiden Frauen erschienen, jede mit der Überraschung eines neuen Gewandes, und erwarteten ein Lob über Geschmack, Aussehen und Anmut der Trägerin, was denn auch nicht ausblieb. Und bevor sich nun die Unterhaltung den Dingen zuwandte, die auch die Frauen interessierte, ließ Gaius Curio gegenüber durchblicken, wie gerne er mit ihm das unterbrochene Gespräch fortsetzen würde. Er lud ihn, Fulvia und Clodia für den übernächsten Abend auf das Tusculanum zu einem festlichen Abendessen ein.
Alle sagten gerne zu, und Gaius stellte erfreut fest, daß Curio ihm gegenüber keine Vorbehalte hatte.
Nach einer halben Stunde verließ er das Haus und bat um Verständnis, da er noch einige unaufschiebbare Dinge zu erledigen habe. Er hielt es für verfrüht, Curio in den Stand der Ermittlungen einzuweihen.

37

Kaum war Gaius im Hause am Palatin, stürmte ihm ein aufgeregter Alexander entgegen.
»Herr! Herr!« Er bewegte sich wie ein toller Hund um ihn herum. »Wir haben ihn, Herr!«
»Sehr schön. – Wen?«
»Den durchausigen Anlaß des ganzen Theaters!«
Gaius blieb stehen. »Du redest irre!«

»Wieso?« Alexander starrte ihn mit weit aufgerissenen Augen an.
»Wenn du das erlebst, was ich gehört habe, ich meine, wenn du das hörst, was ich erlebt habe, wirst du dich unbedingt bei mir bedanken!«
»So? – Dann komm mit in die Bibliothek!«
Gaius blieb dort am großen Eichentisch stehen und wandte sich um: »Ich höre.«
»Jawohl, hören!«
Und dann berichtete Alexander in allen Einzelheiten, wie er den »Angelphilosophen« getroffen, ihm »die besten Ratschläge« gegeben habe – denn er selbst habe »früher schon unzählige Fischlein aus allen Gewässern Roms und des Erdkreises eigenhändig aufs Trockene gebracht«. Als er sah, wie Gaius die Lippen zu schmalen Linien zusammenpreßte, raffte er den letzten Teil der Darstellung und kam schnell zum Ende.
Gaius, der mit wachsendem Interesse zugehört hatte, sagte aber nun: »Genauer bitte! Wie sah der Mann aus?«
»Wie ein Angler, war aber keiner.« Er brachte das Indiz mit dem leeren Eimer zur Sprache.
»Sehr gut, mein Junge!«
Alexander strahlte.
Gaius fuhr fort: »Sprach er ohne Akzent?«
»Völlig.«
»War er blond?«
»Völlig.«
»Hätte er also ein Gallier sein können?«
»Zweifellos. Obwohl er keine Hosen trug.«
Gaius nickte. »Könnte er ein Gladiator sein?«
»Nein, Herr. Gladiatoren angeln nicht, allenfalls hübsche Mädchen!«
»Ihr gutes Recht. Was für Hände hatte er?«
»Zwei.«
»Ist das wahr!«
»Ich meine: zwei hübsche Hände mit zarten Fingerchen, die kaum die Angel halten konnten.«
»Trug er einen Ring?«
»Nein.«
Gaius überlegte, sagte dann mit ernstem Gesicht: »Herhören!«
Alexander erstarrte zu einer Statue.
»Selenus, Cornificius und Archelaos benachrichtigen! Besprechung in einer Stunde! Hier in der Bibliothek! Beeilung!«

Während Alexander nach draußen stürmte, ging Gaius einige Schritte in Gedanken versunken auf und ab, nickte mehrmals, setzte sich dann an den Tisch, griff sich ein Blatt und einen Stift und machte sich Notizen.

Schon nach einer halben Stunde trafen die Genannten nach und nach ein, bestürmten Gaius mit Fragen, doch er bat sie, um den großen Eichentisch Platz zu nehmen.
»Ich glaube, wir stehen unmittelbar vor der Lösung des gordischen Knotens«, begann Gaius und berichtete, was Alexander beobachtet hatte. Dann bat er sie um ihre Meinung.
Cornificius, der ernst gelauscht hatte, nahm den Zeigefinger von den Lippen und sagte: »Wir müssen feststellen, wer sich zur Zeit im Tullianum... Beim Iupiter!« Als ob er eine Erleuchtung habe, riß er plötzlich die Augen weit auf und starrte die Freunde an. »Wißt ihr denn nicht, wer seit Monaten in diesem Kerker schmachtet!?«
»Natürlich«, lächelte Gaius völlig ruhig. »Ich wollte, daß du selbst drauf kommst!«
Selbst Selenus war mit einemmal erschrocken, und leise sagte er: »Vercingetorix!«
Eine Minute lang herrschte betroffenes Schweigen, dann schüttelte Cornificius ungläubig den Kopf:
»Das... das ist ja nicht zu fassen!«
»Doch!« sagte Gaius. »Nun verstehe ich die Zusammenhänge.«
Er blickte auf seine Notizen.
»Man plant offensichtlich, den Arvernerfürsten zu befreien und nach Gallien zu bringen. Damit haben wir das Ziel ihrer zunächst verwirrenden Unternehmungen.«
»Ja«, nickte Selenus. »Sie haben von langer Hand und geradezu strategisch diesen Schlag geplant. Das Geld, von dem immer wieder die Rede war, diente offensichtlich zum Kauf und zum Bestechen von Gladiatoren. Und Pittakos soll den Plan durchführen!«
»Werde ihn durchaus daran zu verhindern wissen!« grollte Alexander, und seine Augen schossen Blitze.
»Langsam!« Gaius hob die Hand. »Wir wissen zwar, was sie vorhaben, aber nicht, wann sie die Aktion beginnen.«
»Wir sollten den Gefangenen einfach umquartieren!« sagte Cornificius. »Dann machen sie dumme Gesichter, wenn sie in eine leere Zelle treten.«
»Nein.« Selenus schüttelte den Kopf. »So einfach ist das nicht zu machen. Ich bin sicher, daß sie den einen oder andern vom Wachpersonal

bestochen haben; zumindest werden sie den Kerker Tag und Nacht nicht aus den Augen verlieren, so daß sie unverzüglich ihrem Auftraggeber Meldung machen, wenn sie meinen, daß die Aktion gefährdet ist.«

»Das ist richtig«, sagte Gaius. »Im übrigen bringt uns das nicht aus der Gefahrenzone: Sie haben zu viel in die Sache investiert. Es muß sich um ein Vermögen handeln! Wenn wir sie jetzt stören, werden sie mit Sicherheit andere Mittel und Wege suchen, um zum Ziel zu kommen.«

»Gut«, sagte Cornificius, »aber – ich meine, willst du denn so tun, als ob du nichts wüßtest? Willst du nicht die zuständigen Beamten in Kenntnis setzen?«

Gaius sah den Freund lange an. »Ja, ich habe auch schon daran gedacht, aber das wird uns nicht helfen. Wir wissen ja nicht, wem wir vertrauen können.«

»Wir wissen vor allem nicht«, griff Selenus den Gedanken auf, »wer die Drahtzieher sind. Nach wie vor kommen die verschiedensten Leute in Betracht. Es kann sich um ein geheimes gallisches Komplott handeln, das von Gallien aus geplant und gesteuert wird. Ebensogut könnte Titus Annius Milo der Urheber sein. Solange wir das nicht wissen, müssen wir uns zurückhalten. Wenn nämlich Milo dahintersteckt, bin ich überzeugt, daß er alte optimatische Freunde auf seine Seite gebracht hat, die ihm mit ihrem Einfluß helfen.«

»Soll das heißen«, ereiferte sich Cornificius, »daß du es für möglich hältst, römische Senatoren könnten ein Interesse daran haben, Roms größten Feind dieses Jahrzehnts entweichen zu lassen, damit er einen neuen Aufstand in Gallien organisiert?«

»Genau das meine ich.« Selenus lehnte sich zurück. »Hier geht es nur vordergründig um Vercingetorix – ich meine, falls meine Vermutung zutreffen würde. Caesars Feinden ist jedes Mittel recht, eine Situation zu schaffen, die Caesar völlig isoliert, in die Enge treibt und in Gallien binden würde. Denn« – er lächelte kühl – »eine Befreiung und Entführung des Vercingetorix würde Caesar in jedem Fall in Gallien binden, der Schwelbrand des erst kürzlich unterdrückten Aufstandes würde auf der Stelle in lodernde Flammen aufgehen. Wie es dazu gekommen wäre, wäre dann hier in der Stadt völlig uninteressant! Nur das Ergebnis zählte! Man würde der Menge weismachen, Caesar sei unfähig, die Provinz zu halten! Man würde dem Volk einreden, die existenzbedrohenden Zeiten der Cimbern und Teutonen seien wieder da! Die Flut aus dem barbarischen Norden rolle heran! – Dann wäre es eine Kleinigkeit, Pompeius zum zweitenmal zum alleinigen Consul

zu machen wie im letzten Jahr und in Rom den Staatsnotstand auszurufen.«
Alle schwiegen betroffen.
»Im übrigen«, fuhr Selenus fort, »kann der Plan natürlich auch vom Arvernerfürsten selbst stammen. Er hat nach wie vor mächtige Freunde in Gallien. Versucht euch doch einmal in seine Lage zu versetzen! Da sitzt ein Mann von höchster Intelligenz und mit oft bewiesenem Charisma seit einem Dreivierteljahr in einem Kerker mitten in Rom und grübelt über sein eigenes und das Schicksal seines in einem grausamen Krieg besiegten Volkes nach. Es dürfte ihm ein leichtes sein, mit dem Wachpersonal allmählich in, nun, in private Gespräche zu kommen. Seine Situation fordert jeden, der nicht ein Herz aus Stein hat, zu mitleidiger Anteilnahme auf; und gerade einfache Gemüter sind dafür sehr empfänglich. Es wird damit beginnen, daß man ihm gewisse Erleichterungen der Haft verschafft – unter der Hand; man wird ihm heimlich Nachrichten von draußen zukommen lassen und ihm ermöglichen, Kontakte mit Galliern aufzunehmen, die aus unverfänglichen Gründen in der Stadt weilen; man wird ihm Geld zukommen lassen, um Personal zu bestechen, oder man besticht es von außen. Eine Kleinigkeit in diesen verderbten Zeiten!« Er beugte sich vor. »Ich fasse zusammen: Es steht fest, daß man Vercingetorix befreien und nach Gallien bringen will. Urheber des Plans kann er selber sein, aber auch gallische Freunde. Ebensogut ist denkbar, daß caesarfeindliche Kräfte dahinterstecken. Das aber müssen wir herausfinden.«
Gaius und die andern nickten ernst.
»Was schlägst du also vor?« fragte Gaius den Griechen.
»Erstens: Den Unbekannten, der offensichtlich auf unserer Seite steht, heute abend aufsuchen, um seine Absichten zu erfahren! Zweitens: Unabhängig davon Erkundigungen einziehen, zu wem Vercingetorix in den letzten Wochen und Monaten Kontakte hatte, wer ihn besuchte, ob er Briefe empfing. In jedem Fall müssen wir gegenüber dem Unbekannten, der uns heute abend sprechen will, äußerste Vorsicht walten lassen, denn es könnte sich ohne weiteres um eine Falle handeln.«

38

Cornificius hatte noch einige private Dinge zu erledigen. Aber er versprach, am Abend wiederzukommen. Selenus wollte sich um die Vorbereitung des kleinen Festes auf dem Tusculanum kümmern und ein geistreiches musisches Programm zusammenstellen. Auch er würde sich am Abend wieder melden.

So waren außer Gaius noch Alexander und Archelaos im Haus, und sie verfolgten, wie ihr Herr, gefolgt von Hector, unruhig durch die Räume ging.

»Ruhe! Der Herr denkt!« sagte Alexander zu Archelaos.

»Aber ich habe doch gar nichts...«

»Eben!«

Gaius kam mit Hector zurück ins Atrium.

»Braver Hund!« lobte Gaius ihn ohne Grund, und Hector blickte wedelnd zu ihm auf, als sein geliebter Herr ihm die Flanke tätschelte. Und da hatte Gaius einen interessanten Gedanken.

»Herhören!«

Archelaos und Alexander nahmen Haltung an, und auch Hector spitzte die Ohren. Den Blick auf den Hund gerichtet, fuhr Gaius fort: »Ihr geht sofort zu Asconius!«

»Wir gehen!«

»Dort versucht ihr festzustellen, ob unser Freund Matisco irgendeine persönliche Kleinigkeit hat liegenlassen.«

»Darf es auch etwas Größeres sein?« fragte Alexander.

»Wie? – Ja, natürlich. Egal, was es ist, ob ein Tuch, eine Tunika, eine Sandale – ihr bringt es mit!«

»Jawohl! Mitbringen!«

»Wenn nicht anders, dann auch das Kopfkissen, auf dem er geschlafen hat!«

»Jawohl! Wir können aber auch das ganze Bett als solches mitbringen!«

»Meinetwegen. Aber Asconius hat das nicht so gerne. Wegtreten!«

Es wäre natürlich sehr reizvoll, die beiden bei der Ausführung dieses Auftrages zu begleiten, doch können wir uns ohnehin vorstellen, wie der eigentlichen Anfrage bei Asconius ein Exkurs über »Haltung« und »Dissiplin« vorausging mit dem abschließenden Versprechen, ihn »lobend zu erwähnen«, daß ferner auch kein Anlaß bestehe, mit dem Schicksal zu hadern.

Dies aber muß erwähnt werden: Als Asconius Genaueres wissen wollte, bellte Alexander: »Du darfst selbstverständlich Fragen stellen. Das wird dir, außer mir, keiner übelnehmen!«, worauf der ohnehin schon arg gebeutelte Herbergsbesitzer von weiteren Erkundigungen Abstand nahm.

Sie brachten dann tatsächlich das Kopfkissen mit, auf dem Matisco geschlafen hatte.

»Nimm den Bezug ab!«

Archelaos tat es.

»Laß Hector daran schnuppern!«

Hector tat es, fand es aber langweilig.

»Wiederhol es immer wieder, auch unterwegs!«

Alexander horchte entzückt auf. »Ein kleiner Spähtrupp gefällig, Herr?«

»So ist es. Ihr begleitet mich.«

»Sollen wir uns gürten und wappnen?«

»Nein, es ist eine vorerst friedliche Aufgabe zu erledigen.«

»Jawohl, friedlich! War eigentlich schon immer für Frieden, Herr!«

»Ich weiß. Wirst aber bald eine Ausnahme machen müssen.«

»Ausnahmen sind durchaus notwendig. Nicht wahr, Archelaos?«

»Leider. Ja.«

Alexander hielt den Kopf schief: »Wohin spähtruppen wir denn, Herr?«

»Zum Tullianum.«

Alexander warf Archelaos einen Blick zu. »Wollte die hübsche Notunterkunft immer schon mal kennenlernen.«

»Dann sieh zu, daß du nicht irgendwann aus Versehen dort einquartiert wirst.«

Bis zum Carcer Mamertinus, dem Staatsgefängnis, waren es nur einige hundert Schritt. Das Tullianum war nur der älteste Teil, das eigentliche Verlies, der geheime, ganz innen gelegene Teil des Gefängnisses. Belesene Römer stritten immer noch darüber, ob der Name von den Königen Servius Tullius oder Tullius Hostilius stammte, andere nannten den Ancus Marcius als Begründer des Baues. Der Carcer Mamertinus befand sich in der Nische des nordöstlichen Forums zwischen dem Comitium und dem Tempel der Concordia, dort wo der Clivus Argentarius das Zentrum der Stadt verließ und in nördlicher Verlängerung nach Verlassen der Porta Fontenalis in die Via Flaminia überging.

Gaius schickte Archelaos vor und ließ sich melden. Der trat über die drei Stufen zur erhöhten Pforte und verschwand im Innern des düsteren Gebäudes. Gleich darauf erschien im Türrahmen das Gesicht des diensthabenden Beamten. Gaius, der noch nie mit dem Wachpersonal

der Stadt zu tun hatte, rätselte, ob es sich um einen aus dem Dienst geschiedenen Centurio oder einen zivilen städtischen Beamten handelte. Jedenfalls fiel ihm die unendlich triste Miene des Mannes auf.
Auch Alexander hatte es bemerkt. Er trat vor und raunzte: »Herhören! Hier stehen und warten der berühmte Legat und Bezwinger von Alesia, Gaius Volcatius Tullus, und Alexandros Volcatianos, Freund des gallischen Krieges, und ich sage dir: Es besteht kein Anlaß, eine saure Miene zu machen, da es eine unvergleichliche Ehre für dich ist, die Genannten begrüßen zu dürfen. Verstanden?!«
»Wie? – Ja, sicher...«
»Das heißt ›Jawohl!‹«
»Jawohl!«
»Na also!« nickte Alexander. »Name!?«
»Bassus...«
»Aha! Na ja, keiner kann dafür, wie er heißt. Schon mal gedient?«
»Wie? Jawohl! Dritte Legion, zweite Cohorte, erste Centurie[83]!«
»Ausgezeichnet! Weiter so, mein Junge! Werde dich lobend erwähnen!«
Der »Junge« mochte die Fünfzig schon lange überschritten haben.
Alexander war aber noch nicht fertig: »Nun komm, komm, Cerberos[84]. Bitte den edlen Volcatius in das hübsche Häuschen, das an Schönheit ja durchaus nur noch vom Hades übertroffen wird. Bewegung!«
Völlig überrumpelt und verschüchtert näherte sich der Mann Gaius, verbeugte sich sehr tief vor ihm, danach auch vor Alexander und bat sie mit einer linkischen Handbewegung, in das Gebäude einzutreten.
Alles hier war düster, grau, unansehnlich, und jahrelanger Innendienst in diesem finsteren Gemäuer schien auch die Seelen der Wachhabenden vergilben zu lassen.
Bassus bat sie nach links in einen kleinen Raum, in dem er sich den größten Teil des Tages aufzuhalten pflegte. Darin befanden sich nur die nötigsten Dinge, eine Pritsche aus Holz, mit Decken und einem unansehnlichen alten Kissen belegt; ein primitiver Tisch, der noch aus dem vorigen Jahrhundert zu stammen schien; davor ein Stuhl und an der Wand drei Hocker; auf dem Tisch zwei völlig verschmutzte, fettig glänzende Öllampen; in einer kleinen Nische die Statuette eines nicht zu identifizierenden Gottes, den Bassus wohl verehrte. Der Boden aus gestampftem Ziegelbruch und Mörtel schien schon uralt und war an der Tür ausgetreten. Das wichtigste Inventar gleich unter dem kleinen, sehr hoch angebrachten und vergitterten

Fenster war jedoch ein großes Stehpult mit Rollen, Bögen und Schreibgerät. An der Seite hingen verschiedene große Schlüssel, aber auch am Gürtel von Bassus baumelte ein großes Bund.
Gaius, der sich in aller Ruhe neugierig im Raum umgesehen hatte, musterte jetzt den Wachhabenden – und dem als ehemaligem Soldaten standen aus langer Gewohnheit gleich Skrupel und schlechtes Gewissen im Gesicht. Er kannte Gaius aus seiner Dienstzeit nicht, hatte aber sicher von ihm und seinen Taten gehört. Im übrigen wagte er sich nun nicht zu bewegen, da Hector ihn mit hechelnder Zunge aufmerksam beobachtete und jede Regung mit den Augen verfolgte.
Gaius bemerkte es und sagte: »Platz!«
Sofort ließ sich Hector auf dem Hinterteil nieder, ohne aber Bassus aus den Augen zu lassen.
»Bist du...«, begann Bassus endlich, »bist du in... in amtlicher Eigenschaft hier?«
»Nur reden, wenn gefragt!« bellte Alexander. Aber Gaius warf ihm einen strengen Blick zu, sich ab sofort zurückzuhalten, und Alexander hob beleidigt die Schultern.
»Nein, noch nicht«, sagte Gaius. »Aber ich möchte mich informieren.« Er wußte, daß er kein Recht dazu hatte, hoffte aber, der Mann würde sein Vorgehen akzeptieren, und war erleichtert, als Bassus sagte: »Hier ist alles in Ordnung, Legat.«
Daß er die militärische Titulatur gebrauchte, obwohl Gaius in Zivil vor ihm stand, verriet wieder einmal, daß alte Soldaten, selbst wenn sie schon vor Jahren aus dem aktiven Dienst ausgeschieden waren, auch für den Rest ihres Lebens in soldatischen Formen und Ordnungen dachten.
Gaius nickte ihm freundlich zu: »Gut. – Wieviel Gefangene habt ihr zur Zeit hier?« Er wollte von Anfang an vermeiden, seinen Fragen den Anschein eines Verhörs zu geben.
»Zur Zeit drei. Zwei von ihnen werden in den nächsten Tagen dem Henker übergeben...«
»Was sind das für Leute?«
»Zwei Piratenhäuptlinge, die man vor Corsica aufgegriffen hat...«
»Und der dritte?«
»Den müßtest du eigentlich kennen, Legat! Vercingetorix, der Fürst der Arverner!«
Gaius nickte, und plötzlich senkte sich Trauer in seine Seele, wenn er daran dachte, unter welch erniedrigenden Umständen der Fürst in römische Hände gefallen war. Er sah die Szene vor sich, vor einem Dreivierteljahr, in einem Zelt vor Alesia: Sie hatten eine ganze Stunde

miteinander gesprochen, und der Arverner hatte ihn tief in seine Seele blicken lassen...
»Ja, ich kenne ihn.«
»Möchtest du ihn sprechen?«
Gaius erschrak. Daran hatte er nicht gedacht.
»Nein, danke. Ein andermal... Wie geht es ihm?«
»Er trägt es mit Gelassenheit.«
»Darf er schreiben?«
»Sicher!«
»Was schreibt er denn?«
»Ich weiß nicht... Schreibt, glaube ich, an irgendeiner langen Abhandlung... wahrscheinlich über sein Leben.«
Gaius sah ihn vor sich, in der kahlen Zelle, eingepfercht wie ein Vogel – nur mit seinen Gedanken und der Erinnerung zusammen...
»Bekommt er Briefe?«
»Ja, manchmal.«
»Erhält er sie ungeöffnet?«
»Nein, natürlich nicht.«
»Wer liest sie vorher?«
»Der zuständige Praetor, glaube ich.«
Gaius nickte.
»Hat er in letzter Zeit Besuch bekommen?«
»Ja.«
Gaius horchte auf. »Von wem?«
»Das weiß ich nicht.«
»Das weißt du nicht?«
»Nein, ein Beamter war dabei.«
»Wer?«
»Das weiß ich nicht. Ein Kollege hatte Dienst. Der Besucher hatte jedenfalls die offizielle Erlaubnis dazu.«
Gaius sah, wie Archelaos unauffällig dem Hund mit einem Stück des Kopfkissenbezuges über die Nase fuhr und wie Hector den Boden abschnupperte, sich erhob und an der Tür kratzte.
»War das ein Gallier?«
»Ja.«
»Wie hieß er?«
»Das weiß ich nicht. Ist das wichtig?«
»Nein, überhaupt nicht.« Gaius reckte sich. »Gut. Ich danke dir, Bassus. Hast du auch in den nächsten Tagen Dienst?«
»Ja.«
Gaius zögerte einen Augenblick, doch dann sagte er: »Hör zu, Bassus!

Du willst sicher nicht den Rest deines Lebens als Gefängniswärter hinbringen...«
»Wer will das schon!« lachte er. »Ich hatte eine schwere Verwundung und war froh, zunächst hier unterzukommen.«
»Verstehe. – Ich könnte dir vielleicht eine interessantere Aufgabe verschaffen.«
Bassus blickte freudig überrascht auf.
»Du bist großmütig, Legat!«
»Nein, nein. Ein alter tapferer Centurio hat Besseres verdient!«
Bassus lächelte verlegen.
»Man muß sich nach der Decke strecken, Legat!«
»Sicher. Aber ich könnte dir eine größere besorgen. Also, paß auf: Du wirst ab sofort ein wachsames Auge haben auf jeden, der hier ein und aus geht!«
Bassus nahm Haltung an: »Jawohl!«
»Du wirst mir jeden Besucher melden, ganz gleich, wer es ist! Und selbst, wenn es Pompeius wäre!«
»Jawohl!«
»Sollte ich nicht erreichbar sein, kannst du dich hier an Alexander oder an Archelaos halten.«
Alexander fixierte ihn: »Und denk an das Deckchen, das der Herr für dich bereithält! Haltung, Mann! Sauberkeit! Dissiplin! Rom braucht solche Männer!«
Bassus warf Gaius einen fragenden Blick zu, und als dieser freundlich nickte, sagte er: »Sicher.«
»Das heißt ›Jawohl!‹«
Doch diesmal kam er an den Falschen.
»Schon mal gedient?« fragte Bassus.
»Wie?« Alexander riß Augen und Mund auf.
Bassus fuhr ruhig fort: »Na ja, kann ja noch werden!« und geleitete die Besucher nach draußen.
Alexander hielt Gaius am Arm und stammelte: »Herr, muß ich mir solche Frechheiten als solche gefallen lassen?«
Gaius entgegnete ungerührt: »In diesem Fall ganz sicherlich. Aber du wirst es schon überleben.«

39

Schon vor der ausgemachten Zeit waren alle um den großen Eichentisch in der Bibliothek versammelt.
Gaius gab kurz Bericht und schloß: »Damit steht fest, daß Matisco im Carcer gewesen ist.«
Cornificius schüttelte den Kopf: »Viel bedenklicher ist, daß er dazu mit offensichtlich magistraler Erlaubnis erschienen ist. Wir sollten feststellen, wer ihn begleitet hat.«
»Nein.« Gaius spielte mit einem Stift. »Auf gar keinen Fall! Es würde nur zu Komplikationen und Behinderungen führen – ganz abgesehen davon, daß wir überhaupt nicht die Zeit haben, den dunklen Kanälen von Korruption und Verrat nachzuspüren. Wir müssen, ganz auf uns und unser Wissen gestellt, sofort handeln. Bei einem Fehlschlag steht uns der andere Weg immer noch offen – falls es dann nicht schon zu spät ist. Selenus, deine Meinung!«
»Du hast recht«, sagte der Grieche. »Wahrscheinlich wissen wir heute abend bereits mehr.«
»Gut.« Gaius legte den Stift hin. »Wie machen wir's?«
Nach kurzer Beratung wurde beschlossen: Gaius, Cornificius und Alexander würden zum vereinbarten Treffpunkt mit dem »Angler« gehen; Selenus und Archelaos sollten Pittakos' Magazin und Asconius' Kneipe, so gut es ging, im Auge behalten.
Sie brachen auf, jeder mit Lederkoller, Schwert und Dolch unter dem Mantel gerüstet. Da die Dämmerung längst eingesetzt hatte, brauchten sie keine Rücksicht darauf zu nehmen, erkannt und angesprochen zu werden. Am Forum Boarium trennten sie sich.
Nun machte Alexander den kundigen Führer für Gaius und Cornificius. Schweigend folgten sie der Straße parallel zum Tiber, erreichten die Brücke, verhielten und blickten zurück. Niemand folgte ihnen.
»Weiter!«
»Jawohl! Werde dem Angler verbieten, nachts Fischlein zu fangen.«
»Sicher.«
»Werde auch diesem Großmaul Bassus Manieren beibringen!«
Er war also immer noch nicht über dessen anmaßende Frage hinweggekommen.
»Ja, mein Junge«, sagte Gaius. »Aber erst nach Beendigung des Unternehmens! Kannst ihn dann auch zum Essen bei Asconius einladen.« Gaius stieß Cornificius an.
Alexander erwiderte, ohne stehenzubleiben: »Herr! Damit spaßt man nicht!«

»Wer spaßt denn?«
»Na, dann eben nicht...« Doch in Ermangelung einer Tür, durch die er schmollend einen Raum verlassen konnte, ging er trotzig weiter. Das hielt aber nur bis zum Ende der Brücke an. Er blieb stehen.
»Sollten von nun an still sein wie die lieben Fischlein.«
»Wir sind es!« sagte Cornificius. »Geh voran!«
Nun achteten sie auf jeden Winkel, jeden Hauseingang, jede Gasse, die rechts oder links abzweigte, und alle hatten das Empfinden, aus unsichtbaren Augen beobachtet zu werden.
So erreichten sie die Stelle, wo der schmale Zugang zum Fluß abbog. Sie schmiegten sich rechts und links an die brüchigen Wände der baufälligen Häuser und lauschten. Von der anderen Seite des Tibers war das trunkene Gegröle von Zechern zu hören. Dazwischen registrierten sie das leise Plätschern des Flusses. Sonst vernahmen die drei nichts. Auf dieser Seite blieb alles ruhig.
Vorsichtig bewegten sie sich in dem engen Gang, der nicht einmal die Breite zweier ausgestreckter Arme hatte, zum Fluß hin, erreichten das Ende der Gasse und hielten sich im Schatten der Mauern. Die Stadt am anderen Ufer war nur zu erahnen, aber dann trat der Mond hinter einer Wolke hervor und ließ Konturen erkennen. Sein Licht war so hell, daß es vom goldenen Dach des Iupiter-Tempels metallisch reflektiert wurde. Weiter rechts bemerkten sie ein flackerndes Leuchten über den Dächern: das ewige Feuer des Vesta-Tempels. Doch der Fluß vor ihnen zeigte eine glatte, dunkle Fläche, da kein Schiffsrumpf das Wasser teilte und in Unruhe brachte.
Lange standen sie so, und ihre Augen gewöhnten sich an die düsteren Schatten, vermochten allmählich immer mehr an Einzelheiten zu erkennen: die Konturen verschiedener Gebäude auf der anderen Seite, links die Brücke, die ruhenden Körper der Fischerboote, und gleich vor ihnen der Steg. Doch weit und breit kein Mensch.
»Fertigmachen!« flüsterte Gaius, und alle schlugen die Mäntel zurück, um im Augenblick der Gefahr nach der Waffe greifen zu können. Dann traten sie aus der engen Gasse, gingen langsam, auf jedes Geräusch achtend, auf den Steg zu.
Sie erreichten die Planken und wandten sich um, nun die Rückfront der Katen, Mühlen, Verschläge betrachtend, aus deren Schatten sie eben herausgetreten waren. Sie atmeten langsam und bedächtig, starrten angestrengt flußauf- und -abwärts. So verging etwa eine Viertelstunde. Dann hörten sie, wie sich von links ein Boot näherte. Sie erkannten es an den gleichmäßigen Ruderschlägen, die behutsam das Wasser teilten.

»Alexander, paß du im Rücken auf!« befahl Gaius leise.
»Jawohl! Rücken!«
Wie ein Falke fixierte er das verkommene Viertel. Währenddessen hatte das Boot die Anlegestelle erreicht, und man erkannte Einzelheiten: Ein Mann vorne im Boot schien es mit einem Strick am nächsten Pfosten festzuzurren und hielt sich und das Fahrzeug anschließend an dem Pfahl fest, damit die Insassen aussteigen konnten. Es waren drei Gestalten, die nun ohne zu zögern über die Planken zum Ufer strebten. Neugierig wandte sich Alexander einen Augenblick um und staunte.
»Der Meister der Blumen! Na, verkaufst du nun Anbetracht dessen die Röschen vom Boot aus?«
Der vollbärtige stämmige Alte lächelte: »Schätze, würde ein schlechtes Geschäft werden, edler Alexandros aus Theben!«
Alexander horchte der Stimme nach, die heute ganz anders als sonst klang. Aber er schwieg.
Die beiden anderen schienen nur Begleitpersonal zu sein. Der Alte wandte sich an Gaius: »Hättest dich nicht so ohne weiteres hierher begeben sollen, Herr.«
»So? Warum nicht?«
»Das ist eine Falle!«
»Wer bist du?«
Doch ehe er antworten konnte, kamen sie: Sie kamen von drei Seiten – aus dem Schatten der Häuser, aber auch von den beiden rechts und links liegenden Stegen, wo sie sich die ganze Zeit über still verhalten hatten.
»Los! Zum Boot!« rief der Alte, aber es war zu spät, denn Gaius, Cornificius und Alexander hatten sich der Angreifer zu erwehren. Es mochten an die zwanzig Leute sein. An den Treffern erkannte Gaius, daß sie Rüstungen trugen, denn es klang Metall auf Metall. Trotz der Dunkelheit meinte Alexander den einen oder anderen zu erkennen: Leute aus Pittakos' Truppe!
»Werde euch lehren, einsame Angler im Mondschein zu belästigen!« rief Alexander und trieb einen Gegner mit ungeheuren Schlägen vor sich her, hetzte ihn auf den Steg und immer weiter, bis er ihm an dessen Ende einen gewaltigen Fußtritt versetzte, daß der Bursche rücklings in die Fluten fiel und verschwand.
»Der nächste!« schimpfte Alexander und stürzte sich auf die beiden, die ihm entgegentraten. Er gebrauchte jede Finte, die er in Gallien gelernt hatte, hieb aus dem Stand, wehrte mit der flachen Klinge die Schläge ab, stach dann unerwartet zu, und einer der beiden ging rö-

chelnd auf den Brettern zu Boden. Den zweiten trieb er zum Land hin vor sich her, aber da trat schon ein weiterer ihm entgegen, und er hatte Mühe, sie hinzuhalten. Zwischen zwei Hieben sah er, wie der Alte munter dreinschlug und jeden, der ihm entgegentrat, erledigte. Aber es waren immer neue da, und auch Gaius und Cornificius hatten alle Hände voll zu tun, sich ihrer zu erwehren.
In diesem Augenblick hörten sie, wie das Wasser aufschäumte, und schon knirschten die Kiele von mehreren Booten auf dem Kies des Ufers. Etwa zwanzig Männer sprangen an Land und umringten die Kämpfenden.
Dann rief eine kernige Stimme: »Werft die Waffen weg, oder ihr seid im Hades!«
Doch niemand schien der Aufforderung Folge zu leisten, und nun begann eine regelrechte Schlacht, denn der ganze Uferstreifen schien von ringenden, kämpfenden, keuchenden, gurgelnden Gestalten besetzt zu sein. Wohin Gaius blickte – es wurde geschlagen, gestochen, rücksichtslos, man wollte töten, es gab auf beiden Seiten keinen Pardon. Doch nun sah er etwas anderes, Erstaunliches: Die Neuankömmlinge kämpften ohne Ausnahme in voller Rüstung, mit Helm und Schild! Einen Augenblick lang wähnte er sich vor Alesia. Und wie damals ging es ums Leben.
»Halunken!« hörte er neben sich Cornificius.
Da schrie eine andere Stimme: »Kämpfend zurückziehen!«
»Soll wohl 'n Witz als solcher sein! Hiergeblieben! . . . Willst du wohl stehenbleiben!« Doch da sein Gegner sich zwischen zwei Schwerthieben umdrehte, um das Weite zu suchen, versetzte Alexander ihm einen gewaltigen Fußtritt, daß er der Länge nach hinfiel. Alexander schüttelte böse den Kopf, ging hin, hob den Mann am Nacken auf, stellte ihn senkrecht, nahm kurz Maß – und versetzte ihm eine Backpfeife, daß er staunend wieder zu Boden ging und alle viere von sich streckte.
Alexander beugte sich über ihn: »Noch Fragen? Na, dann eben nicht . . .« Aber er behielt die Schultern oben.
»Das ist er!« hörte er neben sich unter einem glitzernden Helm eine Stimme. »Laß ihn nicht entkommen!« Es war der Liegende gemeint.
»Wie will er das denn als solches machen?« fragte Alexander erstaunt zurück und half auf der anderen Seite Gaius.
Wieder ertönte der Befehl: »Werft die Waffen weg! Es ist aussichtslos!«
Die Gegner schienen aber immer noch nicht willens zu sein, und einigen gelang es, sich zu den Hütten zu retten und in der Dunkelheit un-

terzutauchen. Die übrigen erkannten ihre aussichtslose Lage, warfen ihre Schwerter weg und ergaben sich.
Plötzlich waren Fackeln da und beleuchteten eine schreckliche Szene.
»Die haben aber auch an alles gedacht!« lobte Alexander und rieb sich die Knöchel seiner Hand. Etwa zehn Leute lagen tot oder sterbend am Boden.
Die Neuankömmlinge waren schon dabei, die Besiegten mit Stricken zu fesseln und aneinanderzubinden.
»Wer seid ihr?« fragte Alexander den ihm zunächst Stehenden.
»Frag nicht so dämlich! Pack an!« kam die Antwort, und schon warf er Alexander einige kurze Stricke zu.
Da trat der Mann, der als Anführer die Befehle gegeben hatte, neben Gaius und Cornificius und sagte leise: »Es ist keine Zeit zu verlieren. Der Hauptschlag muß vereitelt werden!«
»Wie?« Gaius starrte ihn entgeistert an. »Wer bist du?«
»Später. – Wo sollen wir sie hinbringen?« Er wies mit dem Schwert auf die Gefesselten.
»Zu Pittakos!«
»Gut.« Er sagte das so, als ob dies die selbstverständlichste Sache der Welt sei und als ob er dieses Ziel auch im Auge gehabt habe. Gaius schüttelte staunend den Kopf und betrachtete die dunklen Umrisse des Mannes. Sein selbstsicheres Tun blieb ihm ein Rätsel. Der Mann gab einigen seiner Leute Anweisungen, die Gefesselten, die gehen konnten, unter Bedeckung zu Pittakos zu führen. Die Schwerverwundeten sollten an Ort und Stelle bewacht werden, bis man sie mit einem Wagen holen würde.
»Und den da« – der Behelmte wies auf den Mann, den Alexander sehr akkurat gefesselt hatte – »nehmen wir gleich mit!«
Dann rief er: »Leonidas!«
»Hier!« Leonidas prüfte bei einigen Gefangenen den Sitz der Fesseln.
»Du kommst mit!«
»Jawohl!«
Alexander aber staunte, als er sah, wie der Blumenmensch die Hand zum militärischen Gruß hob.
Dann machten sich Gaius, Cornificius, Alexander, Leonidas und der Unbekannte mit dem von Alexander Gefesselten auf den Weg, und etwa zehn Leute der Entsatztruppe folgten. Unterwegs wurde nicht gesprochen, und Gaius versuchte angestrengt, die Zusammenhänge des überraschenden Geschehens zu erkennen.

Schließlich fragte er: »Seid ihr verletzt?«
»Nein«, sagte Cornificius. »Du?«
»Wenn ich von einer gewissen Verwirrung des Geistes absehe, dann muß ich bekennen: Nein!«

40

Eine Viertelstunde später erreichte die Gruppe Pittakos' Magazin. Der Unbekannte schickte seine Leute in die Schatten der Hauseingänge und Mauern.
Dann wandte er sich an Gaius: »Du hast hier zwei deiner Leute postiert...«
Gaius nickte. »Ja. Sie können aber auch bei Carrinas sein.« Er hielt den Unbekannten am Arm fest: »Willst du nicht endlich...«
»Später. Wenn das vorbei ist.«
Die Stimme kam Gaius bekannt vor, aber er konnte sie immer noch nicht einordnen.
»Sie haben nur ein paar Leute im Magazin. Wahrscheinlich ist aber Matisco bei ihnen. Wir müssen sie überrumpeln.«
»Und wo sind die anderen?« fragte Gaius.
»Bei Asconius.«
Der Unbekannte ging zu seinen Männern und gab ihnen leise Anweisungen. Dann kam er zurück und erklärte Gaius: »Das ganze Gebäude ist umzingelt. Keiner würde lebendig durchkommen. Wir sollten aber unnötiges Blutvergießen vermeiden.«
»Ja, sicher... Aber wie...«
»Komm!«
Seine Leute verteilten sich an bestimmten Punkten, einige überkletterten das Tor des benachbarten Magazins und verschwanden in der Dunkelheit. Gaius war klar, daß die gesamte Aktion bis ins kleinste perfekt vorbereitet worden war. Er folgte dem Fremden.
Sie überquerten die Straße. Der Unbekannte öffnete mit einem Schlüssel das Tor. Sie gingen über den Hof, erreichten die Außentür an der Rampe. Der Fremde winkte zur Seite, und sechs Leute kamen aus verschiedenen Verstecken hervor. Er legte den Finger an die Lippen. Alle verstanden und nickten. Dann öffnete er, so leise es ging, auch dieses Schloß, und sie huschten nacheinander in den Gang. Ohne weitere Anweisung verteilten sich die Leute an den verschiedenen Türen. Und wieder staunte Gaius über die Organisation.
Gaius war überzeugt, daß alle Dolch oder Schwert griffbereit in der

Hand hielten; auch er, Cornificius und Alexander griffen nach der Waffe.
Dann kam der schneidende Befehl: »Los!«
Alle Türen wurden zugleich aufgestoßen, Licht drang in den Gang, und in allen Räumen tönte es: »Keine Bewegung! An die Wand stellen!«
Wie der Fremde gesagt hatte, befanden sich nur fünf Leute in drei der Zimmer verteilt, und es war ein leichtes, die völlig Überraschten zu überrumpeln. Widerstandslos ließen sie sich entwaffnen, fesseln und in Pittakos' Kontor bringen. Im Schein der Öllampen erkannte Alexander den ersten Matisco unter ihnen.
»Na, mein Junge, durchaus als solcher Pech gehabt, wie?«
Aber er war erstaunt, als der Fremde sagte: »Nehmt ihm die Fesseln ab!«
Es geschah.
»Kommt!«
Ohne weitere Erklärung sonderten sich einige der Männer ab, nahmen Matisco in die Mitte und verließen den Raum. Gaius sah den Fremden kurz im Licht der Lampen und meinte, diese Augen schon einmal gesehen zu haben. Aber er war sich nicht sicher. Helm, Nasen- und Wangenschutz verdeckten das Gesicht, und es waren keine Einzelheiten zu erkennen.
Sie verließen das Gebäude, den Hof und bogen draußen zielsicher nach links ab. Nach etwa zwanzig Schritten blieb der Anführer stehen und wandte sich an Matisco: »Du weißt, was du zu tun hast?«
»Ja.«
»Gut. Du weißt, was davon abhängt! – Los!«
Matisco machte sich allein auf den Weg in Richtung von Asconius' Schenke.
Gaius konnte nun nicht mehr an sich halten: »Willst du mir nicht endlich erklären, was hier vorgeht?«
»Nein. Später! Komm!«
Ohne ein weiteres Wort ging er den Weg zurück zu Pittakos' Magazin. Er wandte sich an seine unsichtbaren Leute: »Alles klar?«
Aus dem Dunkel kamen von allen Seiten Antworten: »Jawohl!«
Dann schickte er einen der Bewaffneten zum Eingang an der Rampe: »So, ihr könnt anfangen!«
Er nahm Gaius beim Arm und zog ihn in den Schatten der überall gestapelten Fässer, Kisten und des alten Gerümpels. Cornificius und Alexander folgten.
Plötzlich wurden im Gebäude alle zum Hof führenden Fenster geöff-

net, das Licht der Lampen drang nach draußen, während drinnen ein ohrenbetäubender Lärm entstand. Man hörte Schläge, Scheppern, Bersten von allen möglichen tönernen und gläsernen Gegenständen, Regale fielen um, Holz schien zu brechen und zu splittern; dazwischen Schreie, Flüche, Keuchen, als ob eine ganze Cohorte dabei wäre, das Gebäude und seine Einrichtung auseinanderzunehmen. Hier und da flogen Bruchstücke des Mobiliars nach draußen.
Gaius sah noch etwas: Beide Flügel des eisernen Außentores standen weit offen. Und da kamen sie! Pittakos und etwa zwanzig seiner Leute! Im Eilschritt! Ohne zu zögern stürmten sie in den Hof und strebten sofort dem geöffneten Haupteingang zu. Aber so weit kamen sie nicht. Denn plötzlich stürzten etwa dreißig Männer aus ihren Verstecken hervor, wieder andere kamen aus dem Haus mit lodernden Fackeln, die die Szene in ein gespenstisches Licht tauchten.
Die Angreifer waren in der Überzahl. Gaius sah, wie einige von ihnen blitzschnell Pittakos und zwei andere von ihnen absonderten, und nach kurzer Zeit lagen die Überraschten gefesselt am Boden.
Und ehe die übrigen begriffen, was geschah, tönte eine kernige Stimme: »Widerstand ist aussichtslos! Dreißig Bogenschützen haben ihre Pfeile auf euch gerichtet! Werft die Waffen weg!«
Doch einer von ihnen machte Anstalten, mit dem Schwert auf den nächsten Fackelträger einzuschlagen – aber mitten in der Bewegung hielt er inne, und im Schein der Fackeln erkannten die übrigen, daß ihm ein Pfeil im Hals steckte. Er sackte lautlos in sich zusammen.
Nun näherten sich auch von allen Seiten des Unbekannten Leute: die Schilde vor sich, Lanzen wurfbereit zur Mitte gerichtet.
»Ihr seht, es ist zwecklos! Waffen weg!«
Sie gehorchten.
Mann für Mann wurden sie gefesselt.
»Wieviel sind es?« fragte der Unbekannte.
»Zweiundzwanzig!« rief jemand.
»Gut.« Er wandte sich an Gaius. »Wo willst du sie unterbringen?«
»Wie?« Gaius erwachte wie aus einem Tagtraum. »In der Übungshalle.«
Der Fremde gab seinen Leuten entsprechende Anweisungen, und man brachte sie ins Gebäude.
»Gut, Männer! Ich bin mit euch zufrieden! Laßt sie nicht aus den Augen. Wartet weitere Anordnungen ab! Der edle Gaius Volcatius Tullus ist dafür zuständig!«
Dann wandte er sich an Leonidas, der sich die ganze Zeit in seiner Nähe gehalten hatte: »Kümmer dich um die beiden Gallier! Bring sie

mit zum Volcatischen Haus am Palatin. Gaius wird sicherlich einige interessante Fragen an sie haben.«
»Schätze, ist mir ein Vergnügen!«
Leonidas grüßte zackig und kümmerte sich um die beiden. Der Unbekannte trat zu Gaius: »Wenn es dir recht ist, sollten wir jetzt gehen.«
»Ja, natürlich...«
Sie machten sich auf den Weg.

41

Als sie das Haus am Palatin betraten, hielt Gaius im Atrium überrascht inne. Clodia kam ihm mit besorgtem Blick entgegen.
»Du hier?« fragte er.
»Bist du verletzt?« Mit schnellem Blick prüfte sie sein Äußeres. Der Mantel war an mehreren Stellen zerfetzt.
»Nur ein paar Schrammen.« Er umarmte sie. »Du hast meine Frage nicht beantwortet.«
»Gleich, Lieber...«, wich sie aus. Sie lächelte eigenartig, und er blickte von ihr zu den Gestalten, die nach ihm das Haus betreten hatten.
Steif sagte er: »Ja... Darf ich denn alle in die Bibliothek bitten...«
Er machte eine einladende Handbewegung und ging voraus. Alexander ließ den Menander noch einige Stühle holen, doch nicht alle setzten sich. Gaius hielt es nicht am Platz; er ging auf den Mann im Helm zu und sagte nicht ohne Schärfe: »Es ist, wie ich meine, an der Zeit, das Inkognito zu lüften – oder?«
»Ganz meine Meinung«, sagte Clodia mit sonderbar sachlichem Tonfall.
»Ja, das meine ich auch!« rief Selenus, der gerade den Raum betreten und den letzten Satz gehört hatte.
»Wieso... Wo kommst du denn her?« fragte ihn Gaius.
Aber Selenus lächelte nur geheimnisvoll. Als Gaius sich umwandte, nahm der Unbekannte gerade den Helm ab, und jugendlich schwarze Locken rahmten sein Gesicht, ein schelmisches Lächeln spielte um die Lippen, und zu seiten der stahlblauen Augen zeichneten sich feine Lachfältchen ab.
Gaius starrte ihn offenen Mundes mit großen Augen an und stammelte: »Scribonius Curio! – Du?« Die Verblüffung war vollkommen.

Auch Cornificius staunte, schüttelte den Kopf und murmelte: »Ich sag's ja immer: Wen die Götter verderben wollen, den schlagen sie zuvor mit Wahnsinn ... ein Glas Wasser bitte!« Menander ging, seinem Wunsch nachzukommen.
Alexander aber hieb sich mit der Faust in die Hand und rief: »Will denn nicht endlich einer als solcher erklären, was hier Anbetracht dessen los ist, dergestalt zwei Gallier gleichen Namens die Gegend bevölkern, ein Blumenmensch und Totengräber hübsche Schläge austeilt, der edle Curio durchaus dabei ist – und mein Herr von nichts weiß!«
»Du sprichst mir ganz aus dem Herzen, mein Junge«, sagte Gaius, und Alexander strahlte.
Gaius musterte die beiden Gallier und fragte Curio: »Wer ist denn nun der echte?«
Curio setzte sich, und alle blickten gespannt zu ihm hin und erwarteten seine Erklärung.
»Nun«, begann er und rieb seine Hände aneinander, »ich bin mehr oder weniger durch einen Zufall auf die Sache aufmerksam geworden. Daß sie nun ein zufriedenstellendes Ende genommen hat, konnte ich selbst nicht erwarten.«
»Würdest du bitte der Reihe nach berichten!« sagte Gaius.
»Gerne«, lächelte ihm Curio zu, und es war nicht ironisch oder herabsetzend.
»Du hast mich an der Nase herumgeführt!« sagte Gaius unfreundlich.
»Nicht ganz!« meldete sich Clodia zu Wort. »Er sollte nur im Ernstfall eingreifen.«
»Also steckst du dahinter?«
Gaius kam sich wie überrumpelt vor, und als er sich wieder setzte, drückte sein Gesicht großen Unwillen aus.
Selenus, der es bemerkte, sagte einlenkend: »Auch mir ist erst heute einiges klarer geworden. Aber lassen wir Curio doch berichten!«
»Nun ...« Curio überlegte, wo er beginnen sollte. »Zunächst wußte ich von der ganzen verwickelten Angelegenheit nur das, was mir von meinen Hausskiaven zugetragen wurde: daß im Haus des Asconius ein Mord geschehen sei, daß dabei vielleicht zwei Gallier eine Rolle spielten. Die Sache interessierte mich nicht, weil solche Verbrechen nun einmal geschehen.«
Er schaute zu Gaius hin und fuhr fort: »Ich denke, du hast anfangs ähnlich darauf reagiert.«
»Ja, in der Tat. Ich hatte andere Dinge im Kopf, und erst als Alexander mir mitteilte, ein gewisser Matisco habe sich der Gladiatorentruppe

des Pittakos angeschlossen, begann mich der Fall zu interessieren, freilich nur allgemein menschlich, wie man so sagt. Im übrigen war ich mit meiner Kandidatur vollauf beschäftigt und überließ meinem Alexander die Vorbereitung der Spiele und Kämpfe.«
Alexander horchte entzückt auf, da er den beiläufigen Satz als Lob betrachtete, und setzte sich wieder gerade.
»Verstehe«, nickte Curio. »Mein Interesse galt ja ganz ähnlichen Aufgaben – und genau wie du hatte ich mir vorgenommen, der Menge mit kämpferischen Darbietungen die Zeit zu vertreiben, wie sie das ja nun als selbstverständliche Beigabe von einem Kandidaten erwartet... Na, schweigen wir von was anderem.«
Er lächelte Gaius zu, und sie verstanden sich.
»Ich machte mich also auf die Suche nach geeigneten Leuten. Leider habe ich keinen Alexander, der die Sache souverän in die Hand nehmen konnte...«
»Werde dem edlen Curio als solchem demnächst unbedingt meine Ratschläge zur Verfügung geben!«
»...stellen!« verbesserte Cornificius, und man schmunzelte in der Runde.
»Ich schickte also einige meiner Leute los. Sie sollten sich umhören, ob es einen geeigneten Mann gäbe, der Erfahrung in diesem Geschäft hätte und der das alles organisieren könnte. Und so brachten sie eines Tages einen Mann ins Haus, der behauptete, innerhalb kürzester Zeit die gewünschte Anzahl von Schwertkämpfern zusammenzubringen. Er bot sich sogar an, die Leute weit unter dem üblichen Preis zu besorgen...«
»Ich nehme an«, meldete sich Selenus zu Wort, »daß es sich bei dem Mann um Leonidas handelte?«
»Ja, so ist es.«
Alle blickten Leonidas an, und der sagte beiläufig: »Man tut, was man kann.«
»Er untertreibt«, kommentierte Curio diese Äußerung. »Als ich mir einmal ansah, wie er mit den Leuten umging und welche Übungen er ihnen abverlangte, erkannte ich, daß ich einen Fachmann bekommen hatte...«
»Fachmänner sind als solche selten«, nickte Alexander und schloß sich selbstredend in den Kreis der Genannten ein.
»Eines Tages nun...«, er schaute kurz zu Leonidas hin, als ob er ihn um sein Einverständnis bitte, davon zu berichten, doch Leonidas nickte ihm ermunternd zu, »...eines Tages kam einer meiner Leute zu mir und tat sehr geheimnisvoll; er müsse mir unbedingt etwas

mitteilen, was er beobachtet habe. Und dann berichtete er, er habe zufällig den Leonidas belauscht, wie er sich mit einigen seiner Leute unterhalten habe...«

»Wahrscheinlich über hübsche Blümchen und Tote, die er vergraben wollte als solche!« behauptete Alexander.

»Das kommt später«, lachte Curio Alexander zu. »Nein, aus dem Gespräch habe er geschlossen, daß dieser Leonidas diese Leute schon lange kenne – nicht nur das: Es habe den Anschein, als ob sie sich im verborgenen halten müßten, denn Leonidas habe ihnen streng befohlen, sich nicht in den Schenken sehen zu lassen, die von Gladiatoren bevorzugt würden. Ich nahm das zur Kenntnis, maß ihm aber keine Bedeutung bei, da ich diese Vorsicht für die Folge irgendeiner privaten Verfehlung hielt, wie sie ja immer mal wieder bei diesen Burschen vorkommen kann; ja, ich nahm an, daß dabei irgendwelche Mädchen eine Rolle spielten.«

»Frauen sind durchaus immer an allem schuld. Nicht wahr, Archelaos?«

»Leider, ja.«

»Ich hatte die Sache längst vergessen«, fuhr Curio fort, »als der Mann eines Tages wieder zu mir kam und aufgeregt behauptete, Leonidas sei nicht Leonidas.«

»Zweifellos!« rief Alexander. »Schwertkämpfer als solche verkaufen keine hübschen Blümchen und vergraben keine Toten!«

»Er habe gesehen – so der Mann –, wie Leonidas sich eine Perücke aufgesetzt und einen Bart angeklebt habe...«

Alle schauten zu Leonidas hin, doch der lächelte nur.

Curio fuhr fort: »Der Mann schwor Stein und Bein, daß mit dem *Lanista* etwas nicht stimme. – Nun, ich wurde neugierig und ließ bei nächster Gelegenheit Leonidas kommen. Ich stellte ihn zur Rede und forderte ihn auf, zu der Beschuldigung Stellung zu nehmen...«

»Und welche Stellung nahm er auf? – Schätze, eine sehr senkrechte! Nicht wahr, Archelaos?«

»Fürwahr, ja!«

»Ich sagte ihm auf den Kopf zu, daß er sich für jemanden ausgebe, der er nicht sei...«

»Und?« fragte Gaius, der wie alle übrigen mit größtem Interesse dem Bericht folgte.

»Aber lassen wir Leonidas sich doch selbst rechtfertigen, so wie er es auch mir gegenüber tat. Bitte, Leonidas!«

Leonidas war nun sehr ernst geworden. Er nickte bedächtig und sagte: »Ja, schätze, daß es an der Zeit ist.«

Dann griff er sich ins Haupthaar und nahm es vom Kopf. Nur ein schütterer Haarkranz blieb an den Seiten übrig. Dann nestelte er mit beiden Händen an seinem Schnauzbart und am Kinn und löste vorsichtig das prächtige Symbol überzeugender Männlichkeit. Nun legte er beides, Haare und Bart, auf den Tisch. Zurück blieb ein fast kahler Schädel und ein Gesicht, das nun erheblich jünger als das des zittrigen Blumenverkäufers wirkte.
Alexander war aufgesprungen: »Beim Hercules! Birria! Mein lieber Freund!«
Er stürzte zu ihm hin, und beide lagen sich in den Armen – und beide schnauften und schnieften und mußten sich verschämt über die Augen wischen.
»Den Göttern sei Dank! Du lebst und gedeihst als solcher! Ich hatte unbedingt eine durchausige Ahndung, daß du...«
Sie klopften sich auf die Schultern und lachten sich breit an.
»...Ahnung!« verbesserte Cornificius ungerührt und fuhr fort: »Und es lachten die Himmlischen all' auf ihren Thronen! – Würdet ihr die Feier eures Wiedersehens bitte auf später verschieben? Wir möchten allzu gerne den letzten Akt des Dramas erfahren!«
»Na, dann eben nicht...«, murmelte Alexander. »Man wird sich in diesem Hause ja wohl noch freuen dürfen.«
»Dein gutes Recht!« nickte Gaius. »Aber nun laß ihn berichten!«
Die beiden setzten sich wieder, und Leonidas-Birria fuhr fort: »Schätze, ich muß etwas weiter ausholen...«
Alle nickten ihm ermunternd zu.
»Ihr wißt, daß ich bis vor kurzem im Dienst des Senators Titus Annius Milo stand...«
»Wir wissen es«, sagte Archelaos.
»Dann wißt ihr auch, daß Milo angeklagt war, im Januar vor einem Jahr den Publius Clodius ermordet zu haben...«
»Natürlich«, sagte Selenus. »Und er wurde wegen der Sache erst kürzlich in einem Prozeß verurteilt.«
»Ja. Milo zog es vor, freiwillig nach Massilia in die Verbannung zu gehen. Wir, meine Kameraden und ich, waren ja an dem Handgemenge damals beteiligt...«
Er zögerte, schaute zu Clodia, dann zu Gaius, verunsichert, ob er es wagen durfte, in Gegenwart der Schwester des Getöteten dieses Vorkommnis zu erwähnen.
Auch Gaius war erleichtert, als Clodia ernst sagte:
»Dich trifft keine Schuld, sondern Milo – und die unglücklichen Umstände. Berichte weiter!«

»Danke, Herrin!« sagte Birria und fügte erklärend hinzu: »Ich war immer gegen diese Bandenkämpfe, aber Milo...«
»Wir wissen Bescheid«, sagte Gaius. »Milo war jedes Mittel recht, der popularen Seite zu schaden. Weiter!«
Birria nickte ernst. »Ja. Bevor er sich absetzte, ließ er mich kommen und teilte mir mit, ich solle in Rom untertauchen, mir einen falschen Namen zulegen und mein Äußeres verändern. Er werde über Mittelsmänner Kontakt zu mir aufnehmen. Ich solle seine Anordnungen abwarten und mich dann strikt daran halten...«
»Verstehe«, sagte Gaius. »Und das ließ denn auch nicht lange auf sich warten.« Er nahm die beiden Gallier in den Blick. »Einer von den beiden machte den Boten...«
»Ja.«
»Wer?«
»Ich!« Es war der zweite Matisco, der sich meldete.
»Jetzt verstehe ich nichts mehr!« rief Cornificius.
Curio erklärte: »Mir ging es ähnlich, bevor ich die Zusammenhänge kannte.« Er war aufgestanden. »Erst nach und nach erfuhr ich von Birria, was für ein tückisches Spiel da gespielt werden sollte. Erzähl es uns, Birria!«
Curio setzte sich wieder, und Birria fuhr fort: »Dieser Matisco erschien eines Tages in meinem Quartier in der Subura, wo ich mich versteckt hielt, und sagte, er käme im Auftrag Milos. Er konnte sich mit einem Schriftstück ausweisen, das Milo ihm mitgegeben hatte. Da ich aber nicht lesen kann, hielt ich mich an das mir bekannte Siegel. Matisco erklärte, er habe vor, in der Stadt in Handelsgeschäften tätig zu werden. Ich nahm ihm das aber nicht...«
»Ja«, fiel ihm Matisco ins Wort, »das sagte ich ihm, aber ich merkte gleich, daß er mir nicht glaubte.«
»Hattest du denn in Massilia mit Milo gesprochen?« fragte Gaius.
»Ja, natürlich. Milo kannte meinen Vater aus der Zeit, als er mit einer Gesandtschaft zur Zeit von Ciceros Consulat vor zwölf Jahren in Rom war. Er wußte, daß einflußreiche Männer meines Stammes Caesar sehr kritisch gegenüberstanden. So ging er davon aus, daß ich mich als Werkzeug seiner politischen Interessen mißbrauchen lassen würde. Was er nicht wußte, war, daß ich seit einiger Zeit zu den engsten Freunden des Proconsuls in meiner Heimat zähle. Und ich will euch nicht verheimlichen, warum: Wir Haeduer sahen seit jeher in der friedlichen Zusammenarbeit mit Rom die bessere Basis für unsere Zukunft, und wir sind stolz darauf, als Freunde des römischen Volkes zu gelten. Natürlich gibt es andere, die uns als Verräter bezeichnen.

Doch für mich und meinen Vetter« – er wies auf den zweiten Gallier – »stand nie in Frage, daß wir uns an die mit Caesar getroffenen Abmachungen zu halten hätten. Und wir haben diese Auffassung auch gegen den Widerstand anderer Stammesführer immer wieder durchgesetzt. Daß das nicht einfach war, brauche ich nicht zu betonen, da Gaius Volcatius diese Schwierigkeiten aus eigenem Erleben kennt.«
Gaius nickte ihm zu. »Fahr bitte fort, Matisco. Das ist mir alles noch zu einfach.«
»Ja«, nickte Matisco. »Es mußte noch etwas hinzukommen. Wie ihr euch denken könnt, ist die Stimmung unter den überlebenden Stammesfürsten nach der Schlacht bei Alesia geteilt. Zwar hatte Caesar nach seiner Art das ganze Land militärisch in der Hand. Ihr habt da ja einen treffenden Spruch: *Divide et impera!*[85] Und danach verfuhr er. Bei Zusammenkünften der Fürsten aus den verschiedenen Regionen machte er jedem einzelnen die Zusammenarbeit schmackhaft, lockte mit Vorrechten, stellte hohe Ämter in Aussicht, reizte ihre Eitelkeit – und spielte doch jeden gegen jeden aus, so daß am Ende nichts herauskam als arge Eifersucht zwischen den Führern. Wir Haeduer waren, trotz des zeitweisen Schwankens und des Abfalls vor der Entscheidung bei Alesia, immer kritisch gegenüber dem Führungsanspruch der mächtigen Arverner und ihres Führers Vercingetorix gewesen. Gaius Volcatius wird es wissen, da er selbst bei vielen Zusammenkünften dabeigewesen ist...«
Gaius nickte.
»Dies alles nun muß man wissen, um Milos Ambitionen verstehen zu können. Er versuchte, alle möglichen Gallier auf seine Seite zu ziehen, von denen er wußte oder annahm, daß sie zu den Todfeinden Caesars zählten. So ging er auch ohne weiteres davon aus, daß sich die kritische Haltung meines Vaters auch auf mich übertragen habe...«
»Du ließest ihn also in diesem Glauben?«
»Ja. Von meinem Vater, aber auch aus Gesprächen mit römischen Offizieren in den letzten Jahren wußte ich, daß Rom ununterbrochen von den Parteikämpfen zwischen Popularen und Optimaten, wie ihr sie nennt, geschüttelt wurde. Nur zog und ziehe ich daraus andere Folgerungen als viele meiner Landsleute – oder als Vercingetorix!«
Gaius beobachtete ihn genau: Matisco machte nicht den Eindruck eines Opportunisten, sondern aus seinen Ausführungen, mehr noch aus seiner Haltung und der Art, wie er sprach und seine Argumente darstellte, erkannte er das verantwortungsvolle Denken eines Mannes, der sehr lange über die Situation seines Volkes, über die Uneinigkeit seiner Führer – das ererbte Übel Galliens! – und über den römi-

schen Anspruch auf Weltherrschaft nachgedacht hatte. Und er konnte sich sehr wohl vorstellen, welche Skrupel in ihm niederzuringen gewesen waren, um nun vor römischen Ohren frei und doch eindringlich darüber sprechen zu können.
Matisco fuhr fort: »Für mich war immer klar, daß auch dann, wenn man Caesar absetzen oder vielleicht ermorden ließ, andere an seine Stelle treten würden, um das in sechs Jahren unter ungeheuren Anstrengungen eroberte Land zu halten. Nach Alesia wäre es auch einem weniger genialen Feldherrn aus dem Kreise seiner Befehlshaber möglich gewesen, das Volk niederzuhalten, da es in der Substanz getroffen war. Ist es doch bekannt, daß fast ein Drittel der Bevölkerung vernichtet, liquidiert oder in die Sklaverei gebracht wurde.«
»Ja, so etwa«, nickte Gaius. »Ich kenne die Zahlen.«
»Mit anderen Worten«, fuhr Matisco fort, »ein erneuter kurzer Feldzug hätte wiederum Hunderttausende Opfer gekostet. Die Sachwerte waren ohnehin schon lange in römischen Händen...«
Er schwieg, als ob er alles Elend seines Volkes vor sich sehe, und ein betretenes Schweigen war zwischen ihm und seinen Zuhörern.
»Dies alles vor Augen, war mir sehr schnell klar, daß das, was ein in der Verbannung sitzender Milo im Sinn hatte, einem Neuanfang schaden mußte. Und bald erfuhr ich ja auch, was er plante. Er lud mich regelmäßig zu festlichen Abendessen, bei denen nach und nach immer mehr solche Leute erschienen, die ich als alte Freunde des Vercingetorix und seiner Träume eines pangallischen Reiches und ebenso als Todfeinde Caesars und Roms kannte...«
»Unter diesen Gästen war wahrscheinlich auch Cotus...«
»Ja. Und Cotus hatte allen Grund, gegen Caesar eingenommen zu sein.«
»Ich weiß. Er war von Caesar zurechtgewiesen worden, als er sich daranmachte, in seinem Stamm die Führung zu übernehmen.«
»Leute wie Cotus vergessen solche Demütigungen nie. Sie hängen alten gallischen Träumen nach, glauben den Sprüchen gewisser Druiden und wissen bald nicht mehr die Realität vom Wunsch zu unterscheiden. So dauerte es natürlich nicht lange, und Cotus trat an mich heran, suchte sich meiner Unterstützung zu vergewissern. Er appellierte an meine Treue zu Vercingetorix, erinnerte mich an Schwüre, die mein Vater geleistet, und schürte Haß gegen Rom.
Es dauerte dann nicht lange, und er machte Andeutungen von einem Plan, wie man Vercingetorix befreien und in die Heimat zurückführen könne. Dabei gab er ganz offen zu, daß er und die übrigen dabei die volle Unterstützung Milos hätten. Wenn ich aber schon nicht ak-

tiv mich beteiligen würde, sollte ich wenigstens nichts dagegen unternehmen. Und – er ließ keinen Zweifel daran, daß man mich bei den geringsten Anzeichen von Verrat beseitigen werde.
Ihr könnt euch wohl denken, in welche verzweifelte Lage ich geraten war. Ich spielte einige Zeit mit dem Gedanken, Caesar persönlich zu unterrichten, ließ aber dann davon ab, weil eine gnadenlose Strafaktion die Folge gewesen wäre, bei der vielleicht auch Unschuldige beseitigt worden wären. So entschloß ich mich zum doppelten Spiel. Ich tat so, als ob ich aus innerer Überzeugung bei der Sache wäre, versprach auch, andere zum Mitmachen zu bewegen...«
»Und so zogst du deinen gleichnamigen Vetter in die Sache«, sagte Gaius.
»Ja. Wenn ich schon in meinem Sinn aktiv werden wollte, brauchte ich einen Helfer. Und ich wußte von Matisco, daß er meine Auffassung, die Zukunft Galliens betreffend, teilte. Auch er hielt es für besser, den Proconsul nicht zu informieren, sondern in Rom zu versuchen, den Anschlag zu verhindern.
So reisten wir also, auf getrennten Wegen und zu verschiedenen Zeiten, nach hier, wo wir uns dann wieder trafen und gemeinsam vorgehen wollten.«
»Gut. Du quartiertest dich also getrennt von deinem Vetter und Cotus ein...«
»Ja, auf der anderen Seite des Tibers, wo ich mich besser verborgen halten konnte.«
»Aber wie war das nun mit dem Mord an Asconius' Hausdiener und dem Verschwinden des Geldes?«
»Nun, es war einfacher, als du wahrscheinlich angenommen hast. Aber auch grausamer...«
»Wie meinst du das?«
»An einem der ersten Tage hatten sich Cotus und Matisco auf ihr Zimmer zurückgezogen, um über das weitere Vorgehen zu beraten. Da sagte Cotus, so erzählte es mir Matisco später... aber sag es doch selbst!« forderte er seinen Vetter auf.
»Ja, wir hatten uns aufs Zimmer begeben und sprachen über die Beschaffung von Gladiatoren, beratschlagten also, wie wir am schnellsten zum Ziel, der Befreiung des Vercingetorix, kommen würden. Da hörten wir draußen auf dem Gang ein Geräusch. Cotus ging auf Zehenspitzen zur Tür, riß sie auf, und wir sahen den Hausdiener des Asconius noch in gebeugter Haltung vor uns: Er hatte ganz offensichtlich gelauscht. Cotus zog ihn in den Raum. Er bedrohte ihn mit der Waffe. Der Alte wimmerte um sein Leben und beteuerte, nichts ge-

hört zu haben. Ich legte mich ebenfalls für ihn ins Mittel, aber Cotus sah die Sache schon verraten und stach den Alten vor meinen Augen nieder. Ihr habt ihn dann ja selbst gesehen...«

Alexander nickte. »Hätte solches als solches lieber nicht gesehen... Weiter! Matisco... sprich weiter!«

Der erste Matisco fuhr fort: »Cotus tauchte sofort in der Stadt unter. Die Geschichte mit dem Geld wurde erfunden, um einen glaubwürdigen Grund für das Verschwinden und den toten Hausdiener angeben zu können.«

»Gut«, nickte Gaius. »Aber warum meldete sich Matisco, dein Vetter, dann bei Pittakos' Truppe?«

»Das war von vornherein so ausgemacht. Die Leute sollten Mann für Mann bestochen werden. Natürlich war es für uns von nun an ein gefährliches Doppelspiel, denn gegenüber Cotus mußten wir so tun, als ob wir die Gladiatoren für die Aktion gewinnen würden, in Wirklichkeit suchten wir genau das Gegenteil zu erreichen.«

»Sehr geschickt und sehr gefährlich, in der Tat!« sagte Cornificius. »Aber dann starb ein Gladiator. Steckte Cotus dahinter?«

»Ja, natürlich! Cotus hatte sich selbst an Syphax herangemacht. Cotus brachte uns alle einmal zusammen, und in unserer Gegenwart forderte Syphax eine erheblich größere Summe und drohte, die Sache an den Tag zu bringen, wenn wir nicht darauf eingingen. Da Cotus außerdem den Pittakos mit zweihunderttausend Sesterzen gekauft hatte, war es ihm ein leichtes, in das Essen von Syphax das tödliche Gift zu bringen...«

»Und die andern?« fragte Gaius.

»Nun, sie erhielten eine winzige Dosis gleich mit, damit man es im nachhinein als verdorbene Speise deuten konnte, was vom Arzt ja auch so unterstellt wurde.«

»... während er mir gegenüber den Verdacht eines Giftanschlags andeutete. Erst dadurch wurde mir der tödliche Ernst der Angelegenheit bewußt.«

Gaius wandte sich an Curio, der wie die übrigen mit großer Spannung zugehört hatte: »Aber wie erfuhrst du nun von der Sache?«

»Durch Birria. Aber erzähl es doch selbst!«

Birria nickte. »Ich erhielt also nach und nach von allen drei Galliern Besuche. Cotus, der genau über mich und meinen Anteil an der Geschichte mit Clodius informiert war, suchte mich zu erpressen, indem er forderte, ich müsse eine weitere Gladiatorengruppe zusammenstellen. Geld spiele keine Rolle. Es müßten Leute sein, die möglichst Dreck am Stecken hätten und keine Fragen stellten.«

»Verstehe«, sagte Gaius. »Weiter!«
»Inzwischen hatte ich ja schon einen ähnlichen Auftrag von Curio erhalten und begann, die ersten Leute zu trainieren. So konnte ich Cotus hinhalten, weil ich vorgab, es seien eben die von ihm gewünschten Kräfte. Er war zufrieden, drängte natürlich darauf, die Männer einzuweihen. Ich sagte, das sei noch zu früh. Er glaubte mir. – Inzwischen hatte Curio aber mit mir gesprochen, hatte meine Maskerade erkannt, und es blieb mir nichts anderes übrig, als ihm die Wahrheit zu sagen.«
»Ja«, lachte Curio. »Ich habe ihn ganz schön hart rangenommen. Aber nach diesem Gespräch wußte ich, was gespielt werden sollte.«
»Feines Spiel!« höhnte Alexander zu Birria hin. »Spielverderber! Hättest mir als altem Freund als solchem reinen Wein einschenken müssen! Aber was macht er? He? Läuft mit einem Karren durchaus durch die Gegend, verkauft Blümchen, gräbt nach Toten und wirft mit philosophistischen Sprüchen um sich!«
»Schätze, sie haben dir nicht geschadet.« Birria lachte tönend.
»Augenblick!« Gaius hob die Hand und wandte sich an Curio. »Auch du hättest mich informieren können, statt mich im dunkeln tappen zu lassen!«
Curio lächelte fein. »Nachdem du meinem Freund Caelius unlängst einen öffentlichen Denkzettel verpaßt hattest, hielt ich es unter den gegebenen Umständen für legitim, dir einen solchen im geheimen zukommen zu lassen. Nein«, er lachte, »es machte mir Spaß zu sehen, wann du selbst hinter die Zusammenhänge kommen würdest. Clodia hoffte, daß dies heute morgen zur Sprache kommen...«
Gaius starrte sie an: »Du wußtest die ganze Zeit davon?«
»Nur das Nötigste. Aber er ließ keine Einzelheiten aus sich herausholen.«
»Dann hättest du mich unterrichten müssen!« Gaius schien ernstlich böse zu werden. Doch sie sah ihn mit ihrem entzückendsten Lächeln an, beugte sich zu seinem Ohr und sagte leise: »Denk an das, was ich dir geschrieben habe. Ich glaube, nun hast du ihn: den Freund!«
Er wandte ihr sein Gesicht zu und sagte: »Ich habe verstanden.«
Er erhob sich, ging zu den Galliern, drückte ihnen die Hand und sagte: »Ich danke euch. Ihr habt unter großer Gefahr für Leib und Leben gehandelt. Ich werde viel Gutes über euch zu berichten haben. Ihr seid meine Gäste. Alexander! Archelaos!«
Beide schossen in die Höhe: »Zu Diensten, Herr!«
»Herhören! Gästezimmer bereitmachen! Bad herrichten! Melitta informieren: Abendessen ›Truthahn mit Pilzsoße‹!«

»Jawohl!« brüllte Alexander. »Bad mit Pilzsoße! Gästezimmer informieren! Melitta herrichten!«
»So ist es. Wegtreten!«
Zack! Und mit einer unglaublich senkrechten Haltung marschierten sie aus dem Raum.
»Beim Iupiter!« stöhnte Cornificius auf. »Jetzt fangen die verrückten Tage wieder an...«
»Ihr gutes Recht!« grinste Gaius. Doch dann fiel ihm noch etwas ein.
»Eine Frage noch: Wo ist dieser Cotus geblieben?«
»Bei den Fischen«, sagte Curio kühl und unbeteiligt.
»Schade. Hätte gerne mit ihm gesprochen... Und was ist mit Pittakos und Carrinas?«
»Sie liegen im Magazin und sehen schlechten Zeiten entgegen. Es sei denn, du legst Wert darauf, einen skandalösen Prozeß zu vermeiden.«
Gaius öffnete erstaunt den Mund: »Ah ja? Was... was meinst du damit?«
Aber da stand Clodia auf, faßte ihn an der Nase und sagte: »Lieber! Bist du nun so schwer von Begriff oder tust du nur so?«
Gaius blickte von ihr zu Curio und lachte: »Ich glaube, wir haben uns alle verstanden.«
»Augenblick!« Cornificius hatte sich ebenfalls erhoben. »Darf ich teilhaben an dem Geheimbund?«
»Nein«, drohte Gaius scherzhaft mit dem Zeigefinger.
»Warum denn das?«
»Suchtest du nicht neulich einen dramatischen Stoff für ein erbauliches Stück?«
»Ja, warum?«
»Ich hab' einen!«
»Ach!«
»Ja: ALEXANDER UND DIE GLADIATOREN!«
Und unter homerischem Gelächter begaben sich alle ins benachbarte Speisezimmer.

Anmerkungen

[1] *Tusculanum:* Landsitz der Volcatier in Tusculum.
[2] *Palatin:* Siehe hier wie auch bei allen anderen topographischen Angaben die Karten »Rom und Umgebung«, »Rom zur Zeit der Republik« und »Das Forum Romanum«.
[3] vgl. Band 2.
[4] Es sind dies das Haus am Caelius, das kürzlich erworbene am Palatin sowie der Landsitz in Tusculum.
[5] vgl. Band 1.
[6] siehe die »Tageseinteilung«.
[7] *Pergula:* Säulengang, Laubengang, Vorbau.
[8] *Falerner:* häufig getrunkener Wein aus der Campania.
[9] *Chios:* kostbarer Wein von der gleichnamigen Insel, die dicht vor der asiatischen Küste liegt.
[10] *Massilia:* das heutige Marseille.
[11] *Senator:* Angehöriger des Senats (siehe auch »Die Verfassung der Republik«).
[12] *Publius Clodius Pulcher* war 58 v. Chr. Volkstribun und im Jahre 56 Aedil. Er beherrschte mit seinen Banden, deren Tyrannei stark zum Niedergang der Republik beitrug, in den fünfziger Jahren die Straßen Roms. Am 18. Januar 52 wurde Clodius von der Bande seines Gegners Milo erschlagen.
[13] *Centurio:* Befehlshaber einer Hundertschaft in der römischen Armee.
[14] Zehn *Cohorten* zu je 600 Mann bildeten eine Legion.
[15] vgl. Band 1.
[16] *Stadion:* siehe Maßtabelle.
[17] *Triclinium:* Speisezimmer.
[18] *Senat:* das offizielle Beratungsgremium des römischen Staates. Die Gesamtzahl der Mitglieder betrug zunächst 300, unter Sulla 600. Unter Caesar setzte sich der Senat zeitweilig aus 900 Mitgliedern zusammen. Voraussetzung für die Aufnahme in den Senat – die Zugehörigkeit endete erst mit dem Tod – war die Quaestur. Berufen wurden die Senatoren von den Censoren. Die Senatoren durften seit 218 v. Chr. Italien nicht verlassen und keinen Handel treiben (siehe auch »Die Verfassung der Republik«).
[19] *Optio:* Adjutant eines höheren Magistrats mit polizeilichen Funktionen.
[20] *Subura:* dichtbevölkertes, von kleinen Gewerbetreibenden bewohntes und übel beleumundetes Viertel in der Nähe des Vinimals.
[21] *Sesterz:* siehe Münztabelle.
[22] *Domus* (die Domus): römisches Stadthaus einer Familie.
[23] *Cline:* Liege.
[24] *Praetorium:* das Zelt des Feldherrn im Marschlager des römischen Heeres.
[25] *Haeduer:* keltischer Stamm zwischen Saône und Loire. Hauptort: Bibracte.
[26] *Fischteichbesitzer:* abschätzige Bezeichnung, die erstmals Cicero gebrauchte, für alt- und neureiche Römer, die einen verschwenderischen luxuriösen Aufwand betrieben.

[27] *Lentulus Vatia,* Besitzer einer Fechterschule, spielte schon während des Sklavenaufstandes unter der Führung des Spartacus (73–71 v. Chr.) eine Rolle. In Capua lagen die größten Gladiatorenschulen Italiens, die auch Rom immer wieder mit Schwertkämpfern versorgten.

[28] ein *ritterliches Vermögen* = 300000 Sesterzen.

[29] *Gens Volcatia:* das Geschlecht der Volcatier.

[30] *Spiritus rector:* der »treibende Geist«, die »treibende Kraft« zum Beispiel innerhalb einer Familie, einer Gruppe oder eines Unternehmens.

[31] *Pater familias:* Vorsteher und Oberhaupt der *Familia.*

[32] *Clienten:* Angehörige des Gefolges des Patrons, zu dem sie in einem patriarchalischen Verhältnis standen. Der Patron gewährte ihnen Speise- und Geldgeschenke sowie jeglichen Schutz, während sie bei Wahlen für ihn eintraten.

[33] vgl. Band 3.

[34] vgl. Band 4.

[35] *Legat:* ursprünglich Hilfsbeamter eines außerhalb Italiens tätigen höheren Magistrats. Im militärischen Bereich Führungsgehilfe des Oberbefehlshabers und Kommandeur einer Legion.

[36] Zum Vergleich: Ein Bauarbeiter verdiente bei seinem Unternehmer etwa vier Sesterzen am Tag.

[37] *Pluto:* Gott der Unterwelt und des Reichtums.

[38] *Aedilität:* das Amt des Aedils.

[39] *Aedil:* siehe »Die Verfassung der Republik«.

[40] *Asklepios:* griechischer Gott der Heilkunst (Aesculapius bei den Römern).

[41] *Attalos III.* von Pergamon, der von 138 bis 133 v. Chr. regierte, vermachte sein Reich in seinem Testament Rom.

[42] *Mithridates VI. Eupator* regierte von 113 bis 63 v. Chr.; er war der letzte große Gegner Roms im Osten.

[43] *Proconsul:* Titel der Consuln, die nach Ablauf ihres Amtsjahres in Rom als Statthalter in eine Provinz gingen. Dort hatten sie neben der militärischen auch die oberste zivile Gewalt inne.

[44] *Volkstribunat:* Amt des Volkstribunen. Der *Tribunus plebis* hatte die Interessen der Plebs, des Volkes also, gegenüber dem Senat zu wahren. Er besaß Vetorecht, was bedeutete, daß er gegen jede Entscheidung des Senats oder der Exekutivbeamten Einspruch einlegen konnte. Grundlage dieser außerordentlichen Machtfülle – er wurde, wie die Consuln und Praetoren, nur für ein Jahr gewählt – war seine persönliche Unverletzlichkeit *(Sacrosanctitas).*

[45] *Praetor:* siehe »Die Verfassung der Republik«.

[46] *Horrea* (Plural von *Horreum*): Vorratsspeicher.

[47] *Familia:* die gesamte Hausgenossenschaft der römischen Familie, also Herrschaft und Dienerschaft.

[48] *Marius,* römischer Consul und Feldherr, war um die Jahrhundertwende einer der erfolgreichsten Feldherrn Roms. Er zeichnete sich besonders bei entscheidenden Schlachten gegen verschiedene Germanenstämme aus (siehe auch die Zeittafel).

[49] *Denar:* siehe Münztabelle.

[50] *As:* siehe Münztabelle.

[51] *Gentes* (Plural von *Gens*): Geschlechter (ursprünglich nur bei den patrizischen Familien gebräuchliches Wort).
[52] *Vesontio:* das heutige Besançon.
[53] vgl. Band 2.
[54] *Lanista:* Gladiatorenmeister in einer römischen Fechterschule.
[55] vgl. Band 3.
[56] *Arabia Felix* (das »glückliche Arabien«): eine von zwei arabischen Provinzen.
[57] *Pontus Euxinus:* das Schwarze Meer.
[58] *Africa:* Hier ist nicht der Erdteil, sondern die römische Provinz gemeint. Nach ihr wurde später der ganze Erdteil benannt.
[59] *Fuß:* siehe Maßtabelle.
[60] 193 v. Chr.
[61] *Censor:* siehe »Die Verfassung der Republik«.
[62] 174 v. Chr.
[63] 493 Meter.
[64] 53 Meter.
[65] 7,40 Meter.
[66] 89 Meter.
[67] Mit *Tiberius Sempronius Gracchus* begann 133 v. Chr. das Jahrhundert der Römischen Revolution.
[68] *Consul:* oberster Beamter der römischen Republik (siehe auch »Die Verfassung der Republik«).
[69] *Sergius Sulpicius Galba* war im Jahre 108 v. Chr. Consul.
[70] *Porticus:* Säulengang.
[71] *Imperator:* Ursprünglich trägt diesen Titel ganz allgemein der Magistrat, der das militärische Kommando, das *Imperium*, innehat. In der Zeit, in der unsere Handlung spielt, darf sich nur der Imperator nennen, der nach einem Sieg von den Soldaten als solcher begrüßt und später auch vom Senat anerkannt wird.
[72] Am Osthang der Apenninen gelegenes Gebiet.
[73] *Praefect:* allgemeiner römischer Amtstitel des militärischen und zivilen Dienstes.
[74] *Legion:* die sowohl verwaltungstechnisch wie taktisch in sich geschlossene Truppeneinheit der römischen Republik und der Kaiserzeit, in der nur römische Bürger dienten.
[75] *Saturnalien:* ausgehend von dem Gott Saturn, dem Gott des Ackerbaues, Vater des Iupiter, der ihn stürzte und vertrieb. Die Saturnalien, unserem heutigen Karneval vergleichbar, wurden am 17. Dezember begangen. Bei diesem Fest bedienten die Herren ihre Sklaven.
[76] *Lugdunum:* das heutige Lyon.
[77] vgl. Band 4.
[78] *Alesia* (das heutige Alise-Sainte-Reine): Bei der Hauptstadt der Manubier fand im Jahre 52 v. Chr. die entscheidende Schlacht zwischen Galliern und Römern statt. Trotz des Eingreifens eines gallischen Entsatzheeres mußte sich der Arvernerfürst Vercingetorix dem römischen Heer unter Caesar geschlagen geben.
[79] *Insula:* Häuserblock.
[80] *Cubiculum:* Wohnzimmer.

[81] 76 v. Chr.

[82] Der Grieche *Polybios*, um 200 v. Chr. in Arkadien geboren, kam 168 als Geisel nach Rom und wurde dort Freund und militärischer Berater von Scipio dem Jüngeren. Er schrieb die erste Universalgeschichte (sie umfaßte vierzig Bücher), in der er den Aufstieg Roms zur Weltmacht auf die römische Verfassung, die er als die bestmögliche ansah, zurückführt. Polybios starb 120 v. Chr.

[83] *Centurie:* 100 Mann starker Zug in der römischen Legion.

[84] *Cerberos:* dreiköpfiger Hund am Eingang der Unterwelt.

[85] »*Divide et impera!*« – »Trenne und herrsche!«

Biographisches zu handelnden oder genannten Personen

In einem historischen Roman agieren nicht nur Personen, die durch die Überlieferung belegt sind, sondern auch solche, die der Phantasie des Autors entsprungen sind. Um den Leser, der vielleicht an anderer Stelle dem politischen Rahmengeschehen vertiefend nachgehen möchte, nicht irrezuführen, steht hinter den Namen der Personen ein (h) für »historisch«, ein (f) für »fiktiv«.

Alexander, Sohn des Alexander aus Theben (f): Bis vor wenigen Wochen Sklave im Hause der Volcatier, aufgrund seiner Verdienste und Loyalität vom Patron Lucius Volcatius Tullus freigelassen. Er wohnt zusammen mit seiner Frau Melitta, einer ehemaligen Sklavin der Clodia, im Haus des Gaius Volcatius Tullus am Palatin.
Alexander kam zusammen mit seinem Vater während des III. Mithridatischen Krieges (74–64) nach Rom. Wie andere griechische Gemeinden hatte sich Theben auf die Seite des romfeindlichen pontischen Königs Mithridates VI. Eupator geschlagen. Alexander ist um 83 v. Chr. geboren.

Annius Milo, T. (h): tr. pl. 57 v. Chr.; praet. 55. Milo stellte ab 57 gegen die Banden des Publius Clodius Pulcher eine eigene Gladiatorenmannschaft auf, die er (im Sinne des Pompeius, aber auch Ciceros) bei Straßenschlachten einsetzte. Bei einem dieser Zusammenstöße wurde Clodius im Januar 52 erschlagen. Milo bewarb sich erfolglos um das Consulat, weil er des Mordes an Clodius angeklagt wurde. Trotz Ciceros Verteidigung (die erhaltene Rede »Pro Milone« wurde beim Prozeß nicht gehalten) wurde Milo verurteilt. Er ging nach Massilia (Marseille) ins Exil.

Archelaos (f): Sklave im Hause der Volcatier. Gaius bewahrte ihn, in Zusammenhang mit den Recherchen zu einer Entführung (vgl. Band 1), vor dem Richtbeil.

Asconius (f): Römischer Schankwirt, der gewitzt den Zuzug potenter Aufsteiger auf den nahe gelegenen Aventin nutzt, indem er aus der kleinen Schenke ein teures Schlemmerlokal macht.

Birria (h): Der ehemalige Gladiator stand während der Wirren 53/52 im Dienste des römischen Senators Titus Annius Milo. Birria war verwickelt in die Bandenkämpfe, die Milo mit Publius Clodius Pulcher und dessen Truppe austrug, die im Januar 52 zu Clodius' Ermordung führten. Birria ist mit Alexander befreundet.

Carrinas (f): Schankwirt, dessen Etablissement beim Forum Boarium beliebter Treffpunkt der Gladiatoren ist.

Clodia (h): Jüngste der drei Schwestern des Publius Clodius Pulcher. Geliebte des Gaius Volcatius Tullus. Sie galt, wie ihre beiden älteren Schwestern, als Femme fatale. Clodia repräsentiert die emanzipierte Frau in den aristokratischen Kreisen.

Cornificius, Q. (h): Entstammt einer plebejischen Familie, die mehrfach im 1. Jahrhundert v. Chr. genannt wird. Sein Vater war 69 Volkstribun, 66 Praetor, bewarb sich als Homo novus für 63 erfolglos um das Consulat. Quintus Cornificius war Offizier in Diensten Caesars, wahrscheinlich 45 Praetor. 44–42 in Africa Vetus in magistralen Aufgaben tätig; er fiel bei Utica.
Cornificius gehörte zum Dichterkreis der Neoteriker (Neutöner, wie Cicero sie nannte) um Catull, der ihm das Carmen 38 widmete. Er verfaßte galante Verse, war mit dem jungen Vergil befreundet.

Iulius Caesar, C. (h): 100–44 v. Chr.; praet. 62; cos. 59, 48, 46, 45, 44; dict. 49, 48/47, 46, 45. 44. Zur Zeit der Handlung ist Caesar mit der Befriedung und Romanisierung Galliens beschäftigt und verfolgt mit höchstem Interesse die Entwicklung in Rom, wo man auf seine Ablösung als Proconsul von Gallien hinarbeitet.

Matisco (h): Gallier aus dem Stamm der Haeduer. Die Haeduer, seßhaft zwischen Saône und Loire (Hauptort: Bibracte), waren römerfreundlich und durften sich offiziell »Brüder und Blutsverwandte des römischen Volkes« nennen.

Pittakos (f): Gladiator und Lanista (Gladiatorenmeister), der sich als Unternehmer selbständig machen möchte.

Scribonius Curio, C. (h): Junger, begabter Adeliger (geb. 84 v. Chr.) mit hochfliegenden Plänen. Befreundet mit Publius Clodius Pulcher, Marcus Antonius (cos. 44), Marcus Caelius Rufus (vgl. Band 4). Heiratete 52/51 Clodius' Witwe Fulvia, wurde dadurch Schwager der Clodia. Ursprünglich kritische Haltung gegenüber Caesar; schwenkte, nachdem ihm Caesar seine immensen Schulden bezahlt hatte, auf dessen Seite über. Ende 50, Anfang 49 v. Chr. werden wir ihn als rührigen Parteimann Caesars in Rom wiedertreffen.

Selenus (f): Freigelassener und Privatsekretär des Lucius Volcatius Tullus; hochgebildeter, feinsinniger Grieche. Erzieher und Hauslehrer der Söhne des Volcatius. Treibt privat gelehrte Studien. Mit Ciceros Sekretär Tiro eng befreundet.

Volcatius Tullus, C. (h): Er entstammt einem Geschlecht des römischen Uradels, das seine Genealogie bis in etruskische Zeiten zurückverfolgen kann. Gaius war höherer Offizier unter Caesar in Gallien und später im Bürgerkrieg. Im Jahre 53 v. Chr. wurde ihm das Kommando über die Wache an der Rheinbrücke bei Andernach (12 Cohorten = 7200 Mann) übertragen (vgl. Caesar, bell. Gall. VII, 29,3). Im Unterschied zu seinem Vater strebte er zunächst keine politische Laufbahn an. Die kargen Mitteilungen lassen annehmen, daß er zum Legaten befördert wurde. Erst im Jahre 48 wird er wieder genannt (Caesar, bell. civ. III, 52,2), und man wird wieder die Stellung eines Legaten annehmen dürfen. Die Filiation zu Lucius Volcatius Tullus ist nicht gesichert, jedoch denkbar.

Volcatius Tullus, L. (h): cos. 66 v. Chr. Über sein Leben vor diesem Jahr ist wenig bekannt. Man nimmt an, daß er »suo anno«, das heißt in dem von der Verfassung

vorgeschriebenen Mindestalter von 43 Jahren, Consul wurde; demnach müßte er im Jahre 109 geboren sein. Freilich kann er auch einige Jahre älter sein.
In den folgenden Jahren ist er in der Politik nicht mehr führend hervorgetreten. Die Quellen schildern ihn als einen zurückhaltenden, friedliebenden, aufrechten und zugleich moralisch unbeugsamen Charakter, der zum Beispiel den Mut aufbrachte, dem Dictator Caesar in einer Senatssitzung des Jahres 46 die Stirn zu bieten. Wie lange er lebte, ist nicht bekannt.

Abkürzungen römischer Amtsbezeichnungen

aed.	– Aedil
cens.	– Censor
cos.	– Consul
cos. des.	– Consul designatus (Designierter Consul)
cos. suff.	– Consul suffectus (im Lauf eines Jahres an die Stelle eines anderen gewählter Consul)
dict.	– Dictator
mag. equ.	– Magister equitum (Reiteroberst, dem Dictator untergeordnet)
praet.	– Praetor
quaest.	– Quaestor
tr. pl.	– Tribunus plebis (Volkstribun)

Abkürzungen römischer Vornamen

A.	= Aulus
Ap.	= Appius
C.	= Gaius*
Cn.	= Gnaeus*
D.	= Decimus
L.	= Lucius
M.	= Marcus
M'.	= Manius (oder: Manilus)
Mam.	= Mamercus
P.	= Publius
Q.	= Quintus
Ser.	= Servius
Sex.	= Sextus
Sp.	= Spurius
T.	= Titus
Ti.	= Tiberius

Frauen und Mädchen erhielten keinen individuellen Vornamen, sondern trugen den Familiennamen mit der Femininendung a. So hieß etwa die Tochter Caesars »Iulia«, die Tochter Ciceros »Tullia«.

* Die Schreibung mit C ist eine archaische Form.

Zeittafel

Alle Daten vor Christus

753	Rom der Sage nach gegründet
um 500	Beseitigung der Königsherrschaft
um 450	Zwölftafelgesetz
387	Schlacht an der Allia
	Einnahme Roms durch die Kelten
367/66	Zulassung der Plebejer zum Consulat
343–341	Erster Samniterkrieg
340–338	Latineraufstand
	Unterwerfung Latiums
326–306	Zweiter Samniterkrieg
298–290	Dritter Samniterkrieg (zugleich mit Kelten und Etruskern)
282–272	Krieg mit Tarent und Pyrrhos
264–241	Erster Punischer Krieg
241	Abtretung Sicilias an Rom
237	Besetzung von Sardinia und Corsica durch Rom
219	Fall Sagunts (Hispania)
218–201	Zweiter Punischer Krieg
217	Sieg Hannibals am Trasimenischen See
216	Schlacht bei Cannae
215–205	Erster Makedonischer Krieg
202	Schlacht bei Zama
200–197	Zweiter Makedonischer Krieg
171–168	Dritter Makedonischer Krieg
154–133	Spanische Kriege
149–146	Dritter Punischer Krieg
146	Zerstörung Karthagos und Korinths
133	Reich von Pergamon fällt durch Erbschaft an Rom
	Tiberius Gracchus Volkstribun
123/122	Gaius Gracchus Volkstribun
113	Sieg der Cimbern bei Noreia
112–105	Krieg gegen Jugurtha
107	Erstes Consulat des Marius
105	Sieg der Germanen über die Römer bei Arausio
104–100	Marius Consul
102	Sieg des Marius über die Teutonen bei Aquae Sextiae (Aix-en-Provence) in der Gallia Narbonensis
101	Sieg des Marius über die Cimbern bei Vercellae
100	Politisches Versagen des Marius
91	Tribunat des M. Livius Drusus
91–88	Bundesgenossenkrieg

88	Sullas Marsch auf Rom
87–83	Krieg Sullas gegen Mithridates
83/82	Sullas Rückkehr und Einzug in Rom
	Proscriptionen
82–79	Sullas Dictatur
	Wiederausrichtung der Senatsherrschaft
78	Sullas Tod
74–64	Krieg gegen Mithridates (Lucullus, Pompeius)
73–71	Sklavenaufstand des Spartacus
70	Pompeius und Crassus Consuln
	Sturz der Sullanischen Verfassung
67	Vernichtung der Seeräuber durch Pompeius
64/63	Beendigung des Mithridatischen Krieges
	Neuordnung des Ostens durch Pompeius
63	Cicero Consul
	Unterdrückung der Verschwörung Catilinas
60	Erstes sogenanntes Triumvirat (Caesar, Pompeius, Crassus)
59	Erstes Consulat Caesars
58–51	Eroberung Galliens durch Caesar
56	Konferenz von Luca
	Erneuerung des Triumvirats
55	Pompeius und Crassus zum zweitenmal Consuln
53	Crassus verliert bei Carrhae Schlacht und Leben gegen die Parther
52	Ermordung des Publius Clodius Pulcher
	Pompeius Consul sine collega (alleiniger Consul)
	Schlacht bei Alesia
	Gefangennahme des Vercingetorix
51	Cicero ab Mai Statthalter in Kilikien

Die Krise der Römischen Republik

In der römischen Revolutionszeit (133–27 v. Chr.) spielen die Auseinandersetzungen zwischen Optimates und Populares eine entscheidende Rolle.
Die Optimates (von »optimas« = zu den Besten gehörig) repräsentieren den Teil der Senatsaristokratie, der sich zur Senatsherrschaft bekennt und sich damit als konservative, staatstragende Schicht der Republik versteht.
Die Populares (von »populus« = das Volk) hingegen gehören dem Teil der Nobilität an, der seine tatsächlichen oder scheinbaren volksfreundlichen Ziele unter Umgehung des Senats allein mit Hilfe der zur Gesetzgebung befugten Comitien (Stimmbezirke in Rom) durchzusetzen versucht.

Mitte des 2. Jahrhunderts v. Chr. hatte Rom nach dem Sieg über Karthago die Stellung einer Großmacht im westlichen Mittelmeer erreicht, in den folgenden Jahrzehnten wurde auch der Osten endgültig bezwungen.
Nach dem Sieg über Mithridates VI. von Pontus (64) hatte Rom keine ernst zu nehmenden äußeren Feinde mehr. Doch mit der gewaltigen territorialen Ausdehnung wandelte sich die innere Struktur. Der schon früh einsetzende Zerfall des Bauerntums beschleunigte sich; die neu gegründeten Colonien (Pflanzstädte, vgl. »Colonia« = Köln) konnten den Prozeß nicht aufhalten. Das in den Kriegen eroberte Land, die Beute, die Kontributionen – kurz: das Kapital der unterjochten Völker und Provinzen kam vorab der Nobilität und Ritterschaft (Geschäftswelt) zugute; der Adel legte es in Großgrundbesitz (Latifundien), die Ritterschaft in gewaltigen Geld- und Handelsgeschäften an. (So finanzierten sie dem Staat die Steuereinnahmen einer ganzen Provinz vor, um im nachhinein ein Mehrfaches aus dem Lande mit allen Mitteln der Gewalt herauszuholen.)
Kurz hintereinander fanden in Italien Kriege statt, deren Wirkung auf das Bauerntum man am ehesten mit denen des Dreißigjährigen Krieges vergleichen kann. Im sogenannten Bundesgenossenkrieg (91–88) forderten die mit Rom verbündeten Italiker volles römisches Bürgerrecht und erhielten es, als Rom, von ihnen in die Enge getrieben, mit dem Rücken zur Wand stand. Der Volkstribun Sulpicius Rufus erzwang gegen den Senat durch Volksbeschluß die Zuweisung der Neubürger in alle 35 Tribus (Stimmbezirke) und die Übertragung des dem Sulla zuerkannten Oberbefehls gegen Mithridates VI. auf Marius.
Gegen diese Herausforderung warf der Consul Sulla erstmals das dem Feldherrn ergebene Heer der Berufssoldaten, das keine Bindung an die Res publica (die »öffentliche Sache«, den Staat) kannte, in das innenpolitische Kräftespiel und setzte sich durch.
Nach seinem Sieg über Mithridates (Zweiter Mithridatischer Krieg) kehrte er nach Italien zurück, räumte in ebenso schnellen wie grausamen Aktionen (Proscriptionen) mit seinen Gegnern auf und ließ sich zum Dictator wählen.
Seine Maßnahmen zielten auf eine Stärkung des Senatsregiments: Beschränkung der Rechte der Volkstribunen, Besetzung der Gerichtshöfe mit Senatoren, Reformierung der Verwaltung.

Damit war jedoch keines der drängenden inneren und äußeren Probleme gelöst. Im Dritten Mithridatischen Krieg (74–64) hatte sich der pontische König erneut gegen Rom erhoben, in Spanien hatte der usurpierende Sertorius sich ein Sonderreich errichtet.
Man schickte Gnaeus Pompeius nach Spanien, wo er den Usurpator nach zähem, verlustreichem Ringen bezwang. Auf dem Rückmarsch nach Italien vernichtete er die in den Norden der Halbinsel geflohenen Überlebenden des großen Sklavenkrieges unter Spartacus (73–71), nachdem M. Licinius Crassus mit einer auf eigene Kosten aufgestellten Armee die Aufständischen im Süden geschlagen hatte.
In ihrem gemeinsamen Consulat (70) stellten Pompeius und Crassus unter anderem die Befugnisse der Volkstribunen wieder her. Die Zusammensetzung der Gerichtshöfe wurde wieder geändert (Lex Aurelia): je ein Drittel der Sitze fiel an Senatoren, Ritter und Aerartribunen (vgl. Band 3).
Brillant löste Pompeius anschließend zwei Aufgaben: In einem Blitzfeldzug räumte er 67 mit dem Seeräuberwesen im gesamten Mittelmeer auf; 66 übernahm er den Oberbefehl im Dritten Mithridatischen Krieg und rang Roms letzten großen Gegner im Osten endgültig nieder. Sofort sicherte Pompeius die römische Herrschaft in den eroberten Gebieten durch ein System, das die römischen Provinzen Pontus und Bithynien, Asis, Kilikien und Syrien durch vorgelagerte Clientelstaaten deckte.
Pompeius nutzte seine mächtige Stellung nicht aus, um sich mit einem Schwertstreich als Alleinherrscher an die Spitze des römischen Staates zu stellen; er entließ vielmehr 62 seine ungeschlagene Armee und begab sich damit seines politischen Druckmittels.
Sogleich lehnte eine Senatsmehrheit – nach der Unterdrückung des Catilinarischen Putsches durch Cicero ermutigt – die Versorgung von Pompeius' Veteranen und die Bestätigung seiner Maßnahmen in Asien ab.
Diese Brüskierung nutzte C. Iulius Caesar überraschend für seinen eigenen Aufstieg aus. Er überredete Pompeius und Crassus zu dem Geheimabkommen, daß »nichts mehr im Staate geschehen solle, was einem von den dreien mißfalle« (Sueton, Caes. 19,2). Aufgrund dieses »Triumvirats« gewann Caesar das Consulat von 59 und für fünf Jahre (58–53) die Statthalterschaft (Proconsulat) über Gallia Cisalpina (Po-Ebene), Illyricum und auf Antrag des Pompeius über Gallia Narbonensis (die heutige Provence in Südfrankreich). Dieses sogenannte Erste Triumvirat leitete faktisch den Untergang der Republik ein. Schon Plutarch nannte den Vorgang 150 Jahre später »eine Verschwörung zur Verteilung der Herrschaft und Auflösung der Verfassung« (Plutarch, Cato min. 41,2).
Im Jahre 56 wurde der Dreibund bei der Zusammenkunft der großen drei in Luca (heute Lucca in der Toscana) erneuert. Pompeius bekleidete 55 mit Crassus zum zweitenmal das Consulat und verwaltete anschließend seine ihm zugewiesene Provinz Spanien durch Legaten von Italien aus; Caesars gallisches Kommando wurde um fünf Jahre verlängert; Crassus übernahm Syrien. Sein Tod nach der Niederlage gegen die Parther bei Carrhae (53) und die Annäherung des Senats an Pompeius, der 52 als Consul sine collega (Consul ohne Kollege, das heißt alleiniger Consul) die durch Publius Clodius Pulcher und Titus Annius Milo entstandene Anarchie beseitigte, steigerte die Rivalität zwischen Pompeius und Caesar, der mit der Eroberung

Galliens nicht nur ein schlagkräftiges Heer erwarb, sondern auch als Eroberer mit Pompeius gleichziehen konnte.
Seit 52 ging es für Caesar um sein politisches Überleben. Er wollte das proconsularische Kommando in Gallien behalten, bis er unmittelbar anschließend durch das Consulat von 48 gegen gerichtliche Angriffe wegen der Rechtsbrüche seines ersten Consulats (59) gesichert war. Dagegen suchten Senat und Pompeius durch neue Gesetze und Beschlüsse, bereits für 49 einen Nachfolger Caesars als Proconsul in Gallien zu bestimmen.
Vor diesem Hintergrund kandidiert C. V. T. für die Aedilität in Rom und wird sich zunehmend bewußt, daß das politische Geschehen unaufhaltsam auf die Konfrontation zwischen Pompeius und Caesar hinausläuft...

Die Verfassung der Republik

Nach der Abschaffung des Königtums steht an der Spitze des Staates der oberste Jahresbeamte (Praetor maximus) als Inhaber des Imperiums (Amtsgewalt über Leben und Tod), später die beiden Consuln.
Senat, Volksvertretung und *Magistrat,* zwischen denen eine dauernde Spannung, aber auch ein Ausgleich der Kräfte besteht, sind die tragenden Pfeiler der römischen Republik.

Der *Senat* (300 Mitglieder) besteht aus den Häuptern der Geschlechter (Patres = Väter) und ehemaligen Consularbeamten (Consulares = gewesene Consuln), später wird er ergänzt durch Plebejer (Conscripti = Zugeschriebene). Aufgabe: Beratung der Magistrate (Senatus consultum = Senatsbeschluß); diese Ratschläge werden später bindende Befehle. Zustimmung zu den Volksbeschlüssen. Wahl eines Zwischenkönigs (Interrex) als Geschäftsführer für fünf Tage bei Vakanz des Consulats.

Die *Volksversammlungen:* Es führte zu weit, hier auf die Einzelheiten einzugehen, durch die sich die Curiatcomitien, Tributcomitien und Zenturiatcomitien unterscheiden. Sinn ist ursprünglich das Aufgebot des Volkes in Waffen in der Heeresversammlung. Die Einberufung erfolgt auf Befehl der Consuln auf dem Marsfeld. Aufgaben: Entscheidung über Krieg und Frieden; Wahl der obersten Beamten; Beschlußfassung über Gesetze; Strafjustiz über die Bürger der Stadt.

Der *Magistrat* (Beamte): Beschränkung der Amtszeit auf ein Jahr (Annuität) und Gleichstellung der beiden Amtsgenossen (Kollegialität) zur Sicherung gegen die Willkürherrschaft einzelner.
Consuln (Consules = Berater): Aufgaben: Kriegführung, Finanzwesen, Gerichtsbarkeit. In Notzeiten oder bei Versagen der Consuln wird ein Dictator ernannt, der eine unbeschränkte Herrschaft (Imperium) ohne Rechenschaftspflicht und Kollegen (im Höchstfall sechs Monate) ausübt. Er ernennt sich mit dem Reiteroberst (Magister equitum) einen Gehilfen und Stellvertreter.
Praetoren: Ab 241 v. Chr. gab es zwei Praetoren, die richterliche Funktionen ausübten, von denen der eine für Prozesse unter römischen Bürgern *(Praetor urbanus),* der andere für solche zwischen römischen Bürgern und Fremden *(Praetor peregrinus)* zuständig war. Ihre Amtszeit betrug ein Jahr.
Censoren: Gewesene Consuln (Consulares) außerhalb der Ämterlaufbahn. Wahl alle fünf Jahre. Ab 443 für Sittenaufsicht (auch über Senatoren) und Vermögensverwaltung des Staates zuständig.
Aedilen: Es gab (ab 493) zwei plebejische und (ab 367) zwei curulische Aedilen, die ursprünglich nur Patrizier, später abwechselnd auch Plebejer waren. Zu ihren Pflichten gehörte die Sorge für die öffentlichen Gebäude, Straßen, Plätze, Bäder, Wasserleitungen; die Aufsicht über Sitten und Schenken; die Marktaufsicht (Aufsicht über Maße und Gewichte, Einschreiten gegen Wucher und Betrug); die Ver-

sorgung der Stadt Rom mit Lebensmitteln, besonders Getreide und Öl (Annona); manchmal auch allgemeine Polizeiaufsicht; die Beaufsichtigung und Ausrichtung der öffentlichen Spiele; Fürsorge für die Tempel und die Durchführung der Kulte.
Quaestoren: Ab 447 unterstand ihnen die Verwaltung der Staatskasse. Waren sie mit einem der Consuln im Felde, dann auch die Kriegskasse.

Alle Ämter sind Ehrenämter (Honor). Die Reihenfolge der Ämterlaufbahn war: 1. Quaestur; 2. Aedilität; 3. Praetur; 4. Consulat. Die Festsetzung von Altersgrenzen (Consulat: 43 Jahre; Praetur: 41 Jahre) und Intervallen (zum Beispiel Consulat erst wieder nach zehn Jahren erreichbar) sollte Amtsmißbräuchen vorbeugen, doch wurden alle diese weisen Bestimmungen in den letzten Jahrzehnten der Republik nicht mehr eingehalten.
Dictator, Consuln und *Praetoren* besitzen unbeschränkte Amtsgewalt (Imperium). Die übrigen Beamten besitzen nur beschränkte Amtsgewalt (Magistratus cum potestate). Die Amtsbefugnisse werden durch ihre Unterordnung unter das Gesetz (Gewohnheitsrecht) und durch das Interzessionsrecht (= Widerspruch eines Amtsinhabers gegen die Amtshandlung seines Kollegen) eingeschränkt.

Maße

1 Fuß (pes) = 29,6 cm
1 Stadion = 178,6 m
1 römische Meile (milia passuum = 1000 Doppelschritte) = 1,48 km

Hohlmaße

1 medimnos = 52,4 Liter
1 modius (Scheffel) = 8,73 Liter

Münzen

Die Münznamen sind eigentlich Gewichtsnamen. So hat das römische *As* ein Gewicht von ursprünglich 327 g, war ein Kupferstück, dessen Wert immer mehr sank – bis auf 27,3 g.

Denar (denarius): entsprach ursprünglich 10 Bronze-Assen, später im Gewicht von 3,89 g.

Sesterz (sestertius): 2,5 Asse, kleinste römische Silbermünze.

Aureus: Goldmünze, am Ende der römischen Republik Einheit der römischen Goldprägung im Werte von 25 Denaren und 100 Sesterzen.

Talent: Gewichtseinheit von 26,2 kg (Gold oder Silber).

Die Umrechnung aller Münzwerte in moderne Währungen ist sehr kompliziert, da sie oft innerhalb weniger Jahre durch Inflation ihren realen Wert ändern. In Analogie gesetzte moderne Werte sagen nichts über die wirkliche Kaufkraft aus; man muß von Fall zu Fall wissen, was etwa Brot, Eier, Schuhe usw. kosten, was für den Bau eines Hauses oder die Unterhaltung einer Armee ausgegeben wurde.

Tageseinteilung

Griechen und Römer teilten die Zeit von Sonnenaufgang (Winter: 7.33, Sommer: 4.27 Uhr) bis Sonnenuntergang (Winter: 16.27, Sommer: 19.33 Uhr) in zwölf gleiche Einheiten, die mit Sonnen- und Wasseruhren gemessen wurden.
Die Nacht hatte vier Abschnitte: *Vigiliae* = Nachtwachen. Sie begann mit Sonnenuntergang. Der Anfang der ersten Nachtwache fiel also im Sommer auf ca. 19.30 Uhr, im Frühling und Herbst auf ca 18.00 Uhr, im Winter auf ca. 16.30 Uhr.
Die zwölf Stunden des hellen Tages waren ebenfalls in vier Abschnitten zusammengefaßt:

– *mane* (Frühe): von Sonnenaufgang bis zum Schluß der 3. Stunde
– *ad meridiem* (Vormittag): bis Ende der 6. Stunde
– *de meridie* (Nachmittag): bis Ende der 9. Stunde
– *suprema* (Abend): bis zum Schluß der 12. Stunde (= Sonnenuntergang).

Diese Tagesabschnitte wurden von den Amtsdienern der Consuln öffentlich ausgerufen. Die Stundenrechnung und der Gebrauch von Uhren blieben das Vorrecht der Begüterten und der Stadtbevölkerung.
Die folgende Übersicht zeigt, wie sich Länge und Beginn der jeweiligen Tagesstunden im Laufe der zwölf Monate veränderten.

Die römische Stundeneinteilung des Tages im Laufe der zwölf Monate

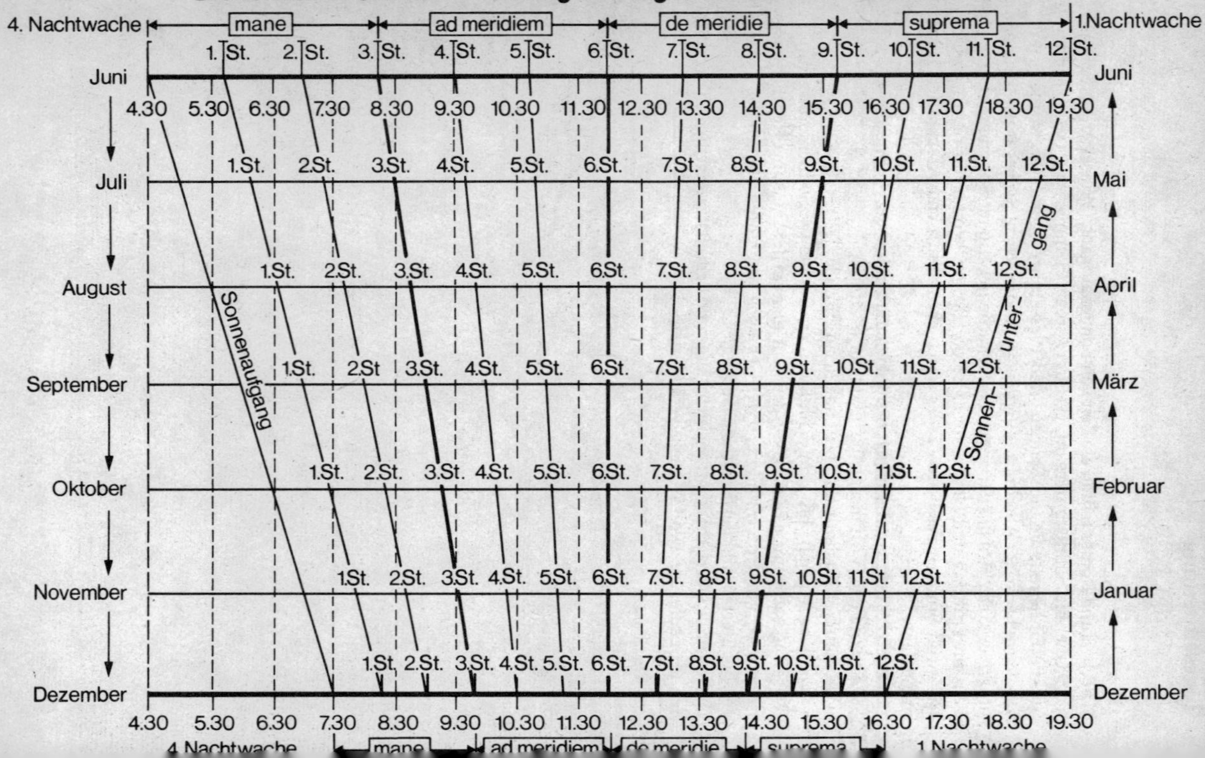

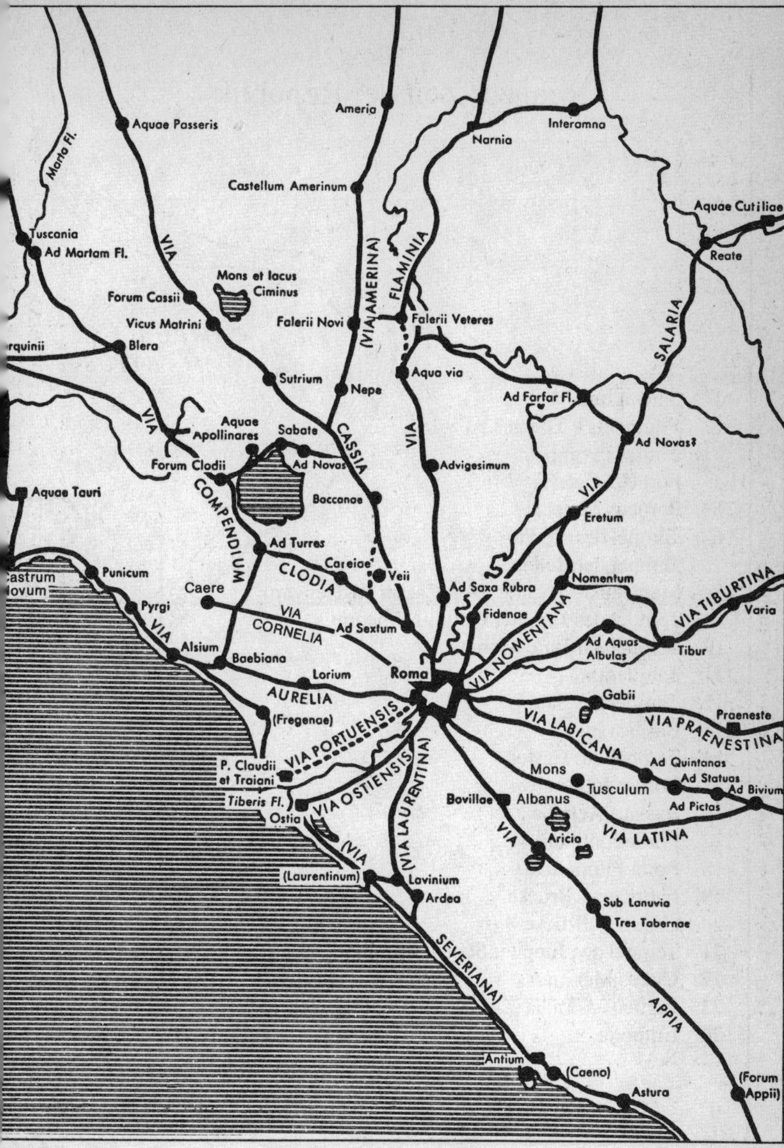

Rom und Umgebung

Rom zur Zeit der Republik

1 Saepta Iulia
2 Pompeius - Theater
3 Porticus Pompeii
4 Porticus Octavia
5 Porticus Metelli
6 Tempel des Apollo
7 Tempel der Bellona
8 Marcellus - Theater (Von Caesar angefangen)
9 Tempel des Juppiter Optimus Maximus
10 Tempel der Iuno Moneta
11 Tabularium
12 Tempel des Saturn
13 Basilica Iulia
14 Tempel des Castor
15 Forum Iulium
16 Basilica Aemilia
17 Porta Fontinalis
18 Porta Flumentana
19 Fabricius - Brücke
20 Cestius - Brücke
21 Tempel des Juppiter Stator
22 Circus Maximus
23 Porticus Aemilia
24 Emporia

0 200 400 600 800 1000 Meter

Aus: Christian Meier, Caesar
(Mit Genehmigung des Severin und Siedler Verlages)

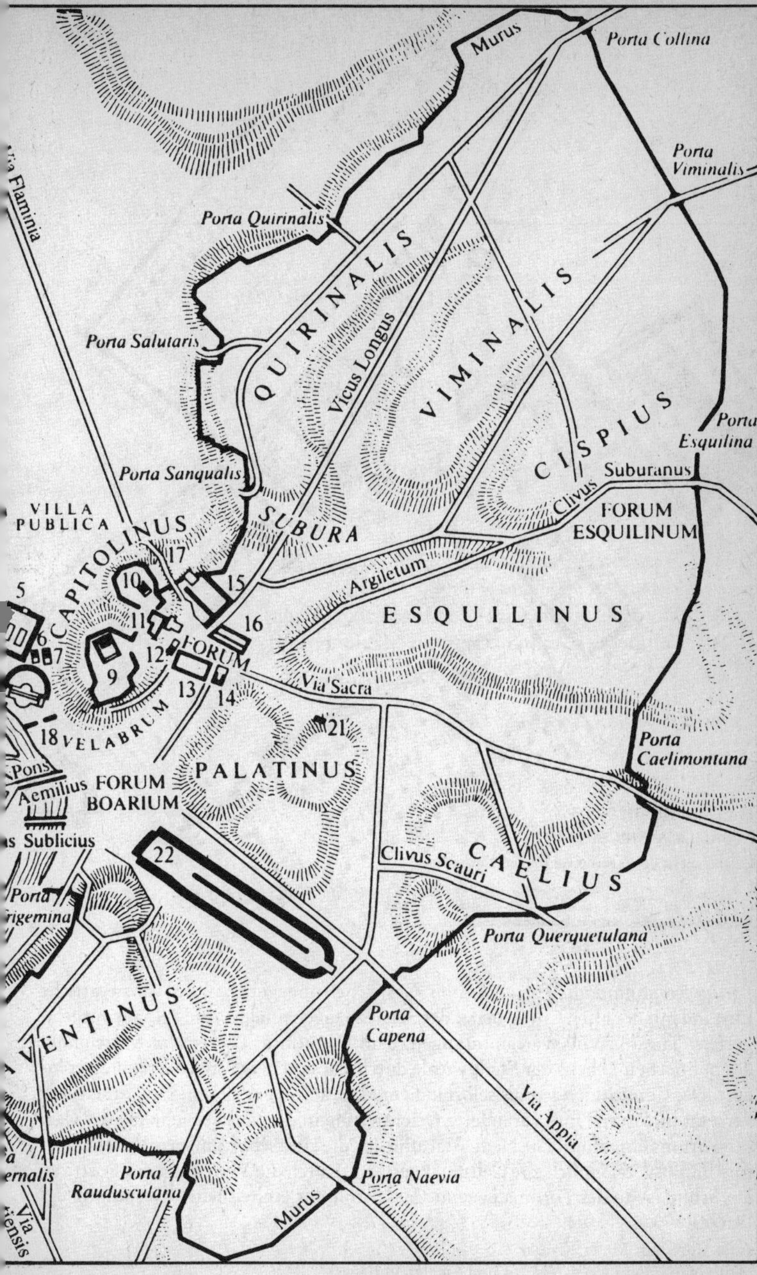

Murus
Porta Collina
Porta Viminalis
Via Flaminia
Porta Quirinalis
QUIRINALIS
VIMINALIS
Vicus Longus
Porta Salutaris
CISPIUS
Porta Esquilina
Porta Sanqualis
Suburanus
Clivus
FORUM ESQUILINUM
VILLA PUBLICA
CAPITOLINUS
SUBURA
17
10
15
Argiletum
5
11
16
ESQUILINUS
6
7
12
FORUM
9
13
14
Via Sacra
21
18
VELABRUM
Porta Caelimontana
Pons Aemilius
FORUM BOARIUM
PALATINUS
Pons Sublicius
22
Clivus Scauri
CAELIUS
Porta Trigemina
Porta Querquetulana
AVENTINUS
Porta Capena
Via Appia
Porta Raudusculana
Porta Naevia
Murus
Via

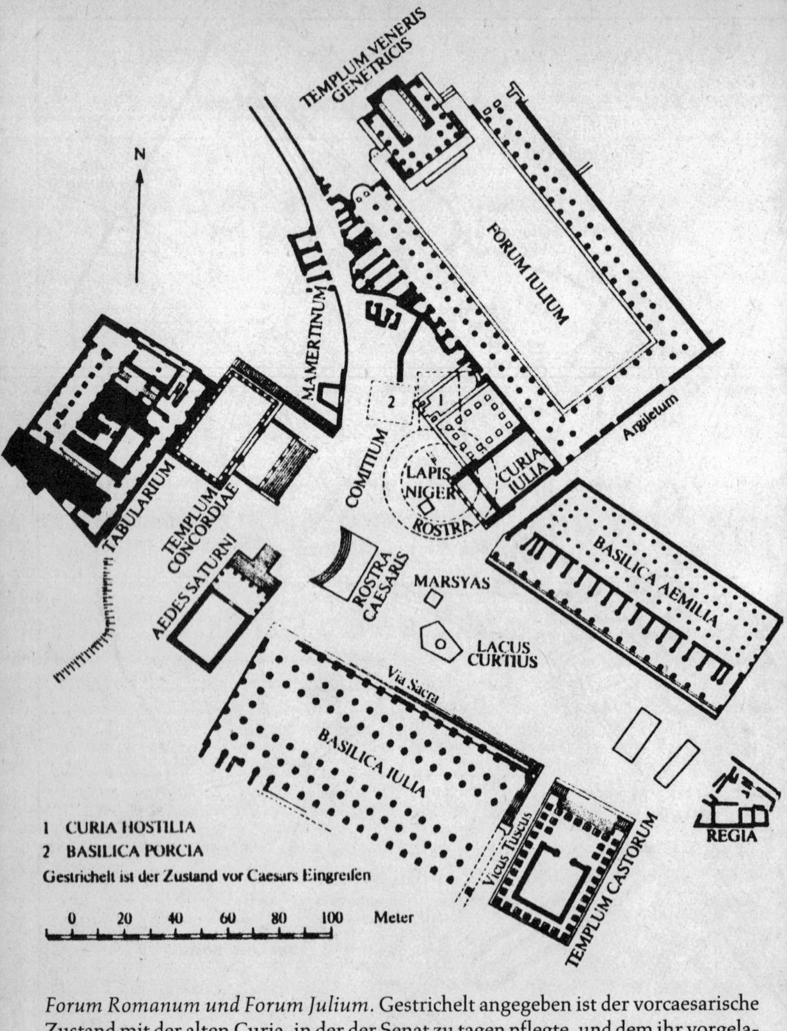

Forum Romanum und Forum Julium. Gestrichelt angegeben ist der vorcaesarische Zustand mit der alten Curia, in der der Senat zu tagen pflegte, und dem ihr vorgelagerten Platz für Volksversammlungen, dem Comitium. Dieser alte Mittelpunkt des politischen Lebens der Stadt wurde durch Caesars Eingriffe vollständig verändert. Das Comitium hörte als selbständiger Platz auf zu existieren; die Curia wurde versetzt und durch ihre veränderte Orientierung in den Zusammenhang des Caesar-Forums eingefügt. Die Neugestaltung ließ die Herrschaftsansprüche des Dictators unmißverständlich zur Geltung kommen. Durch die Verlegung der Rostra an die Schmalseite des Forums begann Caesar mit der einheitlichen Gestaltung des Platzes.

Aus: Christian Meier, Caesar
(Mit Genehmigung des Severin und Siedler Verlages)

Grundriß einer Domus, eines Stadthauses

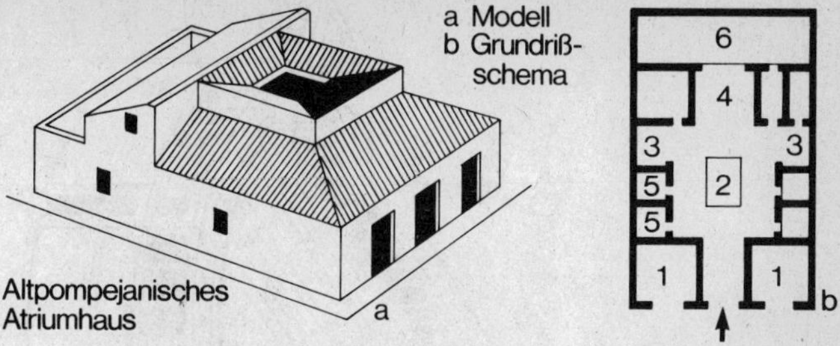

Altpompejanisches Atriumhaus

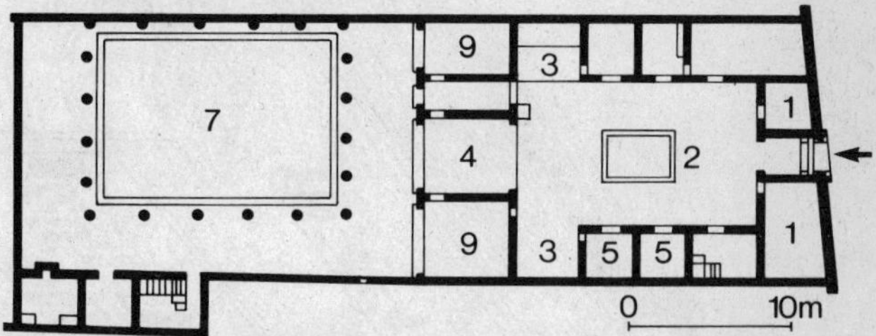

Pompejanisches Peristylhaus

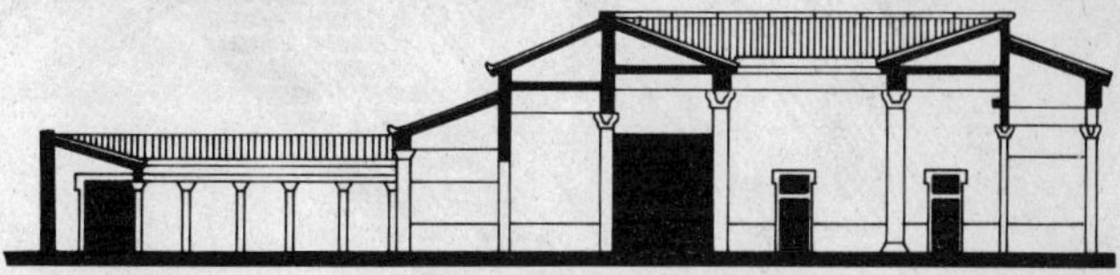

Pompejanisches Peristylhaus (schematischer Längsschnitt)

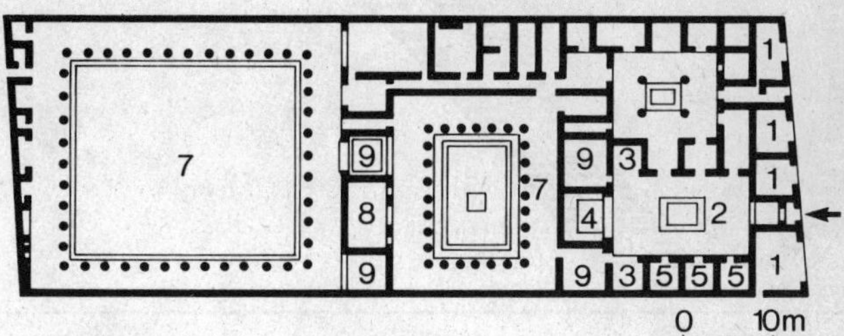

1 Taberna
2 Atrium
3 Ala
4 Tablinum
5 Cubiculum
6 Garten
7 Peristyl
8 Exedra
9 Triclinium

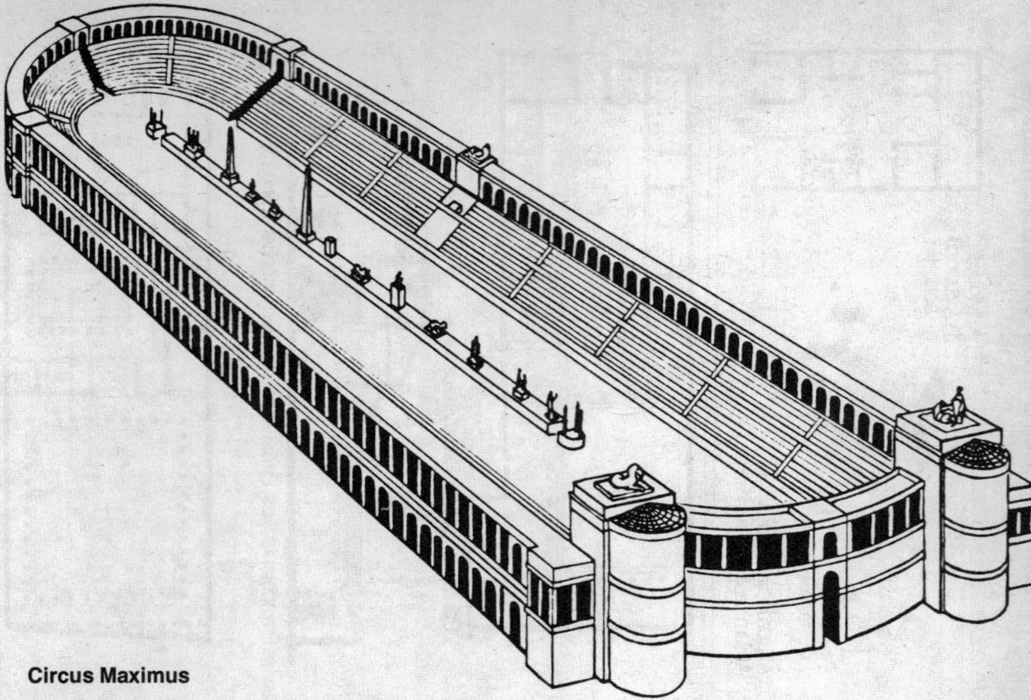

Circus Maximus

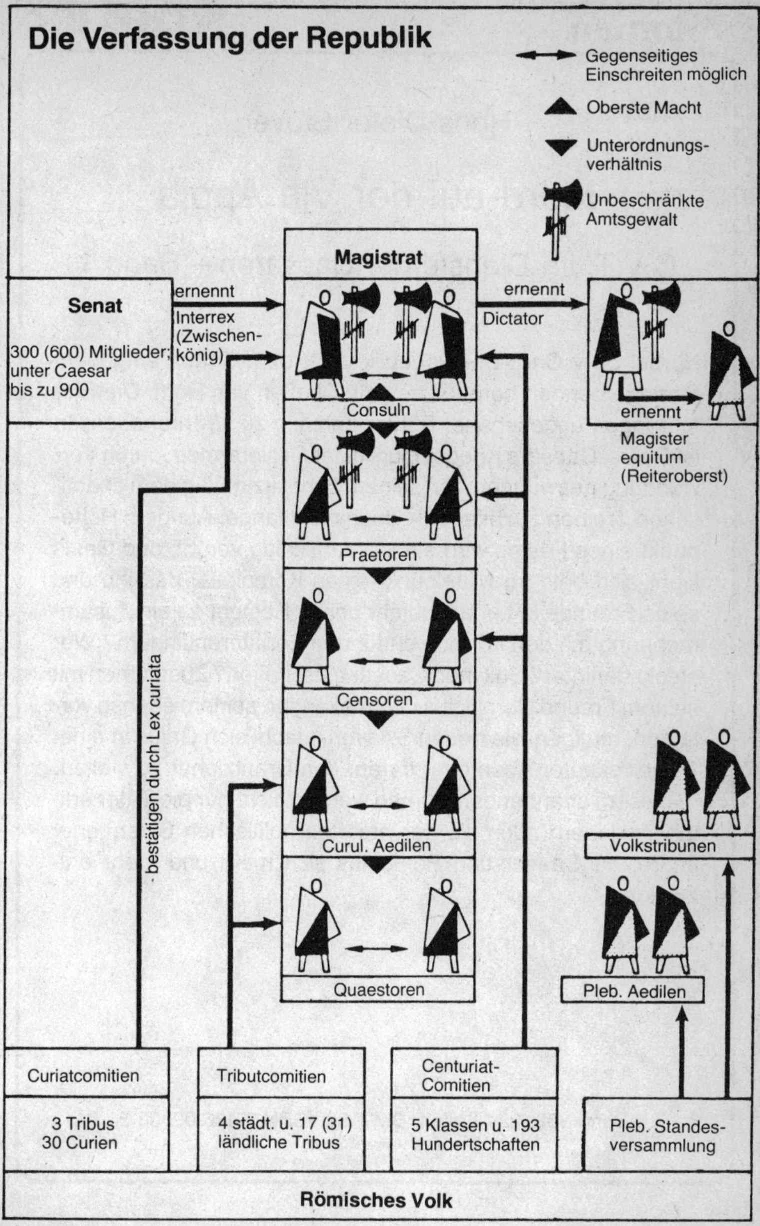
Die Verfassung der Republik
Gegenseitiges Einschreiten möglich
Oberste Macht
Unterordnungsverhältnis
Unbeschränkte Amtsgewalt
Magistrat
Senat
300 (600) Mitglieder; unter Caesar bis zu 900
ernennt
Interrex (Zwischenkönig)
ernennt
Dictator
ernennt
Magister equitum (Reiteroberst)
Consuln
Praetoren
Censoren
Curul. Aedilen
Quaestoren
bestätigen durch Lex curiata
Volkstribunen
Pleb. Aedilen
Curiatcomitien
3 Tribus
30 Curien
Tributcomitien
4 städt. u. 17 (31) ländliche Tribus
Centuriat-Comitien
5 Klassen u. 193 Hundertschaften
Pleb. Standesversammlung
Römisches Volk

Roman

Knaur

Hans Dieter Stöver

Ich klage an

C.V.T. im Dienste der Caesaren – Band 3

Herbst 52 v. Chr.: Nachdem der Aufstand des Vercingetorix niedergeschlagen wurde, ist Gallien wieder fest in römischer Hand. Der Kriegstribun Gaius kehrt nach Rom zurück und trägt sich mit dem Gedanken, als Anwalt eine zweite, politische Karriere zu beginnen. In seinem ersten Fall verteidigt Gaius einen Bauern, Sextus Considius, der ein Opfer der vernachlässigten Innenpolitik geworden ist. Er hat seinen verschuldeten Hof verloren und steht vor dem Nichts. Nach einem Streit mit seinem Gläubiger, einem finanzstarken römischen Ritter, findet man dessen Verwalter morgens tot in der Nähe von Considius' Haus. Considius verliert den Kopf, flieht mit seiner Familie nach Rom, um dort unterzutauchen. Gaius' Rechtsempfinden und seine Humanität sind herausgefordert. Er wird den dunklen Geschäften dieses Ritters nachgehen und Considius vor Gericht verteidigen. Im Verlauf der Recherchen erfährt er, daß es um mehr als nur einen Mord geht...

Band 835, 224 Seiten, DM 7,80, ISBN 3-426-00835-1

Roman

Knaur®

Hans Dieter Stöver

Skandal um Nausikaa

C.V.T. im Dienste der Caesaren – Band 4

Frühjahr 51 v. Chr.: Pompeius steht auf dem Höhepunkt seiner Macht. Konservative Gruppen um Pompeius versuchen, Caesar in Gallien zu entmachten.
In Rom unterhält Publilius Syrus eine erfolgreiche Theatergruppe, die in ihren Stücken auch vor massiver Zeit- und Gesellschaftskritik nicht zurückschreckt. Sogar Publilius Syrus selbst schreibt Stücke, in denen er neben allgemein menschlichen Schwächen auch die Intrigen und den Opportunismus der politischen Machthaber aufs Korn nimmt und schonungslos karikiert. Das schafft ihm bald Feinde in beiden Lagern, so daß er unversehens in die politischen Intrigen der Mächtigen gerät. Da ereignet sich während einer Aufführung ein dramatischer Zwischenfall, in den Nausikaa, die große Heroine der Truppe, verwickelt ist...

Band 1026, 192 Seiten, DM 6,80, ISBN 3-426-01026-7